民世安在鴻選集 7

민세안재홍선집 7

초판 제1쇄 인쇄 2008. 2. 27.
초판 제1쇄 발행 2008. 3. 1.

엮은이 고려대학교박물관
펴낸이 김경희
펴낸곳 ㈜지식산업사
본사: 경기도 파주시 교하읍 문발리 520-12
서울사무소: 서울시 종로구 통의동 35-18
전화 **본사** (031)955-4226~7 **서울사무소** (02)734-1978
팩스 (02)720-7900
인터넷한글문패 지식산업사
인터넷영문문패 www.jisik.co.kr
전자우편 jsp@jisik.co.kr
등록번호 1-363
등록날짜 1969. 5. 8.

책값은 뒤표지에 있습니다.

ISBN 978-89-423-2074-5(04910)
ISBN 978-89-423-0054-9(세트)

이 책을 읽고 문의하고자 하는 이는 지식산업사 전자우편으로 연락 바랍니다.

이 책은 민세안재홍기념사업회, 경기문화재단, 평택시의 지원을 받아 출간되었습니다.

民世安在鴻選集 7

高麗大學校博物館 編

지식산업사

좌우합작위원들. 해방 이후 민세는 민족주의적 입장에서 좌우합작에 앞장섰다. 앞줄 왼쪽부터 안재홍(安在鴻), 김붕준(金朋濬), 김규식(金奎植), 한 명 건너 원세훈(元世勳), 가운뎃줄 왼쪽부터 두 번째가 강원룡(姜元龍)이다.

1947년 12월 12일 남조선과도입법의원 개원 1주년 기념 촬영. 왼쪽에서 두 번째가 안재홍이다. 다음이 윤기섭 부회장, 서재필 박사, 한 사람 건너 하지 중장, 맨 가운데 앉은 이가 의장 김규식이다. 아래는 민세가 사진 뒷면에 자필로 사진에 대한 설명을 적어놓은 것이다.

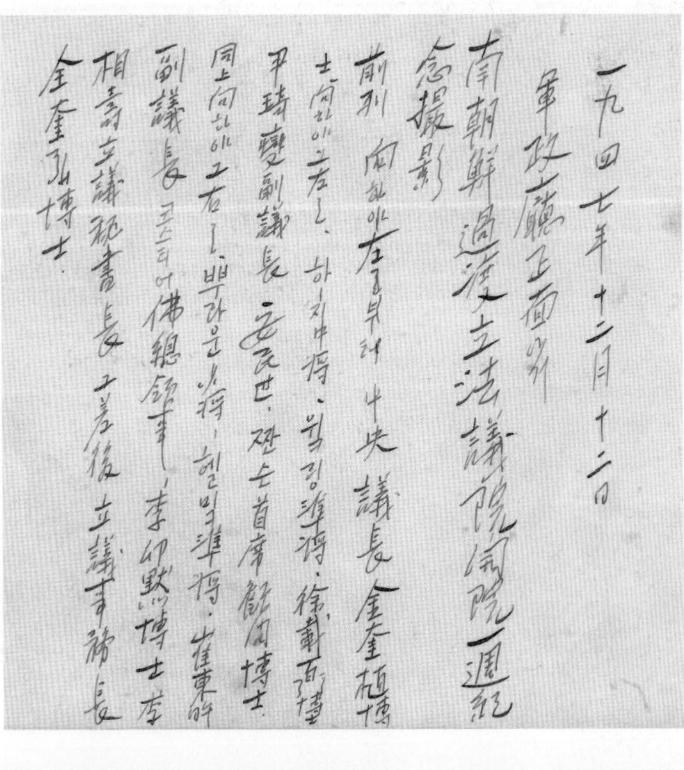

一九四七年十二月十二日
軍政廳正面에서
南朝鮮過渡立法議院開院一週紀
念撮影
前列 向하야 左로부터 中央 議長 金奎植博
士 向하야 左로, 하지中將·월링准將·徐載弼
尹琦燮副議長 安民世, 잰슨首席顧問博士.
同上 向하야 右로, 뿌라운少將·헬믹准將·崔東旿
副議長 코스티어 佛總領事, 李仰默博士 李
相壽立議秘書長 그 差後 立議事務長
金奎弘博士.

앞 줄 맨 왼쪽이 민세 선생.

앞 줄 오른쪽 일곱 번째가 민세 선생.

남조선과도정부 입법의원(약칭 민주의원) 간친회에 참석한 민세(2열 왼쪽에서 일곱 번째).

1949년 13일 마니산 제천단(祭天壇)에서 조소앙(趙素昻, 가운데)과 함께.

서재필 박사를 위한 봉찬회(奉饌會)에서. 오른쪽 두 번째가 서 박사, 그 옆이 민세.

1926년 봄 어느 날 통영에서 민세(앞 줄 맨 오른쪽).

평양시 용성구역 용궁1동에 자리한 재북 애국지사 묘역의 민세 선생 묘소.

민세 선생 미망인 김부례(金富禮) 여사와 당시 대통령 노태우 씨.

차 례

제1부 해방 후 논설과 자료

제2부 기타

부록-독서노우트

일러두기

1. 국한문 혼용으로 쓰인 원문을 되도록 지금의 맞춤법에 따라 고치되 저자 특유의 글투는 그대로 두었다.
2. 원문의 한자는 뜻을 알기에 지장이 없는 한도 안에서 한글로 고치고 나머지는 모두 괄호 안에 넣었다.
3. 외래어 표기는 필자의 원표기를 대부분 그대로 살리는 대신 필요한 경우 편자가 [ ] 안에 로마자를 밝혀주었다.
3. ( ) 또는 [ ]안에 들어간 주는 원문의 발표 당시 또는 발표 뒤에 필자가 덧붙인 것으로 모두 살려 실었다.
4. 편자의 주는 두 가지로, 이해를 돕기 위해 본문 안에 넣는 경우는 필자의 것과 혼동을 피하기 위해 [ ] 안에 '편자'라고 표시하였고, 따로 설명이 필요한 경우는 본문 끝의 【편자 주】에 서술하였다.

제1부
해방 후 논설과 자료

1945년

성 명

—본인 근간의 정치적 처지를 성명함—

1. 건국준비위원회 부위원장의 임(任)은 9월 4일 동(同) 위원 전체회의 석상에서 최종으로 사퇴를 표명한 후 그 사임 불수리(不受理)에 불계(不計)하고 이래(伊來) 관계 전연 단절되었음.

1. 조선인민공화국 문제와 그를 결성한 인민대표대회와 또는 본인이 선임되어 있는 인민위원에 관하여는 본인이 주지한 바도 아니요, 또 이래(伊來) 하등 관여도 전무함.

1. 조선국민당은 현금(現今) 적당히 합동 집결시키고자 합동위원을 뽑아 각 방면과 절충 중일 뿐더러 소당분립(小黨分立)의 폐(弊) 없도록 공작중이고 본인은 그 위원장의 임(任)을 사퇴하였음. 본인은 방금 요양 중에 있음.

1945년 9월 12일

안재홍(安在鴻)

【편자 주】《민세안재홍선집2》의 〈조선건국준비위원회와 余의 처지〉 참조. 안재홍은 1945년 9월 10일 건국준비위원회를 탈퇴하는 성명을 발표하였다.

합동선언

우리들 하명(下名) 6단체의 의사를 대표하는 합동위원들은 집중통일을 요청하는 현 단계에 있어서의 역사적 요청에 때라[따라-편자] 각자의 소속한 정당을 발전적으로 해소(解消)하고 국민당의 명칭과 그가 제시하는 민족정당으로서의 이념과 의도에서 집결 재출발을 하였다. 금후도 우리들은 이 자연생장적인 역사적 추향(趨向)을 따라 더욱 의식적 공작을 함으로써 종국적(終局的)인 대동집결을 실천하면서 하루 바삐 통일국가의 창업을 완성하는 신정부 전도(奠都)의 날을 맞이하기로 한다.

최종으로 우리들은 각계 지도자들의 엄정한 객관성의 파악과 공명한 실천적 협동이 현 단계에서 존귀한 과제로 되어 있는 무용한 계급적 대립을 지양 회통(會通)하면서 전 민족적 총집결이 조만 성취될 것을 의도한다.

단기 4278년 9월 25일

공화당(共和黨)

근우동맹(槿友同盟)

동지회(同志會)

사회민주당(社會民主黨)

자유당(自由黨)

조선국민당(朝鮮國民黨)

【편자 주】 1945년 9월 24일 5당 합동을 통해 국민당이 조직되고, 안재홍은 중앙집행위원장으로 선임되었다.

이승만 박사 귀국 환영사
—국민당수 안재홍 환영사—

1. 4278년 10월 16일 우리가 몽매간(夢寐間)에 경앙(敬仰)과 동경해 마지않은 우남(雩南) 이승만 선생이 조국에 돌아오셨다. 8·15혁명 이후 해방이 약속된 조선에 환희와 우수가 교착(交錯)되고 감분(感奮)과 저상(沮喪)이 조래(徂來)하는 삼천만 민족의 고토(故土)에 선생이 돌아오셨다. 선생이 가장 절망적인 상태에서 산하 있으되 국가 없고 포학 있으되 자유를 잃은 고국을 등지고 최후의 거국행(去國行)을 하신 지 이미 풍풍우우(風風雨雨) 34년 만에 역시 몽매간에 잊지 못하시던 그리운 고국에 돌아오셨다. 조선민족 된 자 국내에 있거나 국외에 있거나 충심으로 대망하던 것은 선생의 광휘 있는 이 환국이다. 선생이 오시고 우리가 맞이하니, 이는 정녕 한 세기의 대사실이요, 만중(萬衆)의 희망이요, 조선인 고국의 광휘이다. 오인(吾人)은 우리 민족해방운동의 최고의 지도자이신 우남 이 선생께 향하여 최대한 감사와 최고한 경의를 바친다.

2. 선생은 소년시대부터 이미 조국 경퇴(傾頹)에 지대한 근심을 품으셨고 세계의 대세에 통효(通曉)하심 깊어 독립협회에는 소년인 회원으로 그 전위적인 임무를 다[盡]하였고, 혹 보장(報章)을 통하여 민풍(民風)을 환기(喚起)하고 국정을 논단하는 사명을 다 하시다가 완명(頑冥)한 정권의 탄압으로 허구(許久)한 영어(囹圄) 생활에 신음하면서 오히려 '독립정

신'의 응결과 선양에는 집필 저작을 게을리 아니 하셨고, 일로(日露)의 역(役)에[러일전쟁-편자] 국정(國情) 매우 변동되어 특사(特赦)로 석방됨에 연로한 엄친(嚴親)과 수약(愁弱)의 부인이 경희(驚喜)로써 만류함에 응부(應副)할 겨를도 없이 해륙(海陸) 수만 리 멀리 미합중국에 유학하여 정법(政法)의 학(學)을 연찬하는 한편 민족운동에 진췌(盡瘁)하셨던 것이다. 선생의 학(學)이 대성되는 때 조국은 이미 복몰(覆沒)의 운(運)에 빠진지라, 총총(悤悤) 1년여의 고국 귀환은 얼마나 다한(多恨)한 생애이었을까? 다시 고국을 떠난 이래 삼십 수년에 혹은 미대륙에서, 혹은 태평양의 고도 하와이에서, 혹은 중국에서, 혹은 구주 외교의 국제무대에서, 그야말로 세계의 이 끝으로 천하의 저 모퉁이까지 자리가 녹을 새 없고 침식이 안온(安穩)할 새 없이 일국 민족의 해방의 대업을 위하여 혁명전사의 지도자로서 생평(生平)의 대 노력을 하신 것이다. 이제 그 절대한 염원이 성취하고 건국의 홍도(鴻圖)가 실현되려고 하는 즈음 선생 마침 오시니 만중(萬衆)은 환호로써 맞이하고 일국은 영예로운 기운(氣韻)에 벅차게 된다. 오인은 최고한 경의와 최대한 감사로써 선생을 환영한다.

3. 선생은 일 개인의 자격으로 오셨다고 한다. 민중이 칭호하는 대통령으로도 아니고, 또는 정부의 수뇌자로서도 아니요, 민족해방운동의 지도자로서 준조(樽俎) 절충(折衝)의 필요 있어 고국에 오셨음이 분명하다. 선생은 중경(重慶)에 있는 대한임시정부의 최고책임자로서 김구(金九) 위원장과 김규식(金圭植) 부위원장이 국사(國事) 만단(萬端)을 책임진 바로서 마땅히 그분들에게 문의할 것을 명언(明言)하시니, 오인은 선생의 담박(淡泊) 뇌락(磊落)하신 이 태도에 더욱 경앙(敬仰)의 정(情)을 기(寄)하고, 해내 해외 기다(幾多)한 훤소(喧騷)와 혼미를 극복 일소하고, 임시정부의 제 선배를 기준으로 신속히 초계급 초당파적인 전 민족 지지의 건국정부를 구성하여 통일민족국가 완성의 대업을 종결하고 만민공생의

신기원을 출발키로 하자! 이것이 조선민족 최대한 요구요, 선생에게 대한 최고의 실천적인 경의인 것이다. 선생의 건강과 지도를 전 민족의 염원을 체(體)하야 봉도(奉禱)한다.

1945. 10. 16.

국민당수 안재홍 명의(名儀)

실직·실업문제 대책과 건국정부 완성 촉진 결의안

1. 실직·실업의 원인

실직·실업문제에 관하여는 8·15 붕괴 이후 일본 군수공업의 전면적 정지, 일본인 경영주의 정치적 퇴각에 인(因)한 기업의 삽체(澁滯) 또는 정지, 일반 산업기관의 노자(勞資) 대립에 의한 기능의 삽체(澁滯) 또는 정지, 일본 기타 각지에 대량파견 중에 있던 피징용자와 근로대원의 귀환 미취업, 일본·만주 기타 각지로부터의 대량의 전재동포의 귀환, 기타 도시·농촌 등 일반적인 심리의 불안정과 사상 동요 등에 인(因)하여 만연부유(浮遊)하고 있는 상태로서의 이직(離職), 이업(離業) 등은 현하 조선으로 무려 수백만의 대량 실직·실업군을 내고 있다.

2. 해결대책

그런데 현하에서 이 실업·실직문제를 해결함에는 (1) 모든 공산업(工産業)의 재편성에 의한 근로자의 복업(復業), (2) 농민 및 자유노동자의 농촌에의 교환(皎還)·복업(復業), (3) 토목 기타 신규사업의 국책적 시설에 의한 노력의 수용 등등이 필요하다. 그리고 이를 단행함에는 (1) 노임안정문제, (2) 자금융통문제, (3) 기계 재정돈문제, (4) 원료공급문제, (5) 기술진의 재정리문제 등이 있고, (6) 따로 사상상의 협조·안정대책이 있어야 할 일이다.

3. 통화긴축문제

(1) 노임(勞賃)문제는 현재 숙련공 표준으로 1일 30원을 주어도 5인 이상 가족을 가진 자는 생활비가 못 된다는 이유로 용이(容易) 취업치 않는 상태인데, 1일 30원은 1개월 900원인 계산이거니와, 군정청 발표의 기준 노임 결정은 임시 가산을 아울러 견습생의 1일 임금 8원 내지 9원이요, 숙련공의 1일 임금 14원 내지 17원인데, 이상 임금은 전부 법화(法貨)로 지불할 것을 규정하였다. 그런데 이 노임문제는 물가고에 의하고, 물가고는 유통화폐고에 의한다. 8·15 이후 조선경제계는 9월 13일 현재 조선은행의 통화발행고 약 85억 5천만 원으로, 8월 15일의 발행고 약 49억 원임에 비하여 일약 36억여의 증가이다. 그는 8·15 이후 일본 군헌(軍憲)들의 직접 지휘에 의한 약 40억의 비합법적 발행과 34억 약(弱)의 불법적인 대부에 의한 통화의 범람에 원인함이 크다. 그로 말미암아 풍작에 의한 미곡가의 저락을 제(除)한 외에 일반 생활필수품의 가격은 8·15 이전에 비하여 약 3배나 폭등하였고, 금후에도 점차 앙등할 형세이다. 그러므로 노동자는 1일 30원의 노임으로도 용이히 취직 조업(操業)치 않는 상태요 (2) 기업자 측은 퇴직금·상여금 등 명목으로 상당 거액의 지불을 □회(□回)한 편도 있어, 가장 다수인 중소기업자층에서는 이미 자금결핍 상태에 빠졌고, 또는 상술 거액의 임금으로는 채산상의 관계로 조업 불가능한 상태이니 자금융통이 매우 시급하게 된다. 그런데 현재 조선의 금융기관은 8·15 붕괴 이전 일본의 소위 국책인 대량 대출액이 전혀 미회수 또는 회수 불가능의 상태로서 그 자체가 자금고갈로 되어 있고, 예금부(預金部)는 8·15 이후 예금주의 대량 인출로 융통자원으로서 거의 여온(餘蘊)이 없는 상태이므로 그 본래의 기능은 거의 사멸 상태이다. 여기에서 생활비의 안정, 자금조달, 두 조건은 통화 혹은 금융문제에 관련됨이 크다. 모든 방법에 의한 통화의 수합 동결과 혹은 정치적 처치에 의한 대량 긴축의 실직군이 퇴직금·상여금 등 일시의 수입과 '야미(やみ)'에 의한 임시 소

득으로 생활이 지탱(支撑)되나 수삭(數朔)이 못 지나서 생활비도 결핍되고, 또 생산의 정체와 수입 두절로 인하여 자금난·물자난으로 심대한 공황에 빠질 것은 너무 명백하다. 추운 겨울을 앞에 놓고 매우 중대한 사회적 위기이다.

그런데 미합중국도 종전 이후 군수공업을 평화산업으로 전환하는 과정에서 심대한 실업·실직군을 내고 있어 세계적 시청(視聽)을 모으고 있으나, 미국과 같이 강고한 기구 위에 구축된 중앙정권과 무진(無盡)한 자원자재와 전승 강대국의 영예에 싸인 국가에 비하여, 조선은 목하 사회적 혼란과 물자의 빈약과 38도선에 관한 정치적 악조건 외(外)에, 아직 정식 강력 정부를 중핵으로 지도 통제할 수 있는 국가체세(體勢)가 완성되어 있지 못한 점에서 심대한 정치적 우려성이 있는 것이다. 현하에서 가능한 최대한의 대응책을 진행할지라도 상술(上述) 정치적, 재정적, 경제적 및 도덕적인 제(諸) 방침(方針)을 강력적으로 단행함에는, 암만하여도 강력 중앙정부의 건설로 통합민족국가의 완성을 하루 바삐 촉진하여야 할 것이다. 그리고 대한임시정부의 환국과 그를 기준으로 내외의 인재를 망라하여 보강 확충된 민족 총의를 집결한 건국정부의 확립이 최대 최급한 목하의 현안이다. 이 점은 특히 조선민족해방, 국가완성에 관여하는 내외 사녀(士女)들의 다대(多大)한 주의를 재환성(再喚醒)하는 바이다.

단기 4278년 10월 20일

국민당 정치문화부

4대 연합국과 아미리가(亞美利加) 민중에게 보내는 결의서

우리는 이에 삼천만 조선 대중의 공동성명을 발표하여 4대 연합국과 아미리가(亞美利加) 민중에게 보낸다. 물론 우리의 공동적(共同敵)□ 일본의 항복 후 조선에는 여러 정당이 발생하였고, 또한 우리 사이에 의견의 차이가 없지 아니하다. 그러나 그것은 민주주의의 발달과정에 있어서 보통 있는 일이요 또한 아미리가 민중이 그 모든 제도를 발달시킴에 있어서 밟아온 길이다.

그러나 우리는 이제 모두 합동하였다. 조선의 전 민중을 대표하여 경성에 존재하는 각 정당은 우리의 공동한 문제를 해결하기 위하여 중앙협의회로 완전히 결합된 것이다. 우리는 우리의 공동한 목적을 위하여 한 덩어리가 되었다. 우리의 목적은 즉 우리의 완전한 독립이다. 우리는 주권국으로서 영토적, 정치적, 행정적 모든 특권을 회복하는 권리를 요구한다.

조선을 남북의 양(兩) 점령구역으로 분할하는 가장 중대한 과오는 우리의 자취(自取)한 바가 아니요, 우리에게 강제된 바이다.

우리나라는 양단(兩斷)되었다. 북위 38도 이북은 소련군이 점령하고 그 이남은 아미리가군이 점령하였다.

귀(貴) 열국(列國)은 조선 사람이 분열이 되었으므로 자유국민의 자격이 없다 하나, 우리 조선을 마치 양단(兩斷)된 몸과 같이 양단한 것은 우리가 자취(自取)한 바가 아니요, 귀 열국이 강행한 것을 이에 선명(宣明)

치 않을 수 없다. 이와 같이 양단된 몸으로서 어찌 생존하야 적당한 활동을 계속할 수 있을 것인가. 우리는 카이로 선언에 발표된 모든 조건을 수행할 수 있도록 우리의 전 민족적 생활을 통일체로서 조직하는 기회가 허여(許與)되기를 이에 단호하게 요구하는 바이다.

우리는 '맥아더' 대장이나 '하지' 중장이나 군정장관 '아놀드' 소장이나 이 양단(兩斷)정책에 대하여 하등 관지(關知)한 바가 없는 사실을 알게 되었으며, 따라서 그 양단정책으로 인하여 일어나는 사태에 관하여 그들이 오해와 부당한 비판을 받게 된 것을 유감으로 아는 바이다. 사실 그들은 우리의 주장과 요구에 대하야 공평과 호의의 태도를 견지하고 있는 것이다.

우리는 이 사태에 관한 책임자를 알고자 하며, 조선의 장래 운명을 결정함에 있어서 가장 중대한 관계가 있는 이 사실에 관하여 귀 열국의 명백한 성명을 요구하여 마지않아 한다. 우리는 은인자중하고 있다. 그러나 이 양단정책의 참담한 결과는 날로 확대하고 심각해지는 사실을 지적하지 아니할 수 없다.

우리는 이 불행한 사태로부터 속히 해결되기를 고대하고 있는 중에, 또한 조선통치에 대하여 공동신탁제(共同信託制)가 제안되었다는 보도를 접하고 참으로 경악을 느끼지 아니할 수 없었다. 우리는 경의와 신실한 우호의 정신으로써 이 제안이 미국의 대조선 정책에 있어서 또한 중대한 과오가 될 것을 지적하고자 한다. 과거 40년 동안 미국의 극동정책은 주로 일본인과 친일파를 통하여 얻은 정보에 기인하였고, 그 결과는 진주만의 참사를 초치(招致)하게 되었던 것이다. 1941년 12월 7일 이후에도 미국 국무성의 당국자는 우리의 경고를 반복 거절하여 마침내 현재의 혼돈상태를 야기한 것이 사실이다. 그러나 그러한 당국자의 대부분이 이제 새 정치가들과 그 자리를 교대하게 되었다. 대통령 트루먼(H. S. Truman) 씨와 국무장관 번스(J. F. Byrnes) 씨를 지도자로 하는 미국은 금후 조미 양국 간에 일층 양호한 양해의 길을 타개할 것을 확신하는 바이다.

우리는 귀 열국의 가장 중요한 인식사항으로 아래 사실을 이에 제시한다.

(1) 우리는 자주(自主)할진대 1년 이내에 국내를 안돈(安頓)할 수 있을 뿐 아니라, 외국의 물질적, 기술적 후원으로써 비교적 단시일 동안에 평화로운 보통생활을 회복할 수 있다. 이 사실을 부인하는 자는 아직도 일본인의 선전술에 마취하고 있는 자들이다.

(2) 우리는 연합국과 우호관계로써 협력할 것이며, 극동평화 유지에 응분의 노력을 경주할 것이다.

(3) 재중경(在重慶)의 우리 임시정부가 연합국의 승인 하에 환도하게 되면 임시 약법(約法)에 의하여 1년 이내에 국민선거를 단행할 것이요, 1919년에 선포된 독립선언서와 동년에 경성에서 건설된 임시정부의 취지에 의하여 천명된 민주주의의 정치원칙을 어디까지나 존중할 것이다.*

조선인은 연합국과 싸운 일이 없고, 따라서 연합국은 조선을 정복한 것이 아니라는 사실을 열의(熱意)로 귀 열국에 지적한다.

조선은 과거 40년간 우리의 공동적인 일본과 싸워온 것이 사실이다. 일층 더 큰 규모로 금번 전쟁에 참여치 못한 것이 사실이라면, 그는 우리가 무기대여법의 정부와 민주주의국의 병창(兵廠)으로부터 물질적 원조를 받지 못한 데 기인한 것뿐이다.

우리는 정복된 적국의 대우에 분격(憤擊)한다. 그것은 우리에 대한 일대 불의(不義)인 것이 명백하기 때문이다. 우리는 우리 자신의 운명을 스스로 타개할 수 있는 능력을 발휘할 기회를 허여하기를 요구한다.

귀 열국이 참으로 공평할진대, 우리의 행동으로써 우리를 판단할 것이요, 우리에 대한 타(他)의 말로써 판단할 것이 아니다.

우리는 단연코 공동신탁제를 거부하며, 기타 여하한 종류를 물론하고 완전 독립 이외의 모든 정책을 반대하는 것이다.

우리는 우리의 자유를 위하야 전 생명을 바치기로 결의하였다.
우리는 귀 열국의 회답을 경의로써 고대하고 있다.

【편자 주】 독립촉성중앙협의회 명의로 1945년 11월 4일 발표. 원본에 수정 가필된 흔적이 있다. *로 표시한 문장을 수정 가필된 문장으로 고치면 다음과 같다. "우리 임시정부가 연합국의 승인을 받은 후 1년 이내에 국민선거를 단행할 것이요, 1919년에 선포된 독립선언서에 의하여 천명된 민주주의의 정치 원칙을 어디까지나 존중할 것이다."

20여 청년단체 합동 독립촉성중앙청년회 결성

—김(金) 주석, 이(李) 박사를 고문으로—

임시정부 환국을 계기로 독립촉성운동은 아연(俄然) 맹렬화하여짐에 호응하여 청년운동도 전국적으로 활발하게 전개하고 있는데, 거(去) 11월 5일에 결합한 독립촉성청년연합회는 동(同) 6일 대표 15명이 이승만 박사를 방문하고 그 앞에서 결사적으로 독립방해물 소탕을 맹서하고 이래(爾來) 활동하여 오다가, 금반(今般) 김 주석 환국을 기회로 이 운동을 사상과 행동 양면으로 병행하여 전국적으로 전개하고자 각 단체와 협의를 계속하여 오던 바, 중경·만주 등 해외로부터 귀국한 청년단체도 합류하여 11월 29일 국민당회의실에서 각 단체 대표 60여 명이 합동위원회를 개최하였다. 동(同) 회장(會場)에는 상해 BTP사건의 원훈(元勳) 씨가 상해 남화(南華)한인청년연맹 귀환 동지를 대표하여 출석한 것은 주목을 끌었다. 회의는 오후 1시부터 개시하여 김시겸(金是謙) 씨 사회 하에 애국가 합창 후 의장선거에 건설청년동맹 서정기(徐正基) 군이 피선하고, 독립의 중대시기에 처하여 청년의 비상활동을 선서한 다음 토의사항에 들어가 명칭을 독립촉성중앙청년회로 결의하고, 독립장해물 제거에 일체적 합동체를 결성하였다. 개체의 존재에 대해서는 해소를 보류하고 행동에 있어서는 통일을 원칙으로 한다는 결의가 있고, 기타 시급한 문제 20여 건을 결의하고, 당면행동 방법에 대해서는 금후 특별회의를 계속하기로 하고, 오후 7시를 지나 대한민국 임시정부 만세 삼창으로 폐회하였다. 그리고 동회(同會) 대표위원 60명은 30일 김구 주석과 이승만 박사를 방문하여 고문 승낙을 요청하기로 하고 기관지 《청년운동》을 발행하기로 하였다.

결의문

우리 조선청년은 천여(天與)의 호기인 이 기회를 잃지 말고 완전 자주독립을 위하여 단연 궐기하였다. 현대의 세계사조와 건국조선의 현실을 정확히 파악한 우국지사는 신민주국가를 요망하며 민족통일을 원하는 애국자는 대한민국임시정부를 절대 지지할 것이요, 독립촉성중앙협의회를 일체 협력할 것이다. 이 점을 간파한 우리 청년 20여 단체는 이상 목적을 달성하기 위하여 청년운동을 전국적으로 전개할 계획 하에 자진 합동을 선언한다.

대한민국 27년 11월 일

피선된 집행위원은 다음과 같다. (무순)

김운봉(金雲鳳), 구종서(具鍾書), 민훈기(閔勳基), 이찬우(李燦雨), 홍윤옥(洪允玉), 채수억(蔡洙億), 최기일(崔基一), 이남원(李南垣), 염의현(廉義鉉), 유산(柳山), 김종회(金從會), 김수현(金壽賢), 육동기(陸東基), 김주년(金周年), 최종율(崔鍾律), 이남규(李南奎), 고창화(高昌華), 이강복(李康福), 서정기(徐正基), 이동순(李東淳), 최성율(崔成律), 이일청(李一靑), 이병육(李炳六), 김구(金龜), 정정화(鄭丁火), 이동희(李東熙), 김동훈(金東勳), 김창엽(金昌曄), 김용복(金龍福), 이종민(李鍾民), 우한용(禹漢龍), 이준우(李晙雨), 최영돈(崔泳敦), 최천옥(崔天玉), 신기영(申奇泳), 한창용

(韓昌龍), 김병은(金炳殷), 배창우(裵昌雨), 김응두(金應斗), 원훈(元勳), 박영환(朴永煥), 이하유(李何由), 한국동(韓國東), 장일성(張一成), 윤홍구(尹洪九), 현경(玄暻), 정광욱(鄭光勗), 한승규(韓承奎), 조영주(趙英珠), 최대웅(崔大雄), 이호순(李虎舜), 김기환(金琦煥), 김춘경(金春慶), 임을승(林乙承), 김시겸(金是謙), 이□(李□), 김승원(金承元), 김치은(金致殷), 오수영(吳壽英), 강□익(姜□益)

합동 참가 청년단체명

조선청년대동단결본부, 상록회, 유학생동맹, 조선청년회, 조선청년건의단(朝鮮靑年建議團), 조선군인동맹, 건설청년동맹, 정의청년회, 무궁회, 만주동지회, 자유청년동맹, 동광청년회(東光靑年會), 남화한인청년동맹(南華韓人靑年同盟), 조선청년동지회, 고려청년당, 양호단(養虎團), 우국동맹, 애국동지회, 국민당청년부, 자유청년연맹, 기타 약(略)

【편자 주】 독립촉성중앙청년회는 1945년 11월 29일 결성되었다.

국민당의 정책(방송)

1945년 12월 14일 오후 7시 20분.

첫째 국민당이라는 당명 풀이부터 합니다. 우리나라와 같이 단일민족으로 국민이 성립되는 경우에 민족이니 국민이니 거의 같은 말이지만 독립한 내 나라를 가지지 못한 경우에는 그대로 민족이고, 독립한 내 나라를 뚜렷이 가지고 있는 경우에는 국민인 것입니다. 그런데 국민당이라고 하면 우리 민족 전체가 똑같은 건국이념에 의하여 통일된 민족국가, 우리 민족의 나라를 세우고, 통일된 주의와 정책에 말미암아 전 민족을 묶어 가지고 격심한 국제경쟁의 틈에서 남의 나라의 침해를 받는 일이 없이 독립 자립하는 국민으로서, 잘- 살아가자는 당도(黨圖)를 보이는 것입니다. 즉 민족당이라고 하여도 좋을 것인데, 8월 15일 이후 우리에게 민족해방이 약속되었고, 자주독립하는 통일된 민족국가가 완성될 것을 삼천만 대중과 함께 고대하면서 통일된 민족국가를 완전히 만들어서 민족 천년의 공동한 운명의 길을 함께 떠나기로 하는 고로, 가로되 국민당이라고 하는 것입니다.

민족은 대체로 같은 조상의 자손으로 혈연, 즉 그 핏줄이 같고, 둘째로 같은 강토 안에서 공통한 언어와 풍속과 같은 생활양식으로 공동한 통일된 생활을 하는 동일 문화집단인 것이고, 셋째는 운명공동체로서 살아가야 하는 천연(天然)한 약속 밑에 저절로 한데 뭉쳐지게 되어 있는 인민집단인 것입니다.

한 민족 한 국민은 자기들이 싫거나 좋거나 저절로 똑같은 운명에 말미암아 편(便)하기도 하고 괴롭기도 하고 슬프기도 하게 되는 인민집단인 것입니다.

여러분! 우리가 40여 년 동안 일본 제국주의 밑에 얽매여 지낼 때에, 동래·부산에서 일본 사람이 우리 동포를 마구 때리고, 우리 재산을 마음대로 침해한다면, 평양이나 신의주에 사는 동포들도 똑같이 일본인에게 압박을 당하고 잡혀 묶여 다니게 되던 것이고, 8월 15일 이후 동경·대판(大阪)이나 북해도 같은 데서 우리 국민이 전재(戰災) 동포로서 먹지도 못하고, 입지도 못하면서 죽다 남은 생명이 조국으로 쫓겨 들어와야 한다면, 만주와 중국에서도 역시 살육을 당하고 약탈을 당하면서 헌 누더기를 입고 고국으로 몰려와야 하는 것은, 한 민족 한 국민은 저절로, 또 반드시 똑같은 역사의 변동에 따라 똑같은 공동체, 즉 같은 운명을 삼천만이 한 가지로 떠메고 나아가게 되는 것입니다. 그럼으로 우리 국민당은 민족주의와 민주주의에 의하여 광복 국가인 새 나라를 건설하되, 모든 계급의 이익을 전 민족과 전 국민의 존망성쇠의 견지에서 잘 조화 합치시키어서, 언제든지 완전히 통일된 민족국가로서(알기 쉽게 말하자면 완전히 의(誼) 좋게 단합되는 국민으로서) 공동한 운명을 개척하여 나아가자는 것입니다. 그런데 우리는 신민족주의와 신민주주의를 주창하는 것이 특색으로 되어 있습니다. 중국에서 공산당의 모택동(毛澤東)이가 신민주주의를 부르짖고 있지마는 우리의 신민주주의는 결코 그것을 수입해 온 것이 아닙니다(나는 고루한 탓에 아직 모택동의 신민주주의 이론을 책으로 한 줄쯤도 읽어 본 때가 없습니다).

그러면 신민족주의와 신민주주의는 무엇인가? 민족주의와 민주주의는 둘이 서로 표리일체로 되는 것입니다.

선진 자본주의 국가에서 주장하고 있던 민족주의와 민주주의는 봉건 귀족과 대지주와 대자본가들을 중심으로 그네들의 계급적 이익을 옹호하는 국가기구를 만들어 놓고, 그 힘찬 기구의 위력을 가지고 농민과 노동자와 모든 소시민들의 이익을 사실에 있어 압박 착취하면서 국가와 민족의 이름을 핑계 삼아 부르짖게 되는 것입니다.

그러나 우리 조선이 40여 년 동안 일본 식민지가 되고 있는 동안, 지주나 농민이나 자본가나 노동자나 한꺼번에 압박과 착취를 당하였고, 오늘날 해방이 되는 때에 농민과 지주, 노동자와 자본가가 또 한꺼번에 해방되었습니다.

그러므로 우리들은 지금부터 농민과 지주와 노동자와 자본가가 똑같은 지위에서 정치상에나 경제상에나 온갖 사회적 방면에 평등으로 살 수 있는 새 나라를 만들자는 것입니다. 즉 지주나 자본가가 농민이나 노동자를 압박 착취할 수도 없고 그 대신 농민과 노동자가 무산계급의 독재정권을 만들기 위하여 피를 흘리며 싸울 것까지도 없이, 계급이 있으되 계급을 지양하여 그 이해관계를 잘 조화시키고, 대중공생(大衆共生)의 완전한 새 나라를 만들자는 것입니다.

조선은 엊그제까지 식민지로 있었던 까닭에 지주와 자본가들이 자기들만의 권리와 이익을 옹호하는 데 쓰는 기성 국가권력을 가지고 있지 않습니다. 우리들이 지금부터 농민과 노동자와 지주와 자본가가 똑같은 지위에서 정치적, 경제적 권리를 누리도록 헌법을 만들고 국가를 조직하기에 착수를 하더라도, 어느 지주나 자본가의 독차지한 권력이 그것을 탄압하고 제 욕심만 채우도록 만들 수 있는 그런 부정한 권력이 되어 있지도 않고, 또 될 수도 없습니다.

그런 고로 우리들은 만민(萬民)의 합의에 의하여서 계급과 계급이 협동하여 가지고 만민 공생하는 평등한 새 나라를 훌륭히 만들 수 있다는 것입니다.

할 수 없어서 동포끼리 피를 흘려 싸우고, 할 수 없어 계급이 분열되는 것이지, 반드시 분열되고 피를 흘려야 하는 것은 아닙니다.

이렇게 농민과 지주, 노동자와 자본가가 한꺼번에 잘 살 수 있는 정치와 경제의 조직을 하는 것이 신민주주의인 것이요, 이러한 신민주주의로 말미암아 전 민족이 참으로 협동 집결하여서 뜨거운 민족애에서 완전한 자주독립국가를 만들어 지켜 가면서, 다시는 강대한 국가의 침략을 받지 않도록 우리의 생존권을 영원히 보장하여 가자는 것이 신민족주의입니다.

여러분! 우리 토지의 8할이 넘도록 일본인의 공·사유 재산이 되어 있다고 합니다. 공장, 광산, 수산물 기타 일반 산업기관은 9할에 가깝도록 일본인의 공·사유 재산으로 되어 있습니다. 이 모든 것이 연합국가의 국제공법상의 관계는 어떻게 해결하든지 그것들을 광복되는 새 나라에 회수하여야 합니다. 그것을 회수하여 토지는 농민에게 분배하기로 합니다. 국유지로 하고 소작권을 주는 것이 아니라, 싼값으로 또 싼 변리(邊利)로 이를테면 한 25년식(年式) 연부(年賦)로 하여서 무산농민이 사 가지도록 하자는 것이고, 자손에 물려가며 제 소유를 만들어 주자는 것입니다. 농민이 제 토지를 가지고 힘써 농사하자는 것입니다.

9할이나 되는 산업기관을 국가에 회수한 후, 그냥 국영으로도 하고 국가 관리로도 하고, 한 백만 원 자본이나 혹 몇 백만 원 자본까지도 성질에 따라서는 민영으로 하되, 국가에서 잘 감독하여서 폭리도 없을 뿐 아니라 노동계급의 이익과 지위를 적당히 옹호하고 향상시키자는 것입니다.

순(純) 조선 사람의 대지주와 산업기관은 손꼽아 셀 만치 있는 외(外)에는 여간 미약한 편이 아닌 고로, 우리가 목표 삼는 신민주주의에 의한 신민족주의의 국가를 건설하여서 만민평등의 대중공생 하는 사회를 만들자는 것은 결코 어려운 일이 아닙니다.

여러분! 조선은 우리 조국입니다. 우리들이 남의 나라에 매여 지내는 동안, 우리의 억울하고 슬펐던 것은 물론이고, 우리 조선을 발판 삼아 만주로 중국으로 몽고로 시베리아로 또 남양(南洋)으로 일본은 얼마나 침략정치를 하였던가, 조선의 완전한 독립은 우리 민족의 천년의 운명에만 관계가 클 뿐 아니라 전 세계 평화에 큰 관계가 있습니다. 여러분이 모두 이 신민주주의를 찬성하여 극좌적으로도 달아나지 말고, 극우의 파쇼적으로도 가지 말기로 하면, 그야말로 만민공동의 이념에서 새 조선을 건설하여 가지고 신민족주의의 의(誼) 좋게 사는 나라를 만들기가 결단코 어렵지 않습니다.

우리나라는 조선 나라입니다. 러시아도 미국도 아니고 중국도 독일도 아닙니다. 한 민족이 자기 나라에서 새 국가를 건설하는 데는 결코 어떠한 나라의 먼저 해 본 역사를 그대로 모방하여 성공하는 일은 없습니다. 우리의 역사와 우리의 사회 정세(情勢)는 우리만이 가진 특수한 것인데, 거기에다가 전 국제적인 연관성과 모든 나라의 역사를 엄숙하게 검토하여 주장하는 것이 이 신민주주의요, 신민족주의입니다.

민족반역자, 친일파는 물론 숙청하여야 합니다. 우선 국가 건설을 지도하는 상층부에서부터 시작하여 차례로 숙청하여 갈 것입니다. 그러나 쓸데없는 극좌와 극우의 대립을 지양하면서 신민족주의, 즉 진보적인 민족주의에 의한 민족통일 독립국가를 하루 바삐 만들지 아니하면, 우리의 등 뒤에는 무서운 악마가 큰 입을 벌리고 기다리고 있는 것을 잊어서는 아니 됩니다.

1946년

신탁통치반대국민총동원중앙위원회 성명서

1946. 1. 5

우리들의 서방 대륙과 북방과 동남 해양의 제(諸) 민족의 부단한 침략을 혈전(血戰)으로써 방지하면서 조국과 동포를 영구히 호지(護持)하여온 강인(强靭)하고 자제력이 강한 생생한 역사와 전통은 넉넉히 독립자주의 실력을 파지(把持)하고 있음을 입증(立証)할 것이다. 우리에게 남북통일과 자립정권과 산업경제의 재건설과 국방무장의 정비 등으로써 하여 동방의 세계 구성(構成)의 독립국가로서 참열(參列)케 하여 세계평화의 일방(一方)의 분담자로서 확립하게 함은 금차 대전에 있어서 방심함을 허(許)치 않는 주요 과제가 아니면 아니 될 것이다.

우리는 모든 천로(淺露)한 국제추수자(國際追隨者)와 극좌적인 사대주의자들의 훤소(喧騷)한 잡음을 극복하면서 전(全) 삼천만이 통일건국과 건국구민(建國救民)의 대의에서 일치단결하여 이 신탁통치반대와 자주독립 완성의 날까지 모든 신축성과 대응성에 걸맞은 국민운동을 추진, 전개 및 완성함을 요한다.

동포여! 뭉쳐라. 신탁통치반대국민총동원위원회의 깃발 아래로! 그리고 봉화를 들어라! 우리는 첫째 우리들 자신을 철저 해방시켜야 한다.

둘째, 전 세계를 제3차대전의 위기(이하 1행 판독 불능-편자)

신탁통치반대국민중앙위원회 본부

【편자 주】 * 제목은 편자가 임의로 붙였음 . 발표일자는 원문에는 나와 있지 않으나 1월 5일로 추정된다.

** 본문의 밑줄 그어진 부분은 필사 원본에 삭제 표시가 되어 있다.

*** 안재홍은 1945년 12월 30일 신탁통치반대국민총동원위원회 부위원장 겸 중앙위원으로 선임되어, 부위원장 명의로 서울중앙방송에서 반탁태도를 밝히는 방송을 한 바 있다. 또 《민세안재홍선집》 2권에는 동(同) 중앙위원회 명의의 1946년 1월자 〈(선언문) 신탁통치반대선언〉이 실려 있다.

3당 공동 성명

1946. 1. 24.

하기(下記) 3당은 목하의 정치적 정세에 감(鑑)하야 좌(左)의 성명을 발표함.

진정한 민주주의 자주독립국가 건설을 위하여 민족통일전선의 완성이 요청된다. 8·15 이후 '건준' 당시에는 공산당 측의 영도권 장악과 정권 독천(獨擅)의 그릇된 의도에서 문호가 폐쇄되었음에 인하여 좌우익의 협동이 그 출발에서 불성립되었고 '인공'의 조성에서 큰 장벽이 생겼다. '중협(中協)'[독립촉성중앙협의회-편자] 운동에서도 다소의 곡절이 있었으나 박헌영 씨로 대표되는 공당(共黨) 측의 '인공' 사수와 5대 5의 비율 요구에서 협동은 결국 깨어졌다. 그 때까지는 '임정' 지지에 대한 '인공' 고집만이 분열의 원유(原由)이었는데, 국제사정은 다시 '탁치반대'에 대한 공당 측의 '탁치지지' 강조로 말미암아 제2의 장벽이 생겼다.

'임정' 지지는 3·1운동 이래 38년에 수십만의 동원과 몇 만의 유혈에 의한 민족해방투쟁의 전통을 살리고자 함이니 민족사상 정대(正大)한 요청이요, 자연인에 향해서의 일편 사심(私心)이 섞이지 않았다. 4대당 공동성명은 그 취지 "삼상회의의 자유독립 원조는 지지하되 탁치는 반대함"에 있었으니 이것으로써 삼상회의 절대지지인 것 같이 대중의 이목을 현란(眩亂)함은 그 의도 불순타고 아니 할 수 없다. 5당 회합의 전적 실패도 그 궤(軌) 동일하였다. 박헌영 씨의 실언사건은 변명 구구하나 줄잡아서 그 책임 중대함만은 부인할 수 없다. 박헌영 씨 등 간부 제씨(諸氏)의 책임은 모름지기 구명(究明)될 바이요, 공산당 또한 이에 대한 태도의 표명으로 천하의 물의(物議)에 대처할 것이라고 해석된다. 이에 좌열(左列) 수조(數條)를 성명한다.

1. 민족주의와 공산주의의 양(兩) 진영의 협동의 원칙은 의구(依舊)히 불변이다. 우리들은 진정한 민주주의 노선에 의한 긴밀한 공동으로써 공산진영에 대한 협동의 길을 타개키를 용의(用意)하고 있다. 다만 국내와 국제의 제 정세가 긴박추진하는 이즈음 좌우협동의 공식 이론으로 앉아서 대세를 그르칠 수 없다.

2. 탁치는 반대의 체세(體勢)를 갖추고 지중(持重)하여 경거함을 금단(禁斷)한다.

3. 탁치지지와 삼상회의 절대지지를 부르짖어 전선의 분열을 조장함은 그 책임 심히 크므로 그 즉시의 반성을 재촉한다. 빈센트(John Vincent) 미 극동국장이 "경우에 의하여는 조선에 대한 탁치제를 실시치 아니할 것이 관계 열국과 합치된 미국의 견해"라고 단언한 이때, 오히려 삼상회의 절대지지로써 탁치찬성의 의도를 고집하는 것은 그 심사 이해할 수 없다.

4. '테러' 행동은 민족통일의 노선을 파괴하고 건국사업에 지장되는 바이니 일률로 이를 금단(禁斷)할 것이다.

5. 우리들은 비상국민회의를 중핵으로 건국사업을 일로 추진함이 목하에서 최량(最良)한 정책인 것을 단언하고 공산주의적 제 당파가 이에 대한 대승적인 합류함이 진정한 애국애족의 태도인 것을 믿고 그를 대망(待望)한다.

대한민국 28년 1월 24일

한국민주당

국민당

신한민족당

석오(石吾) 이(李) 선생 추도사

《한성일보》, 1946. 3. 15.

대한민국 28년 3월 13일 고(故) 석오(石吾) 이동녕(李東寧) 선생 7주기에 임하여 삼가 추도사를 드린다.

나는 미말후생(微末後生)이라 석오 이 선생을 추모경앙(追慕景仰)하는 순정에서 특히 그 인상 깊은 몇 가지를 들어 애사(哀辭)에 대신키로 한다. 선생은 일로전역(日露戰役) 전후 당시의 신종교요, 신사조의 연수(淵藪)이던 기독교의 신도가 되어 상동(尙洞)교회를 중심으로 국민대중의 각성과 반항침략의 정신을 고취하여 일(日) 제국주의의 한국제압을 배격하셨다. 누대(累代) 유도(儒道)를 존숭(尊崇)하던 세족(世族)의 출(出)이신 선생으로서 이 일은 당대에 있어 확실히 사상혁명이었고, 그 동기 조국과 동포를 지극열애(至極熱愛)하는 지정(至情)에서 나온 것임이 분명하다.

광무(光武) 11년 제2차 세계평화회의가 해아(海牙)에서 열릴 때 선생은 고(故) 전덕기(全德基)·정순만(鄭順萬) 및 보재(溥齋) 이상설(李相卨) 제공(諸公)과 주책(籌策)하야 이상설·이준(李儁)·이위종(李瑋鍾) 제씨(諸氏)로써 이골[원문 그대로임-편자] 해아(海牙)밀사사건을 만들어 내었다. 즉 1905년 을사보호조약은 제국주의 일본의 포학한 독단으로 이천만 한국민의 절대한 반대일 뿐 아니라, 한국 황제의 승인한 바 아니므로 당연 폐기될 것을 주장 소원(訴願)한 것이다. 국가주권이 의연 있고 원수(元首)의 반대의사가 일관한 그때 이 문제를 국제정치무대에 상정시키어 천하의 공의(公議)에 부치려고 한 것은 그 성충과감(誠忠果敢)이 이제에도 숙연 기경(起敬)케 한다.

경술변국(庚戌變局)에 한국 이미 병탄(倂呑)되어 일(日) 제국주의의 폭압이 조국 편토(片土)를 남기지 않을 새, 선생은 이시영(李始榮), 김구(金九), 양기탁(梁起鐸) 등등 동지 제씨(諸氏)와 함께 전후하여 거국행(去國行)을 지어 서(西)로 압수(鴨水)를 건너 이역변추(異域邊陬) 신흥학교[신흥무관학교-편자]를 일으키어 청년무관 수천 인을 교육하는 기업(基業)을 세우시니, 이 대중무장으로 일제를 반격하려는 계획과 의도가 웅원(雄遠) 열렬하셨음을 알 것이다.

선생은 서북간도로 시베리아로 북경으로 상해로 전투(轉鬪)하시는 동안 기미(己未)의 삼일운동이 폭발되고 민족해방의 혁명세력이 해외정권으로 집결될 새, 선생 그 정권탄생의 모체인 초대 의정원(議政院)의 의장으로, 임시정부의 내무총장으로, 추후 그 국무총리로, 또 최고 영도의 지위에 갔었고, 종시일관(終始一貫)하는 우국지성(憂國至誠)과 공명정대한 태도로써 분열갈등을 조합(調合)하는 위대한 도의의 힘은 실로 외타(外他)의 추수(追隨)를 허(許)치 않는 바 있었다.

선생은 민족해방과 조국광복의 중추기능을 세우고자 동지 제씨(諸氏)와 함께 한국독립당을 조직하셨다. 뒤이어 만주사변이 나고 이듬해 상해사변이 일어나 일제의 학염(虐焰)이 전 동방을 제압하려할 때, 선생 동고(同苦)하는 제 동지와 참획(參劃)하여 윤봉길(尹奉吉) 의사의 일격이 안으로 중압에 신음하는 삼천만 대중을 크게 의기를 고무케 하고 밖으로 전 세계의 이목을 용동(湧動)케 하여 한민족의 해방투쟁이 조금도 꺾인 바 없음을 외쳐주게 하셨다. 선생은 혁명가로서 민족해방의 전사로서 실로 총명, 과감, 성충(誠忠), 공명하신 위대한 인물이시었다.

8·15 이후 우리의 건국 도중(途中) 허다한 난관에 다닥치고 분열대립이 격심한 때 입국하신 해외의 선배동지들은 부질없이 "석오 선생이 계셨다면" 하는 탄식을 발(發)함을 듣는다. 선생의 40년 운동이 오늘의 해방을 못 보시고, 유해조차 관산(關山) 만 리 촉백(蜀魄)이 불여귀(不如歸)를 울고 있는 장무(瘴霧) 깊은 중경(重京) 교외 황무한 들에 있어 봉분도 풍우에 무너지고 있고, 조국의 정정(政情) 아직도 귀일집약(歸一集約)됨을 못 보니, 오늘날 선생께 대한 추도와 경모(敬慕)의 정열은 이 조국 민생을 통합재건하는 건숙(虔肅)한 실천으로써만 단적(端的)하게 표현될 것이다. 선생의 영령 조국의 현실을 살피실 때 그 웃으시는가? 혹 그 우시는가? 유심인(有心人)은 스스로 생각할 바 있을 것이다.

국민당수 안재홍 씨 방송
민주의원의 정책 (1)
—자율적 통일과 자주적 건국—

《한성일보》, 1946. 3. 20.

국민당위원장 안재홍씨는 작(作) 19일 오후 7시 15분부터 서울중앙방송국을 통하여 '자율적 통일과 자주적 건국'이라는 제목으로 다음과 같은 방송을 하였다.

남의 힘에 인하여 민족해방이 약속되었고 통일조차 남의 힘을 빈다고 하면 조국광복의 대업은 그 출발에서부터 흠집이 생기는 것이고, 비록 38선 남북에 미소 군대가 주둔 중이라고 하더라도 여러 가지 건국시설이 민족자주의 노선을 밟지 못하고 전연 타력을 빌어 집행하게 된다면 그는 전민족의 정치적 사회적 반향이 반드시 중대한 반발력을 일으킬 바로 경건한 지도자들이 매우 조심치 아니하면 안 될 바이다. 이 점은 국민당으로써 평소 가장 열렬한 주장을 가지고 온 터이다. 대한민국대표민주의원은 민족 총의가 그를 지지하고 진정한 민주주의를 실천으로 이행하려는 조국재건의 정통적 기관인 것임을 위하여 국민당으로서도 거기에 적극 참가하고 또 적극 지지하는 터이지만, 18일로써 그 임시정책대강이 발표되었고 이어서 임시헌장을 작성하여 남북통일과도정권을 건설하고 임시정책대강에 의한 정치노선을 일로매진하려는 도중에 있다. 임시헌장과 임시정책은 서로 표리본말(表裏本末)이 되는 바로, 임시라고는 하지만 정상한 국민의회를 거치어 정식정부가 나온 후에라도 국가시설은 대체가 이에 준거할 바이므로 그 의의 및 가치 매우 중대하다.

"전 국민의 완전한 정치적 경제적 교육적 평등의 원칙을 기초로 한 독립국가의 균등사회를 건설함"이라고 한 것은 그 제1항에서 표명한 기본 이념인데, 임시정부가 해외에 있을 때에 벌써부터 주장하여 온 삼균제도(三均制度), 즉 '정치균등, 경제균등, 교육균등'의 정신을 건설로써 실천 도정에 들어가려고 하는 바요, 국민당에서 만민참정 대중공생과 민족문화의 전면적 앙양으로 조선적인 신민주주의를 강조하는 점과 전연 합치도 되고, 실은 또 삼천만 일심으로 요구되는 바이다. 국민의 선거권은 남녀를 합하여 만 20세 이상 공민권을 가진 자 전부, 피선거권은 만 25세 이상 된 자 전부로 한 것도 인생 사려(思慮) 발달의 점으로 보아 매우 타당하다. 언론집합(言論集合), 신교(信教), 출판 및 정치운동 등의 자유를 보장한다는 것은 정치적 상식으로 길게 말할 필요가 없지마는, 진정한 민주주의라는 것은 참으로 민족 총의에 의하여 자유로 선택한 신민주주의를 이르므로 어떠한 거대한 세력을 빌어서 정치제도를 강제해서는 아니 될 것을 규정한 것이다. 모든 법률제도 등에 일본제국주의의 잔재를 일소하는 것과 적산(敵産)이나 반역자의 재산은 공·사유를 물론하고 국가에 회수한다는 것은 물론 해석으로 찬성할 바이다.

1945년 8월 16일 나의 방송에서 40년 예속의 밑에서 폭압을 당하여온 우리 민족이므로 관공리나 소위 친일파적 처지에 있던 이들도 특별한 죄목이 없고 또 금후 국가·민족에게 충성을 다하는 한 모두 안심하고 낙업(樂業)을 할 만치 그 안전을 보장한다는 의미의 발표를 한 일이 있지만 [《민세안재홍선집》 2권, 〈(방송)해내·해외의 삼천만 동포에게 고함〉 참조-편자] 이 뒤에 더욱 그 방침을 확대할 것이고 반역자의 죄목을 만들어 함부로 생명·재산을 침해하는 폐단을 엄중 방지할 것이다. 산업경제의 급속한 재건설과 중요 일용품의 생산은 계획경제를 시행하기로 함은 그 필요를 논할 여지 없고, 전 민족이 관념적인 계급분열을 지양 회통하여서 협동 단결함으로써만 그 목적이 달성될 것이다. 민족대중이 스스로 지도자요, 또 근로층의 사람으로 되어 직장에 돌아가고 연장을 손에 쥐고 산업경제 재건설과 국가기구 재운영에 전 심혼(心魂)을–우리들의 마음과 넋을 온통 쏟아 넣어야 한다. 중공업·광산·삼림·수리·어업·은행·철도·통신 및 기타 운수기관과 공익시설 등 주요한 대규모의 것은 국영으로 하고, 부력(富力)의 집중 편재(偏在)로써 재산을 독점하여 대중생활을 농단(壟斷)하는 폐해가 없도록 모든 산업적, 상업적 기업은 국가 감독을 강화하기로 한다.

대규모 기업의 주요한 자를 국영으로 한다는 것은 민간기업이나 개인영업을 함부로 제한 압박하는 것이 아니라 거기에 충분한 신축성과 융통성을 주어서 극좌편향적인 독재경향을 지양시키려는 진정한 민주주의 민족국가로서 대중공생의 구전(俱全)한 실천을 꾀하는 바이요, 이를테면 국영인 경우에도 기업진이 있고 그 아래에 기술진·노무진이 있어 구시대의 안목으로 본다면 자본가와 기술전문가와 노동자가 완전한 협동 체세(體勢)에서 경제운영의 실제에 당무(當務)하는 것인데, 국영인 경우 기업진은 순연한 국가봉사의 정신에서 될 것이고 자본가적, 착취적 야망을 떠나서 있게 되는 것이다.(계속)

【편자 주】 1946년 3월 19일의 방송 내용을 《한성일보》에 3월 20일, 21일 2회에 걸쳐 실은 것임. 1946년 2월 14일 남조선 대한국민대표민주의원이 결성되면서 안재홍은 대표의원으로 피선되었다.

국민당수 안재홍씨 방송 민주의원의 정책 (2)

—자율적 통일과 자주적 건국—

《한성일보》, 1946. 3. 21.

(앞에서 이어짐) 일본인의 공·사유 토지나 반역자의 토지를 회수 몰수한 것은, 이것은 농민에게 분배하되 부재지주에게 판다든지 호귀(豪貴)에게 판다든지 하는 것은 단연 허여(許與)치 않고 소작농민에게 우선권을 주어서 경작능력을 표준으로 분배할 것이고, 세습소유로 하되 무상배부로 하지 않고 극히 경(輕)한 값으로 국가에 장기로 변상하도록 한다. 그는 무상배부가 언뜻 보아 퍽은 좋은 것 같지마는 혁명의 □분(□分)에 땅을 거저 얻었다는 것 같은 것은 도의적(道義的) □□로 보아 도리어 성□(成□)이 좋지 않은 것이고, 또는 □□□ 도중(途中)의 국가 재정상으로도 다소의 보조가 될 것이다.

대지주의 토지도 적당한 방법으로 보상을 주고 재분배할 것이 당연하다. 사설전당포와 고리대금은 금지한다. 통화제도의 건전한 확립은 중대문제요, 조세제도는 근로대중의 권리 옹호에 중점을 두어 고도의 누진세율과 상속재산의 제약과 빈한한 농민노동자에게 면세하는 것 등은 경제균등 대중공생의 원칙에 의한 것이다. 국가부담의 의무교육과 또는 민족문화의 □□과 노동자·농민의 □□□□한 국영의 공익시설(公益施設) 등도 만인공화(萬民共和) 대중공생(大衆共生)의 '다사리'주의에 합치되는 바이다. 부인·어린이의 노동□□와 □□□□과 8시간□□□□ 천하의 공도(公道)에 의한 바로 긴 말씀 아니 한다. 그리고 어느 일 국민이나 □엿

□국가나가 우리 주권을 침해하거나 정치제도를 강제하거나 하는 것은 민족자주 독립국가 건설의 국민 총의에 의하여 절대 배격할 것이고, 국방군을 하루 바삐 설치하도록 전력하여야 할 것이니 지금 우리에게는 우선 해안을 순수(巡邃)할 경비정이 □비(□備)되고 있다.

여러분 우리들은 첫째 자율적 통일을 하여야 하는데 국민당으로서나 비상국민회의로서 나의 통일공작이 분열반대의 태도에 말미암아 성공되지 못한 것은 지극 유감이지만 그 □력(□力)은 결코 중단되지 않았다. 토지문제를 비롯하여 모든 건국대업을 반드시 민족적 자주의 힘으로 □□할 것이고 단연 외력을 믿을 바가 아니니, 민주주의혁명 과정을 입으로는 부르짖으면서 전시(戰時) 공산주의적인 노선을 □□로 걸어 나가고 있다든지 대국(大國)의 사상 감정을 □□하고 외력의존의 □□□□하는 것은 단연 불가한 바로 □□적, 사회적 □□한 □□□이 있는 것이다.

여러분 지금으로부터 63년 전에 갑오개혁운동이 김옥균, 박영효, □□□의 혁명□□□□의 □□□□하야된 바이지만 □□□□의 침략하는 일본 군대의 힘을 기대어 □□□하였던 까닭에 □민대□□(□民大□□)를 거기□한 □□한 불신과 □□을 품어 종래에는 대역부도라는 죄명까지 뒤집어씌우게 되었던 것이고, 일청전쟁 이후 우리의 독립협회□□이 대중의 지지를 □□히 받으면서도 일본에 □□□□ 있던 사람들이 몰래 돌아와서 진고개 일인(日人)의 (이하 11행 판독 불가-편자).

조국전선의 결성 (상)

《한성일보》, 1946. 4. 6.

국민당과 한국독립당의 무조건 합동은 국민당의 결의문으로 그 취지 명백하였고 합동선언에서 그 의도 더욱 뚜렷하였으나, 벌써 반삭(半朔) 세상은 도리어 궁금하게 여긴다. 결의와 선언에서 언급치 못한 점은 민족 통일과 조국재건을 중핵으로 우리가 지금 독립운동의 재출발 도정에 들어있던 그것이다. 해방은 약속되었으나 철저한 해방은 언제나 올는지? 자주독립은 만중(萬衆) 대망(待望) 중의 전도(前途) 아직도 명랑(明朗)을 결(缺)하고 있다. 국민당의 명호(名號)는 단일 민족인 우리가 삼천만 일심으로 집결 단속(團束)하여서 전 국민적 염원 의도를 점층적 또 비약적인 앙양 발전의 길로 정진하여 국제수준에까지 가서 멈춤이 없고자 함이었나니, 이 점에서 독립이 아직 성취되지 못한 오늘날에 '독립당'의 명칭은 또한 그대로 우리의 치열한 실질적 의도이다.

우리가 피예속의 멍에를 메고 있을 적에 해외 만리 혁명전사로 애태우고 지내건만 "그러기에 너희는 망국민이지" 이러한 모욕은 열화 같은 분노로도 큰 소리가 안 나왔다. 해방이 약속된 후 인국(隣國)의 사녀(士女)는 우방 맹원으로 우리를 경애하였다. 그러나 탁치(託治)의 안(案)이 한번 천하에 공개되매 가장 눈에 띄는 것은 우방 민중의 격변하는 모멸과 타속(打屬)이었다. 그들은 우리를 영구한 노예로 폄하하는 것이다. 보라!

민족과 민족, 국가와 국가의 열립(列立) 병존은 아직도 민족해방과 국민적 앙양을 요하는 것이 엄숙한 현실인 것이니, 탁치는 단연 폐기할 것이고 조국은 도저(到底) 옹호할 것이다. 일체를 방하(放下)함에서만 일체를 전취(戰取)하나니, 무조건 합동은 동지로서 대연결이요, 전우로서의 총집중이다. 시국의 중대함이 다시 8·15 이전 형(型)의 우울과 분노를 자아내거니, 선진 국가의 정권 수수(授受)의 주축(主軸)으로서의 정당이 아니요 국민운동과 혁명적 투쟁집단으로서의 국민당 또는 독립당은 그 기본 이념에서 둘이 서로 하나일 수 있다. 뭉치자! 민주주의 독립 전취의 진정한 민족전선으로! 그것은 문득 자유의 애(愛)의 불멸의 봉화(烽火)를 길이길이 켜들고 나아갈 우리 삼천만의 조국전선의 '앞잡이'이다!

정치인의 생명은 주의(主義) 정강(政綱)이요 해방전사들의 □골□(□骨□)는 이념과 신조의 합일이다. 국민당은 만민공화 대중공생으로 '다사리'의 이념을 구현하여 정치적·경제적·문화적 평권(平權)사회를 건설키로 하는 신민주주의를 기본이념으로 삼는 신민족주의(졸저 《신민족주의와 신민주주의》의 〈국민당정책해설〉 참조)의 조국 재건의 경륜을 가졌나니, 독립당의 국민참정권의 균등, 경제상 생활권의 균등, 수학권(修學權)의 균등 따위 삼균제도(三均制度)와 합치되고, 국민당은 그 토지정책에서 "토지는 국유로 함이 원칙이로되 농민의 세습소유를 허여함이 또 그 천연(天然)적인 인정(人情)에 적응"한 것을 논거로 하여 농민 인구비례에 의한 분배면적의 배정과 그 세습소유를 보장하는 입법을 기(期)한 것 등이 독립당의 토지국유를 당□(黨□)으로 삼은 바와 달랐으나, 3월 18일로써 발표된 대한국민대표 민주의원의 "임시정책대강"에는 "전 국민의 완전한 정치적·경제적·교육적 평등의 원칙을 기초로 한 독립국가의 균등사회를 건설함"을 그 제1항으로 하여 만민공화 대중공생이 삼균제도로서 구현하게 되었고, "주요한 중공업·광산·삼림·공익시설·은행·철도·체신·

수리·어업·전기 및 운수기관 등은 이를 국영으로 함"을 제7항으로 규정하고, "모든 몰수토지는 농민의 경작능력에 의준(依準)하여 재분배함"과 "대지주의 토지도 동일한 원칙에서 적당한 보상으로 재분배함"과 "재분배된 토지에 관한 대상(代償)은 국가에 장기적으로 변납(辨納)함" 등을 확정함에 의하여 국민당의 토지 및 산업경제정책과 전연 일치되었고, 독립당의 책임자들도 토지정책의 신수립을 결정하게 되어, 이와 같이 정강정책의 혼연일치를 □정(□定)하게 된 데서 그 평소의 상호신뢰가 다시 무조건 합동에까지 간 것이다. 우리는 자유인 조국의 광휘(光輝)있는 재건설을 위하여 전 민족 총력집결의 선구로서 정체(停滯)없는 감투(敢鬪)를 개시코자 여기에서 생신(生新)한 재출발을 하기로 맹약하는 것이다. 이는 곧 조국전선의 결성이다.

【편자 주】 1946년 3월 20일 안재홍이 이끄는 국민당은 한국독립당과 합동하기 위하여 발전적 해소를 결의하고, 3월 22일 국민당과 한국독립당은 합동성명서를 발표하였다. 이어 4월 18일 한국독립당·한국국민당·신한민족당 3당은 한국독립당으로 합동하고 성명서를 발표하였다. 안재홍은 4월 22일 한국독립당 중앙상무위원 겸 훈련부장으로 취임하였다.

조국전선의 결성 (하)

《한성일보》, 1946. 4. 7.

(앞부분 누락)지 않은 파동을 일으켰다. 그러나 그 파동은 필연한 결과라고 치더라도 국민당과 한국독립당의 무조건 합동은 무조건이 그대로 유조건(有條件)일 만치 그 주의·정견에서 합치 있었고 금후 국민당이 민족투쟁단체로서 성격과 노선을 변함이 없이 일로 정진할 의기투합 있음으로써이니, 이것이 없는 곳에는 하나의 야합인 것이요, 기계적 합동이다. 여기에 대하여는 오인(吾人)은 언제든지 단호한 반발력을 가질 수 있다.

중국에 있어 국민당의 역사는 손중산(孫中山: 손문)의 용공연소(容共聯蘇) 정책으로 인하여 1924년대의 국민단일당화한 전례 있었고, 1927년 무한정부(武漢政府) 성립 즉시 국공분열(國共分裂)과 장주석[장개석-편자]에 의한 청당공작(淸黨工作) 있은 이후에도 국민당 내에는 오[한 행 누락-편자] 을 포옹하게 되었나니, 오늘날 한국독립당을 주축으로 삼아 민족주의 각 파 정당이 집중 통일하고 그 인사조직을 타당 엄정하게 하는 데서 전면적 합작의 민족주의정당이 존속할 수 있다. 그것이 완성치 못하더라도 민족주의정당의 긴밀한 행동통일로써 강고한 조국전선을 결성할 것만은 의심 없다. 오인은 말절(末節)에 구애치 않고 자연방임으로 함도 가타고 한다.

다만 한 가지 전 민족 대중의 심각한 자기비[한 행 누락-편자] 자기도취하고 독립은 아직 완성치 못하였거늘 분열 먼저 앞섰다. 이제 다시 중국의 예를 들기로 한다. 청조 말의 그들 국정의 부패는 한국과 갑을(甲乙)할 바 아니었건만, 한국은 드디어 복몰(覆沒)되었으되 그들의 주권이 존속한 것은, 그 영토 인구 물자의 웅박(雄博)함이 이를 구제하는 내재적 원유(原由)로 된 것이요, 국공대립 십유년(十有年)에 그 형세 매우 다난한 것이니, '초공(剿共)'의 내전이 영년(永年) 계속하며 항일건국이 완성도 되기 전에 국공군(國共軍)의 격전은 처처에 있는 터이나, 그러나 이로써 위망(危亡)이 단(旦)[한 행 누락-편자] 가졌음에 인함이다. 이제 우리에게 남북 분단됨에 인하여 이미 민족적 불구체로 된 치명적 해악에 다닥뜨렸거든 하물며 주의·사상 상의 분열 대립으로 한갓 외력(外力) 간섭의 원인을 짓고 게다가 외력에 추수(追隨)하여 제소 고발함과 같은 그 심지의 발동이 이미 피예속적인 것이다. 국공대립이 인국에도 있음으로 인국 건존(健存)의 예를 인(引)하여 구안고식(苟安姑息)하여도 대사(大事)가 없으려니 하면 그것이 일대 변사(變事)인 것이다. 조국과 민족은 의연 위국(危局)에 빠져 있는 것을 맹성하여야 한다.

동경(東京) 4일발 UP전(電)은 일본의 정당 수 2백 59요, 그중 1인 1당이라고 극언되는 군소정당 1백 84라고 한다. 일본은 그 [한 행 누락-편자] 시(時)에 비하여서도 오히려 4~5배이다. 요는 그 수에 있지 않고 대립하는 형태에 있으며, 그보다도 근본적인 것은 우리에게 대처하는 열국(列國) 태도의 상위(相違)이다. 그러므로 탁치의 안이 우리의 도의의 결함에 인한 객관의 위국을 수습코자 하는 파심(婆心)에 나옴이 아니요, 도의의 결함을 구실로 그 의도를 펴려고 하는 것임을 논단할 것이다. 모스크바 삼상회의의 결정은 그 정신이 한국의 민족자결에 의한 자주적 과도정권 수립에 대한 협찬 원조를 위함이요 결코 간섭 제압함을 상정함이 아니었고, 탁치안은 국제헌장에서 제정한 3종류의 하나에도 해당치 아니하니, 즉 민족 자원(自願)이거나, 일찍 위임통치 되었던 구역이거나, 또는 적(敵)을 정(征)[한 행 누락-편자] 투쟁의 역사는 명확하게 이[글자 누락-편자]이니 일본의 일시 침략이 [글자 누락-편자]정(定)과도 전연 다른 까닭이다. [글자 누락-편자]천만의 진정한 총의임은 물론 [글자 누락-편자]의(義)에 비추어서도 가장 광명 [글자 누락-편자]청(請)이다. 모든 엽관족(獵官的) 정권욕적 병폐 [글자 누락-편자] 오직 해방과 민주주의적 신(新)[글자 누락-편자] 자유인 생존권의 확립이 주(主)[글자 누락-편자]대(臺)의 위에 구축될 것을 염원 [글자 누락-편자] 민족의 통합된 자주독립의 [글자 누락-편자]성(成)하는 일로로 매진키로 하자! [글자 누락-편자]곳에 조국 전선은 다난(多難)[글자 누락-편자]

제5호 성명에 의한 서명과 반탁운동

《한성일보》, 1946. 5. 1.

서명과 탁치문제

이 문제에 관하여는 향일(向日) 논의된 바 있기로 중복코자 않는다. 다만 문제 중대하여 대중의 관심 클 뿐더러 거기에 다시 일방(一方)의 모략 선전 있었고 혹은 편견·국견(局見) 있어 대중의 의구 깊었던 까닭에 특히 이에 일언(一言)키로 한다.

모스크바삼상회의 결정 제3항 제1절에서 "독립국가로 한국을 재건하여 민주주의 원칙에 의하여 한국을 발전시킴에 적합한 환경을 육성할 것과 한국에서 장구한 일본 압정(壓政)의 잔재를 가급적 속히 청산할 것 등을 지지"하고 제2절에서 "임시한국정부의 조직을 협조하며 또 적의(適宜)한 방략의 예비적 연찬(硏鑽)을 행하기 위하여 공동위원회는 한국의 민주주의 제 정당과 사회단체와 협의할 것"을 규정한 바는, 오인이 전(全)삼천만 민족의 진정한 총의에 의하여 이를 찬성하는 바이니, 그에 대한 협력이 문제될 바 없다. 다만 동(同) 제3절에서 "임시한국정부와 한국의 민주주의 단체의 참의(參議) 하에 한국민의 정치적, 경제적 또는 사회적 진보와 민주주의적 자립정신의 발달과 한국의 국가독립의 완성을 원조 협찬하는 방책도 안출(案出)함"이 공동위원회의 책무로 될 것이다. "임시한국정부와 협의한 후에 공동위원회의 제안을 미, 소, 영, 중 4국의 공동검토에 부(附)하여 5개년 한도의 한국의 4국 신탁통치에 관한 단안(斷案)을 연출(硏出)케 할 것이다"가 문제의 초점이던 것이다. 이 탁치안이 걸려 있음에 인하여 우리 삼천만 국민의 정상(正常)한 총의는 이를 절대 반대하게 된 것이다.

제5호 성명은 처음부터 그 문의(文意) 명백하였다. 한국의 민주주의 제정당과 사회단체가 대표자를 뽑아 미소공동위원회와 상술 제2절의 결정에 준한 협조를 함에 임하여 위원회가 작성한 선언서에 서명을 요한다는 것은 일종의 거북한 방식임에 틀림없으나 그 문의(文義) 결코 탁치 수락을 의미하는 구속력을 가진 바 아니니, "모스크바 결정 제3절에 예시(豫示)된 방책에 관하야 공동위원회가 임시한국민주정부와 협의 하에 제안을 작성함에 협력할 것을" 자(玆)에 선언함으로 된 것은 탁치를 아직 의제에 올리지 아니 하였을 뿐더러 토의가 찬부(贊否)의 자유를 보류한 바이니 그는 임시정부 성립된 후에 제2단(段)으로 문제화 시킬 바요, 지금부터 훤소(喧騷)할 바 아니다. 탁치반대는 변함없는 전 민족 총의이라, 이 진정한 총의를 확고하게 체현(體顯)하는 대표자들로 대거(大擧)하여 이에 협조하고, 또 그 의도에서 임시정부도 조직되도록 하여서 조국으로 하여금 자주독립국가의 완성에 매진케 함이 있을 뿐이다. 이는 일편(一片) 용의(容疑)할 여지를 두지 않는다.

모든 강대국가가 열세인 국가를 향하여 자기 본위의 해석으로 독립원조의 명목 밑에 제압(制壓)의 진전을 촉행(促行)하는 선례를 오인은 너무 많이 알고 있다. 그러므로 서명안이 일반의 불안·의혹을 자아내었음은 무리도 없다. 그러나 문면(文面)의 법리적 해석에서 탁치수락의 구속력이 없고 하지 중장의 책임 있는 양차(兩次)의 성명이 이를 보장한 바 있으니, 후일의 일이지만 미소는 세계에서 양대 대표적인 국가라 일편(一片) 함호(含糊)한 서명으로써 탁치 실시의 구실을 삼아야 할 아무런 궁극(窮極)한 이유도 있을 바 아니니, 우리의 삼천만 국민이 총의와 총력을 묶어서 철두철미 탁치반대의 실효를 거두어야 할 것과 마찬가지로 그들 양국도 이 점에서 마땅히 당당한 형태로 상대될 것인 까닭이다. 트루먼 미 대통령과 번스 동(同) 국무경(國務卿) 등의 언명, 즉 "한국민의 총의가 반대한다면 탁치는 폐기할 수 있다"는 언명은 우리의 민족 총의가 반드시 관철될 것도 확신으로써 추진할 바인 것이다.

논자 혹은 한국의 자주독립을 원조 협찬하는 것이 즉 탁치라고 한다. 자주독립을 원조 협찬함에 그를 수락치 않을 자 없을 것이다. 그러나 탁치가 반드시 따라 들어온다면 그러한 원조 협찬은 뇌각(牢却)할 밖에 없다. 그는 마땅히 자주국교의 방식으로 되어야 할 것이다. 또 탁치가 아니고서는 원조 협찬이 있을 수 없다면 그는 민족자력으로 보보전진(步步前進)할 결심과 계획을 세워야 한다. 이는 워낙 탁치문제와 떠나서 독자적으로도 절대 필요한 과제이니 재정·경제·국방·산업·교통·통신 등 광범한 부문에 뻗치어 전문위원의 설치로써 그 구체 대책을 연찬(硏鑽) 정진함이 시하(時下)의 전 민족적 급무이다.

【필자 추기】 본문은 저자 당시 민주의원에 있어 제5호 선언에 서명하고 미소공위에 참가한 후 정부를 통하여 탁치 없는 독립을 조속 실현키를 주장한 요지이다.

【필자 주】 민주의원에서는 미소공동위원회 제5호 성명에 관하여 신중 토의를 거듭한 결과 5월 1일 오전회의에서 "본 의원(議院)에 관계된 각 정당과 단체 대표로서 해(該) 위원회에 참가 협의함을 가(可)타 함"이라고, 결의한 바 있다.

【편자 주】 1946년 4월 18일 미소공동위원회는 공동성명 제5호를 발표하였다. 5호 성명은 "미소공위의 협의 대상이 되고자 하는 정당과

사회단체는 삼상회의 결정의 목적을 지지하고 이를 실현하기 위해 협력한다."고 서약(서명·날인)한 선언서를 미소공위에 제출할 것을 천명하였다. 이 성명을 통해 소련은 반탁진영은 미소공위의 협의 단체로 참가할 수 없다는 입장에서 대폭 후퇴하였고, 반탁진영은 서약서를 제출하면 미소공위에 참여할 수 있는 길이 열렸다. 그러나 반탁진영은 모스크바삼상회의의 결정 이른바 4개국 탁치안을 반대하고 미소공위 불참을 선언한 입장이었기에, 소련의 이러한 양보는 오히려 반탁진영을 당황케 하였다. 안재홍 또한 반탁노선을 견지하고 있었으나 이 시기 그는 5호 성명에 서명하고 미소공위에 참가하고자 했다. 이 글은 안재홍이 미소공위에 참가하려는 자신의 입장을 밝힌 글이다. 본문은 1946년 4월 30일 안재홍 자필 원고에 따른 것이며, 《한성일보》에 5월 1일자로 게재되었다.

미·소 회담의 실패

《한성일보》, 1946. 5. 9.

8·15 이후 약속된 해방에 무상(無上)한 환희를 품던 광복되는 한국 민중 삼천만에게 새로운 불안과 우울과 원한조차 준 것은 삼팔선의 장벽이다. 일부의 극좌편향적인 사대주의자들이 그 편을 무조건 구가함에 불계(不計)하고 삼팔 이북에서는 많은 민족적 비극이 속출하여 그 편과 궁핍과 위협 속에 가끔 유혈의 항쟁조차 거듭하고 있음을 볼 때 우리의 동포애와 정의감은 쉴 새 없이 약동하고 있다. 우리의 청년 자제들의 호소는 나의 마음을 아프게 한다.

이 삼팔선문제의 해결로써 민족통일과도정부의 수립을 주비(籌備)할 줄로 기대되던 지난 1월 16일부터 2월 5일까지의 미소공동의 서울회의가 전반적으로 실패에 돌아간 것은 작일(昨日) 각 보(報)에 발표됨과 같다. 일반·교통·통신·물자의 교류, 행정·재정·문교의 통일 조정 등에 관한 제 조건은 소련 측의 거부로 말미암아 하나도 실현되지 못하였고, 단일 민족 조국 고토에 있으면서 엄혹 폐쇄된 국경으로 차단된 양개의 적대국 이상의 분단된 상태가 계속되는 것은 실로 언어도단인 괴(怪) 사실이다. 이로 인하여 우리 민족의 사회적, 정치적 화인(禍因)은 그 경제적 곤액(困厄)과 아울러 날을 좇아 증대되고 있다. 이것은 우호국에 인하여 현전(現前)한 바라고 쳐서 끝끝내 참을 수 있으랴?

얄타회담에서 소련은 1904년 일로전쟁 직전 제정노국 당시에 극동방면을 향해서 침략적이던 의도를 재현할 것을 주장하였다고 한다. 이것은 소련을 위하여 아까워하지 아니할 수 없다. 1904~1905년 일로전쟁에서 일본이 제정노국의 동진 남하하는 세력을 좌절시킨 것은 한국을 제한 전(全) 아세아 민족에게 일본을 향한 친애와 동경조차 일으키게 하였는데, 일본은 그들의 동경을 일축하고 구주의 제국주의를 그대로 효빈(效嚬)하여 이래 40년 침략에 전 아세아의 이반, 항쟁과 전 세계의 반격 속에 방금 그 전면적 패몰(敗沒)에 빠지고 있다. 이러한 점에 관련하여 오인은 1939년 전후부터 소련의 전환하여온 국제노선에 대하여 심대한 불찬성 및 불신을 품고 한국을 향한 현하의 정책에도 결연 항의키로 한다.

현하 소련 및 미영의 관계는 구아(歐亞) 양 대륙에 걸치어 '발칸'과 '이란'과 한만(韓滿)에서 그 예봉이 맞부딪히면서 바야흐로 전면적 대립의 형태로 되었다. 무력행사와 제3차 대전의 소리조차 높다. 그 소리를 높이되 그 일은 없기를 믿으려고 한다. 전 인류와 삼천만 우리 민족의 복리 때문에 그러하다.

오인은 우호국인 소련이 시종일관 우호로써 결말하기를 희구한다. 우리의 조국과 동포와 자유인 번영이 저해되는 곳에 영원한 우호관계는 있을 수 없다. 소련은 가장 우정적으로 '동방의 반역'에 대응하는 1920년대의 혁명적 시대로 돌아가기를 바란다. 그러면 오인은 그대들을 신애(信愛)할 것이다.

일체방하(一切放下)·의심암귀(疑心暗鬼)는 무용(無用)

—용왕직전(勇往直前)·자율정권(自律政權)을 수립—

《한성일보》 1946. 5. 17.

미소공위가 무기 휴회된 후 벅차오르는 대중의 요청은 자율적 통일정부의 건립이다. 이 민족통일 독립국가건설 대업이 이토록 늦어진 것은 두말할 것 없이 삼팔선의 장벽으로써 양단되어 있는 허다한 악조건의 존재인데, 이 중대한 객관정세 있다고 치더라도 조선인의 사상적 분열 대립으로 말미암아 영도권의 싸움이 영속하는 것은 도의상의 책임이 가볍다고 할 수 없다. '인공'문제는 이제 거론치 말더라도 신탁절대지지 문제, 비율문제[미소공위 참가단체 비율 문제-편자] 등 난문제를 고집하는 공산주의계열의 편견이 청산되지 않는 한 통일정권 문제는 의연 암초에 걸려있다고 아니할 수 없다. 구주의 후진 제 국가 속에서도 이와 동일한 현상으로 그 자주통일의 대업을 방해 천연(遷延)시킨 악례는 제2차 대전 이후 세계의 주목을 받고 있는 터로, 왕농혜(王籠惠) 씨가 "독립지연의 책임자는 전 조선국민이다"라고 말한 것은 매우 함축 많은 명언(明言)이라고 하겠다. 민주주의임시정부를 세우는 것이 모든 문제해결의 기초이며 선결조건인데, 삼상회의에서 결정한 탁치를 절대지지하겠다던 소수 공산파가 반탁을 절대 주장하는 다대수 민주주의 측과 대립 마찰하고 있는 것이 화근을 지어 미소공위 역시 무기 휴회한 것은 적본적(敵本的) 모략 선전을 능사로 삼는 것보다는 공산계열의 각파에서 일단의 맹성(猛省)으로 자기과오를 청산치 아니하면 조국을 깨뜨리고 민족을 그르치는 역사적인 대 과오를 영구히 남기게 될 것이다. 이 점에 관한 한 민공(民共) 양방이 참으로 허심탄회함을 요한다. 이즈음 일부에서 남조선 단독정권의 탄생을 운운하고 나오지도 않은 정권을 지레부터 '말살'하자고 초조 홍분하는 것은 일신(一哂)함 직하다. 요컨대 그는 의심암귀(疑心暗鬼)란 자로 도리어 계심(戒心)을 요할 바이다. 이러한 편곡한 견식(見識) 속에 스스로가 국척(跼蹐)하고 있는 것보다는 차라리 냉엄한 자기성찰과 중대한 시국의 검토로써 일체방하(一切放下)의 심경에서, 함께 더불어 조국민생을 구완해내자는 자율적 통일정권 수립의 보무를 내디딤이 얼마나 갸륵할까? 김규식 박사가 12일 국민대회 장에서 남조선 단독정권 건립의 의사를 표명하였다고 영절스럽도록 써내는 편도 있으나 그는 분명한 인식착오요, 이승만 박사도 통일정권 건설을 강조하지 않는가? 또는 아놀드 소장이 허헌 씨 등과 회담을 하였다고 해서 그로써 만일 자만적 태도를 가진다면, 그는 '인공' 제작 당시의 인식상의 과오를 되풀이하는 바로 마찬가지 계심을 요할 바일 것이다. 어찌했든 금후 수주 간의 정치적 동향은 전 민족적 운명에 지대한 관계있고 대중도 그냥의 무관심으로부터 단연 엄숙 감시로써 자신들의 운명을 자주적 결정하는 도정에 들어가야 할 것이다.

자주독립은 존귀하다 (상)

1. 8·15 해방 기념일을 맞이하여 조선 각계의 지도자는 새로운 자기비판과 검토가 있어야 할 것이다. 그러나 새로운 각성까지 갈 것 없이 이로(理路)는 매우 자명하다. 현하 제2차 대전 이후 전 구주(歐洲)의 대세는 각각 그 국내에서 내란적인 대립투쟁 없이 대중의 합의적 채결(採決)에 의한 합법적, 점진적 수단으로써 균등사회 건설의 혁명적 추향(推向)을 하고 있다. 이것은 제1차 대전 이후 소련에서 □정적(□定的) 구실을 하였고 서구를 제(除)한 전 구주 열국이 거의 예외 없이 과격한 내란적 혁명투쟁이 있었다가 다시 예외 없이 반발적인 반동정치 도정에 들어 있었더니, 이래 30년 다시 제2차 대전으로 민주주의는 승리하였고 누구보다도 뼈아픈 체험을 가장 많이 한 구주의 인민들이 이처럼 합□적(合□的)인 사회혁명의 기획을 평이한 방법으로 점진적 실천키로 된 것을 의미한다. 금후에도 반드시 일진일퇴는 있겠지만 이 점 크게 배울 일이다.

2. 우리 조선은 36년간 일제의 철저한 봉건적, 자본주의적 침식으로 모든 정치적, 경제적, 사회적 지배기구가 완전히 일본인의 장중(掌中)에 독점되어 있었고, 그들의 전면적 퇴각과 함께 조선인은 자민족 상호간의 격심한 대립항전을 아니 하면 아니 될 중대한 모순의 기성세력(既成勢

力)으로 되어 있지 않고 금후에도 기술적 실천 도정에서 상당한 파란곡절(波瀾曲折)이 있더라도, 대체로 거대한 내란적 유혈참극을 면치 못할 조건으로 함이 없이 만민공화 대중공생하는 경제균등과 정치평권(政治平權)의 신민주주의 독립국가를 만듦이 가능한 사회적 객관정세로 되어 있다. 이 점에 관하여 통계적 예증은 그만두기로 하나, 대체 누구나 평심서기(平心敍氣)로써 이를 잘 인식할 뿐이다.

또 단일민족으로 구성된 조선의 역사적 단계가 이러한 균등사회의 자주독립국가로서 민족자결의 원칙에 의한 엄정 중립적 독자적 노선을 걸어감을 요청하고 있고, 일반적인 국제사정은 더욱 이를 강요하고 있다.

그는 일국편향 또는 일국의존적 과□(過□)는 안에서 전 민족의 복리를 저해하는 기본조건으로 될 뿐 아니라, 그에 인한 국제적으로 발동되는 시의심(猜疑心)은 또 다시 전(全) 동방 또는 전 세계 평화를 깨트리는 중대한 화근으로도 될 수 있는 까닭이다.

【편자 주】 1946년 8·15 해방 기념일을 전후해 발표한 글로 추정된다. 《한성일보》에 게재한 글로 추정되나 현존하는 《한성일보》는 결호가 많아 확인할 수 없었다.

자주독립은 존귀하다 (하)

오인(吾人)은 조선의 예지 있고 양심적인 유산층(有産層)의 사람들이 그 자숙자재(自肅自裁)로 새 경제균등사회 건설 대업에 순응하여야 할 것을 각오함을 볼 때 심대한 희망을 갖는다. 많은 지주와 자산층의 인물들은 이러한 과감한 각성과 결심 있기를 나는 기대한다. 그러나 모든 좌익적인 지도자들이 성급한 극좌편향의 과오를 떨어버리고 진보적인 민족주의자들과 긴밀 협동함으로 말미암아 극우편향하는 일이 없도록 선발(先發) 방지하면서 우리 조국을 점진적인 합법적 수단에 의하여 완전한 사회평권(社會平權)의 국가에로 추진시킬 수 있는 것을 결정 및 실천하여 주기 바란다. 그는 그러한 좌우호응적인 협동의 실천 없이는 극좌편향 있는 곳에 반드시 극우편향도 따라서 일어나는 것이고, 그 결과는 필경 1차의 심대한 불상사가 부르터나게 될 것인 까닭이다.

혁명은 만부득이한 경우에 비로소 유혈의 방법을 고르는 것이고, 점진적 또 합법적인 수단이 대중구의(大衆究意)의 염원을 보장할 수 있다면 무용한 대립투쟁의 격성(激成)은 정치적(政治的) 죄악이다. 더구나 조토조민(朝土朝民)으로 단일통합의 독립국가를 완성하여서 인접 제국(諸國)과 자주국교에 의한 협조호애(協調互愛)의 체세(體勢)를 갖춤은 가장 완전무결한 대중적 복리를 영원 확보하는 것임을 단언할 바이다.

1. 자기 일당의 세력을 과대평가하여 일거에 극좌적 정권을 설(設)하게

함은 국내적 인식의 착오이다. '인공'의 과오 여기에 있었다.

2. 외래적 성세(聲勢)에 편승하여 일거에 고답적 돌진으로써 급진적인 혁명을 성취하려한다면 그는 역사진행의 변법적(變法的) 법칙에도 위배되는 바고 심심(甚深)한 계구(戒懼)를 요하는 바이다.

3. 대중생활이 긴박화하고 그들이 실망상태라고 해서 만연히 급진주의의 공식적 전술을 적용코자 함이 있다면 그는 소루(疎漏)의 큰 자(者)이다. 일보(一步) 그르쳐서 오직 대량의 의의 없는 희생만 만들어내게 된다면 계심(戒心)할 바이다.

민주정부수립문제 (1)

《한성일보》, 1946. 9. 7.

여러분 8·15 해방 1주년 기념일이 지났으되 우리가 기다리고 있는 임시정부는 성립되지 못하였을 뿐 아니라 지금 보기에는 언제나 성립될는지 헤아릴 수 없는 상태입니다. '국민이 정부를 만드는 것이지 정부가 국민을 만드는 것은 아니다, 국민대중이 번듯이 있는 한에 무슨 일은 못하겠느냐'고 말할 수 있습니다. 그러나 정부 그것은 한 민족이나 한 국민의 주권의 구현체로서 전 민족 총의의 집행기관인 것인 만치 그 민족의 의사를 투철하게 표현하는 저의 민족의 정부가 없고서는 결국 아무것도 될 수 없는 것이니, 정부수립이 곧 국가독립의 실천방법임은 두말할 바 아닙니다. 38 총[선-편자] 장벽이나 미소 양국의 군정에 관하여서는 오늘 새삼스러이 말하지 말고 지금까지 이른바 좌우 양편의 분열 불통일에 관한 일도 잠깐 방식을 바꾸어 검토해 볼 필요가 있습니다. 우리가 새로 세울 조국은 전제주의를 배격하고 민주주의에 의한 만민평등의 정치를 실현하자고 하는 것이니 개인의 독단 전제의 배격을 강조할 것은 물론이지마는 자본계급의 독재나 '프롤레타리아' 독재라고 하는 무산계급의 독재도 반대하는 것을 다시 한 번 말하여 둡니다. 자본계급이 독재정치를 집행하여 노동자 농민 등 대다수 근로층의 이익을 무시 침해함에 옳지 못하다는 것은 그만 두고, 조선이 36년의 혹심한 일제의 침략에서 지주와 자본가층이 이미 자신이 권력을 독차지한 기성정부를 가지지 못한 것은 물론이요, 그 세력의 미약함이 스스로 계급독재의 권력을 편성할 수 없다는 것도 이번에는 길게 말하지 안 합니다. 그 대신 조선의 과격주의자들도 지금 그 소수파인 고단(孤單)한 세력으로서는 도저히 극좌적인 정권을 건설하고 유지할 수 없는 것이 분명합니다. 그것을 현 단계의 조선이 완전한 민족혁명을 성취하여 다른 세계 열국과 마찬가지의 민주주의 국가로서 자주독립국가의 하나 되기를 요청하고 있다는 역사적 도정과 그밖에도 엄연한 사회정세에 말미암아 조건 짓게 되는 것이니 이 점은 본인이 거듭거듭 주장한 바로서 전 국민 여러분도 잘 인식하시는 바이라고 믿습니다. 우리 한국독립당은 그 당강(黨綱) 당책(黨策)에서 토지문제와 일반 산업문제와 교육과 후생문제와 일반 정치문제에 관하여 삼균제도(三均制度)로 표명되는 균등사회의 신민주주의 건설을 목표로 하는 것은 정치에 관심을 가지는 국민대중이 잘 아시는 바이지만, 8월 12일 이래 중앙집행위원회에서 당강(黨綱) 당책(黨策) 수정연구위원회를 두고 이것을 일반 국내·국제정세와 대중의 요망(要望)함에 돌아보아 가장 적정 타당한 구체책(具體策)을 세우고자 지금 노력 중에 있으니, 그것은 성문화(成文化)시켜서 문자로써 정확하게 만들자고 함이요, 그 정치이념과 노선은 확정된 지 오랩니다.

【편자 주】 9월 6일 중앙방송국을 통하여 전국에 방송한 원고로 《한성일보》에 9월 7일, 8일, ?일, 12일, 13일 5회에 걸쳐 연재되었다. 이 시기 안재홍은 '좌우합작운동'에 참여하고 있었다.

민주정부수립문제 (2)

《한성일보》, 1946. 9. 8.

그런데 지난 8월 30일 미국 국무성은 소련이 남조선에서의 미국의 정책을 제국주의적이라고 비난한 데 대하여 미국은 태도를 해명 발표하였으되 "조선에 통일정부 수립을 원조하기 위하여 미군은 조선에 계속 주둔할 의사이다. 남조선의 미군은 미국의 책임 수행과 이 책임이 완전 수행될 때까지 조선을 원조한다는 것을 조선인에게 보장하기 위하여서만 주둔하고 있는 것이다"라고 단언하고, 다시 "미국 측은 조선인이 요망하는 경제 민주주의적 정치기구 형태를 결정할 권리는 조선인 자신에 있음을 인정하는 바이다"라고 하고, 그에 연달아서 "그러므로 소수파가 세력을 확득(確得)하는 데 대하여는 반대하는 바이다"라고 하였습니다. 지금 우리 한국을 미소 양군이 공동점령하고 있는데 그것은 통일정부의 수립, 즉 민주주의에 의한 통일정부의 수립을 원조하여 그 본래의 목적을 완수하는 데만 우리에게 의미 있습니다. 그런데 이 민주주의는 일금(一今) 법률상의 평등권을 의미함이 아니고 인민생활의 물력적(物力的) 토대를 이룬 경제적 민주주의의 정치기구 형성을 주안(主眼)으로 삼는 바이니, 이는 조선인의 진정한 요망으로 될 뿐더러 민족혁명 완성의 물력적 토대로 되는 것입니다.

그리고 그의 운영과 실천은 조선인 다대수(多大數)의 자유롭게 표현되는 총의에 의하여야 할 것이니, 이는 민족자결의 원의(原義)에도 해당하고 대서양헌장과도 걸맞은 바로 매우 타당한 바 입니다. 이것은 또 민주주의의 철칙에 따라 대다수의 총의에 좇을 바요, 결코 소수파의 사람들이 어느 외국 의존에 의한 파당적 모략수행으로 되어서는 안 될 일입니다.

미국 국무성의 발표로서 (이런 말이 있습니다) "미국 국무성은 남조선 주둔 미군총사령관 하지 중장이 조선인에게 '미국 측은 그 책임을 즉 한국의 독립을 완성하는 책임을 이행할 것이며 제국주의적 야망을 소유하고 있지 않다'는 사실을 명백히 하도록 지령하였다"고 하였습니다. 이것은 책임 있는 국제적 성명으로 한국문제에 관한 주요 문헌의 하나가 되는 것이거니와 그 다음 미국 군정의 조선에서의 목적으로서 "토지개혁을 실시하는 것, 독점기업을 말소하는 것, 교육의 보급, 민주주의적 노동기구의 발전을 위하야 노력하는 것" 등을 비롯하여 "생산을 촉진시키는 것, 식량을 공평히 수집 배급하는 것, 조선과 각국의 통상관계를 부활시키는 것, 화폐와 물가를 안정시키는 것, 중립적 사법기관을 설치하여 경찰이 일 단체 또는 일 파당의 지배 하에 있지 않도록 그 제도를 수립하는 것" 등을 열거하였습니다.

이것은 그 표현방식은 좀 다르지만 조선의 가장 정상한 민족총의가 상당히 그들에게 반영될 것으로서 토지의 농민에게의 적정 분배와 주요한 대규모 기업의 국영, 공영 또는 국가관리와 교육의 균등화와 민주주의적 입법에 의한 노동자 농민 등 근로층의 생활옹호 등을 목표로 기타 당면한 민주문제의 응급한 해결 등을 계획한 것이라고 해석됩니다. 동(同) 30일 "워싱턴 발(發) UP통신은 애치슨(D. Acheson) 국무장관 대리의 발표를 보도하되 미국 정부는 소련에 대하여 조선공산당의 여하한 권력 찬탈에도 반대하여 미군은 조선임시정부가 수립될 때까지 조선에 주둔할 것이다"고 하여 공산당문제를 표면에 내놓았고, 동시에 "조선독립정부 수립을 위한 신(新) 노력에 소련이 참가하기를 요청"하는 뜻을 명백하게 표명하였습니다. 우리는 미소 양국이 절대 공정한 처지에서 한국문제를 급속 해결하여서 각층 각 지방을 잘 대표하는 인물로써 하루 바삐 민주주의통일정부를 수립하는 데 우리를 원조하여 주고, 또 정부가 성립함으로써 군정이 자발적으로 즉시 철폐되고, 또 우리의 정부 밑에 국가질서가 잘 정돈됨에 따라서 미소 양국의 주둔군도 차차로 긴축 감소되고 주둔구역도 차차로 국한되고 하다가 되도록 빨리 전부 철퇴되는 날이 와서, 우리의 민생생활도 하루라도 일찍 안정되고 미소 등 연합국과의 국교도 충심에서 우호관계가 영원히 계속되는 데 어떠한 생각지 못할 고장이 생겨나지 않기를 도타이 바라고 있는 터입니다. 이 때문에 일어난 것이 좌우합작문제입니다.

민주정부수립문제 (4)

《한성일보》, 1946. 9. 12.

좌우합작문제는 별 것도 아니고 참된 민주주의의 원칙에서 극좌 극우로 편향하는 폐단을 방지하고 그 때문에 생길 수 있는 국교상의 일국편향도 미리부터 방지하고 참으로 자주적이요, 애국적인 세력을 한데 뭉쳐서 진정한 민주주의국가를 만들자고 하는 것입니다. 그것은 민주합작이고 애국자연맹이고 굳건한 중앙당적 건국준비부대를 결성하자는 정부수립공작으로 볼 것입니다. 지금까지 민주주의의 명칭은 높이 걸면서도 내용으로는 새빨간 과격주의 책동을 하고 있는 편이 적지 않았던 까닭에 참된 민주주의 노선을 굳건하게 만들어내고 옹호하여 나아가자고 하는 것입니다.

여러분, 8·15 해방 기념일을 전후하여 영등포, 소사, 광주, 화순 기외(其外) 각 지방에서 생겨난 충돌사건은 그 어느 편의 잘잘못은 두어두고 단일민족인 우리들이 모처럼 해방되어 건국하는 도상에서 골육상잔하여 아까운 피를 서로 흘리게 되는 전초전이었고 또 중대한 폭풍경보로서 조국애와 민족애에 타오르는 삼천만 남녀의 가슴을 펵 졸이는 문제이었습니다. 누가 가로되 피 아니 흘리고 되는 혁명이 어디 있느냐고 하지만은 우리들이 광명을 앞에 놓고 또다시 동학당 난리를 보는 것은 힘닿는 한 피하여야 할 것은 두말없는 바요 이것이 즉 합작이 절대 요청되는 기본 이유입니다. 누가 말하기를 영국의 공산당은 그 노동당과 합작을 거부하고 말았으니 조선에서도 좌우합작은 안 되고 말 일이라고 하지마는, 지금 가까스로 해방되어 식민지로부터 간신히 자주독립국가가 되려고 하는 이때의 우리가 전 세계를 지배하고 있는 300년 패업(霸業)의 대영제국의 그것과 한나절 벗을 할 수 없는 사정은 누구나 잘 알 것이고, 그러고도 한편에서 깨닫지 아니하면 애국적인 참된 민주주의자들의 합작으로 매진할 유일의 길이 열리어 있습니다.

민주정부수립문제 (5)

《한성일보》, 1946. 9. 13.

그리고 8월 29일 국치(國恥)기념국민대회를 선후(先後)하여 대한민국 국민대회의 명의로서 임시정부 추대를 선포한 포고문이 있어, 이승만 박사, 김구 선생, 김규식 박사 등 삼 영수(領袖)를 각각 최고수뇌부에 추대하고 17부(部) 장관과 33인의 국무위원의 명록(名錄)을 발표하고 중경임시정부의 건국대강(建國大綱)을 본받은 내용의 결의문이 살포된 바 있었[습니-편자]다. 이것은 한국독립당이나 민주의원이나 비상국민회의와는 아무로 관계없는 자인 것을 거기에 성□(聲□)하여 둡니다.

이것은 아마 멀지 않아 그 진상이 군정당국 방면에서 천명되겠지만, 요컨대 8·15 해방기념일이 지나도록 임시정부는 성립되지 못하고 미소공동위원회는 언제나 다시 열릴 지 알 길이 아득하고 미워할 38장벽은 영구화한 인상을 주게 되어 임진강 이북은 남의 땅이 된 것 같고 민생 생활은 날마다 파멸의 비탈로만 굴러 내려가고 있으므로, 통일된 민주정부가 나오기를 기다리다 못하여서 이러한 것을 만들어 낸 것으로 보입니다.

이것은 지도층에 있는 사람들이 정신 차리고 대할 문제려니와 아무리 주관적으로 좋은 생각에서 나왔다고 치더라도 전(全) 국제관계에서 이것은 우리 민족의 정치적 미숙련을 발로(發露)시키는 바로 한번이나 있을 일이지 두 번 있어서는 안 될 일입니다. 어찌했던 전 민족대중은 현하 시국에 돌아보아 안타까운바 많더라도 지도자를 신뢰하고 편달하면서 가장 정상한 민주주의 정부가 나오도록 지지 협력하여 대사를 그르침이 없도록 하여야 할 일입니다.

1947년

독립전취와 민주역량 (1)

《한성일보》, 1947. 1. 31.

지난 12월 24일부(附) 조선 주둔 미·소 양군사령관 사이에 미소공위 속개에 관하여 교환된 서한이 발표되자 그것이 마치 미소 양국이 서로 타협하여 조선에 탁치를 강제하는 방침으로 된 것 같은 형태로 되어 민족주의 진영을 중심으로 반탁운동이 다시 일어나게 되었다. 탁치라는 것은 국제헌장에서 마련하여 있는 것으로서 자주독립과는 서로 어그러지는 것이므로 완전독립을 요구하는 삼천만 민족으로서는 그 누구나 충심(衷心) 반대하는 바이다. 한국독립당(韓國獨立黨)은 그 합동 이전의 제 정당까지 아울러 독립운동의 재출발로서 반탁독립전취 즉 탁치를 반대하고 독립을 완성하는 운동을 일관하여 오는 터이니 그 점은 설명이 쓸데없다. 오늘 말하려는 것은 반탁과 관련하여 완전독립을 어떻게 전취하느냐는 문제에 있다. 탁치문제가 실제로 그것을 어떻게 떠다밀어 버리느냐 하는 데까지 되는 것은 우리 임시정부가 성립된 후 임시정부의 각원(閣員)들이 미소공위를 상대로 싸울 일이니 지금까지의 반탁운동은 탁치반대한다는 민족적인 의사표시요 반탁 즉 독립정신을 앙양 강조하자는 데 있는 것이다. 그런데 그보담도 긴절한 조건은 독립을 완성하기 위한 민주역량의 집결 강화이다. 그는 반탁이 다만 관념적인 흥분상태에서 몸부림치는 데 그치지 않고 정치, 경제, 문화의 각 방면에서 민중과 함께 민중의 일상생활상의 이익 옹호의 방법에서 건설적, 조직적 공작을 하자는 데 있다.

재작년에 내가 국민당 시대에 반탁국민총동원위원회 부위원장으로 위원장이신 민족의 장로(長老) 권동진(權東鎭) 선생을 대리하여 반탁운동을 할 때에도 그 주장은 지금과 전연 동일한 바이었다. 그 때에도 강경론자들이 탁치문제가 완전히 해결되기까지는 전면적인 파시(罷市), 파업, 파학(罷學)과 요정·극장 파업, 봉쇄 등을 계속 단행하자는 논의도 많았으나 그런 방법만으로는 될 수 없었던 것이고 더군다나 반미(反美), 반연합국의 형태로는 아니 되어야 한다고 하였던 것이다. 최악한 경우 막다른 골목에는 아직도 아니 간 이상 반미(反美), 반연합국의 태도로는 아니 되어야 할 것은 두말까지 할 것 없지마는 모스크바삼상회의 결정을 전면적 거부하고 그것을 파기한 후 즉시 독립을 하도록 하라고 할 것인가? 그렇지 않으면 삼상회의 결정을 방패로 독립전취운동을 할 것인가? 삼상회의 결정에서 조선의 민주주의임시정부를 수립하여 자유독립국가를 건설하도록 공약으로써 보장하였고 그것을 실천하기 위하여 미소공위가 설치되어 있는 것이니, 이러한 구체적 실천체제로 되어 있는 것은 전면적 반대할 성질의 것이 아니다. 삼상회의 결정을 통으로 집어치우고 직시(直時) 독립을 실현하게 한다면 작히 좋을 일이리요마는 그것은 삼상회의 절대지지란 그것과 마찬가지의 과오이다. 삼상회의 결정대로 자주독립의 실현을 요청하는 것은 국제적 권리이다.

【편자 주】 이 시기 안재홍은 좌우합작위원회에 참여하고, 남조선과도입법의원(관선)으로 활동하였다. 그는 입법의원을 반탁공작으로서의 '우호협력·합법투쟁'의 진지로 삼아 참여할 것을 촉구하고, 미소공동위원회의 성공을 적극 지지하는 입장에 서 있었다. 따라서 모스크바삼상회의의 결정을 반대하고 미소공위 참가를 거부하는 완강한 '반탁진영'에 대해서 입장 변경을 촉구하였다. 이 글을 발표한 지 2, 3일 뒤인 2월 5일 안재홍은 민정장관직에 임명되어, 2월 10일 취임하였다.

독립전취와 민주역량 (2)

《한성일보》, 1947. 2. 1.

삼상회의 대신 사상회의(四相會議)에서나 4개 연합국회의가 열리어 직시(直時) 독립의 방법이 생길 수 있다고 치더라도 지금에 있어 그것은 아직 미지수의 일이다. 그러므로 삼상회의 결정에서 보장된 조선의 완전한 민주독립을 하루 빨리 실행하여내라고 박력 있게 좁히는 것은 민족적 의기(意氣)와 염원을 아울러 표현하는 수단으로 되는 것이지만, 삼상회의 결정을 근본적으로 거부하고 마구 뛰기로 하는 것은 결코 만전(萬全)의 책(策)이 아니다. 대중층으로부터서나 또는 정치상의 책임 없는 학생층에서나 혹 그에 준할 청년단체에서는 민족적 울분을 곧바로 쏟아내는 혈성(血性)적인 점에서 가다가 그러한 맹렬한 의사표시를 할 수도 있지마는, 민족적 영도자이나 민족적 대표기관이라고 할 만한 두드러진 혁명정당의 공식의 의사표시로는 삼상회의를 전면적으로 부인한다는 노골적인 태도는 불가하다고 인식한다.

삼천만의 운명을 실제로 두 어깨에 떠메고 있는 책임 있는 지도자들로서는 자기 자신의 가슴속에서 벅차 올라오는 본능적인 민족적 감정조차도 스스로 억제하고 뛰는 정열 속에서도 항상 일편(一片) 냉엄한 이지(理智)의 판단을 잃지 않아야 하는 것이다. 삼상회의 근본적 거부를 주장하시던 미국에 가 계신 이승만 박사께서 전보로써 삼상회의 결정 근본적 부인은 불가한 것을 통지하여 보내신 것은 그에 관하여 신중검토를 가

(加)하신 결과에서 나은 것이라고 보인다. 정치란 것은 일진일퇴 하여가면서 기동성 있는 공작을 요하는 것임으로 결코 방망이에 맞은 공방울이 힘의 법칙에 따라 얼음판에 뛰어 달아남과 같은 지극 단조한 외곬수의 것은 아닌 까닭이다. 작년 10월 1일 대구 소요사건을 비롯한 경북폭동이란 것은 이른바 남조선 비상사태라고 해서 국제적으로도 알려진 사건인데 그러한 사건이 날만한 이유 있다는 것은 오늘에는 두어두고, 선동자 측의 사람들은 8·15 이후 쉴 새 없이 농민과 기타 군중 속에 들어가서 여러 가지 문제로 그들의 귀가 솔깃할 만치 선전과 조직 공작을 하여 왔었는데, 민족주의 진영이라고 자부하는 편에서는 대체로 그들을 잘 와 보는 일도 없을 뿐더러 주로 도회지에 왔다간다고 치더라도 애국을 해라, 무슨 주의를 배격해라, 탁치를 반대하라 하고 독립정열을 돋워주는 것은 좋으나 농민이나 기타 군중에게 구체적인 건국방침과 정책을 보여주지도 않고, 그들에게 장래의 일을 약속하여 주는 일도 없음으로 농민과 기타 생각이 부족한 군중은 우선 자기들을 자주 와서 찾아주고 또 무엇이든지 자기들에게 이익을 주겠다고 약속하여주는 선동자들의 말을 곧이듣고 따라나설 밖에 없었던 것이라고 한다. 반탁독립운동이란 것도 여기에 비추어 장기작전적인 민주역량의 조직집결의 노선으로 정진함을 요한다.

독립전취와 민주역량 (3)

《한성일보》, 1947. 2. 2.

독립전취의 과학적 근저로서의 민주역량의 부식(扶植) 집결은 반탁의 장기작전체제로서의 절대 긴절한 작업이다. 대중을 그 시민적인 일상생활 알기 쉽게 말하자면 먹고 입고 쓰고 집들어 살고 하는 모든 실제의 조건에서 무엇 하나 건설적으로 만들어 주지는 아니 하면서 다만 일편의 애국정열에서 선동 고취만 하면 여간 중대한 절망적인 시국에 맞닥뜨리지 않는 한에 언제든지 무조건하고 따라오지는 않는 것이다.

근자에 합작위원에 관하여 한편에서 적지 않게 비난공격을 가하여 오는데 무슨 일이고 비난공격이 아주 없는 것은 아니지만 그 공격은 전적으로 수긍할 수는 없다. 그는 결국 합작7원칙을 때려 부수고 따로 그 의도하는 바를 마음껏 실행하자는 계획이라고 보겠는데, 합위(合委) 전부를 찬탁자로 무함(誣陷)하는 것은 매우 불가하다. 합작7원칙 제2항 "조선의 민주독립을 보장한 삼상회의 결정에 의하여 남북을 통한 좌우합작으로 민주주의임시정부를 수립할 것"을 규정한 것은 "민주독립을 보장하고 세계에 선포까지 한 일이니 그것을 속히 실행하여다오" 하는 것이지 결코 탁치를 받겠다고 하는 것은 아니다. 제3항에서 "미소공동위원회 속개를 요청하는 성명을 발(發)할 것"이라고 한 것은 조선독립 운동자의 의사에 합치되는 공동위원회의 속개를 요청한 것이고 덮어놓고 공위만 속개하여 달라는 것이 아니니, 이 점은 지난 20일 입법의원에서 내가 '긴급제안'

에 대한 수정동의 제안의 근본정신으로 삼은 것이다. 양심적인 지도자가 이른바 우방(右方)의 합위(合委) 제인(諸人)이[좌우합작위원회의 우측 인사들-편자] 한걸음씩 찬탁의 길로 꼬들리어 들어간다고 의구시하고 있는 것은 혹 양해할 수 있으나 합위(合委)가 찬탁이라고 하는 것은 무망(誣妄)이 심(甚)한 자이다.

38장벽을 만들어 놓고 세계의 가장 억센 양 대국이 대군을 머물러 두고 겨루고 틀고 하면서 여간하여서는 안 비켜서겠다고 하는 이러한 중대 현실에서 우리의 정부가 민족의 총의를 책임지고 대표할 만치 수립되어 미소 양국과 4개 연합국을 상대로 외교를 진행하지 않는 한에 38선이 열릴 수 없고 또 미소의 점령군도 철퇴하지 않을 것이매, 반탁의 실천은 정부수립의 실천과 쌍행(雙行)함을 요하는 바이다. 그리고 입법의원은 그것이 과도적 존재이나 거기에서 다대수(多大數)의 의원이 결속하여 가지고 법령이나 제도를 우리 민족적 요청에 적합하도록 제작 실천할 뿐더러 행정권을 완전히 이양케 하고 인사를 전폭적 쇄신하며 민생문제를 한가지씩 해결하여 가면서 민중에게는 믿고 기다리고 지지할 신념을 주고 차차로 남북통일의 합작공작을 하여야 할 것이다. 이런 것이 모두 반탁공작으로서의 민주역량의 집결인 것이다. 그런데도 만일 입법의원의 파괴공작을 한다면 그것은 독립전취의 수단은커녕 도리어 군정연장의 결과로 되고 또는 극좌편향의 온상을 만들어 주는 객관적 성과로밖에 아니 된다. 그것은 반탁과는 위배되는 사체(事體)다.

(성명서)한국독립당 동지에게

1947. 6.

우리가 일제 탄압에서 해방된 것은 국내외의 수많은 혁명선열과 동지들의 불굴의 반일투쟁과 연합군의 전승의 결과인 것이다. 그러나 8·15 이후 우방연합국인 미소 양군이 38장벽과 함께 남북으로 분단점령하고 있음에서 중대한 신사태가 전개되었다. 이 신사태 있음에 의하여 우리가 가상(假想)할 수 있는 어느 사태와는 딴판으로 현하 민족해방의 완성과 새조국의 건설에 의한 자주독립의 성취는 양개(兩個) 목표에의 변함없는 매진이 요청되고 있다.

첫째는 균등사회 공영국가의 신민주국가건설 목표에서 애국적이고 혁명적인 근로층에 토대한 대중을 부단히 중앙노선에로 집결하야 편향이 없는 민주독립의 역량을 여실히 파지(把持)함이오, 둘째는 우방연합국과의 긴밀한 협조에서 그들의 국제적 모순대립이 조정되게 함에서만 당면한 국제세력의 제약을 하루 빨리 해제하고 우리의 자주독립을 보장발전케 하는 것이다.

우리는 아래와 같은 가상을 가질 수 있었다.

8·15 직시(直時) 연합군이 잠시 조선에 들어와 일본군을 완전 철퇴시키고 기만(幾萬)의 조선독립군을 해외에서 귀환케 하여 치안유지를 담당시키고 기성 또는 미성(未成)의 보강 확충한 임시정부를 직시(直時) 수립케 하여 통일된 신조선을 만들게 하고 그리고 연합군은 신속히 철퇴하여

갔었더라면?

우(右)의 가상이 현실이었다면 실로 환희할 일이었다. 그러나 현실은 그렇게 달콤하지 못하였다. 38장벽과 좌우대립과 허다한 혼란이 지속되고 발전되고 있다. 민생은 실망과 곤고(困苦)에서 도탄에 빠지고 있다. 이 사태를 수습하고 남북통일된 새 조국을 건설함에는 안에서 (가) 민주역량의 집결이오 (나) 밖으로 국제협조에 의한 모든 저해기능의 배제 해소 있을 뿐이다. (나)의 조건에서 미소공위 참가 및 협동투쟁문제가 걸려 있다. 모스크바삼상결정은 그 탁치조항 있음에서 만중(萬衆)에게 염기감(厭忌感)을 주었다. 그러나 그것이 카이로선언 이래 조선독립원조의 구체적 방법을 규정한 바인 것만은 부인할 수 없다. 40년간의 강맹(强猛)한 일제 침략이 우리의 역량으로 격파된 바 아니요 금후에도 미소 양대강(兩大强)과 중(中)·영(英)·불(佛) 등 연합국의 강고한 세력균형에 의한 협조와 상호견제에서만 우리의 독립이 실현되고 또 보장 및 발전되는 유일한 객관조건으로 되어 있다는 것을 간과하여 아니 될 바이다. 일국의 독점지배는 결코 우리의 독립과 안전성을 확보하는 조건으로 되지 않는다. 이 점을사보호조약 전후의 슬픈 경험에서 크게 깊이 명념(銘念)함을 요한다.

상술한 가상의 구상에서 출발한 주관희망론적인 비협조적 주장은 그로써 민족의 의기(意氣)와 또는 독립정신을 고무하는 일 방편으로는 될지언정 그로써 엄숙한 민족적 또는 국제적 현실을 무시한 고답적 관념론에 흐르는 것은 그 결과에서 (1) 독립을 지연하고 (2) 국제적으로는 유리한 지지를 저해하고 (3) 또는 진정한 민주주의 애국자들의 반항 역량을 긴급한 건국공작에서 분열 약화케 하는 심대한 과오로 된다.

미소공위에의 참가문제가 최대 유일의 목표라고 인식하는 과오도 범치 말라. 그는 다만 국제협조의 현 순간에 있어서의 주요한 일 초점될 뿐이다. 협조를 요청하는 우리의 독립달성의 의도는 그 정치적 기동성에서 당연 또 과감 웅맹(雄猛)한 국제투쟁에로 임기전환(臨機轉換)할 본질적의 것인 까닭이다.

미소공위에의 참가는 곧 찬탁행위인 줄로 규정함은 큰 견해의 착오 아니면 공소(空踈)한 무망(誣妄)이라고도 인정될 바이다. 문자로 나열된 최진보적 또는 급진적인 정강정책만이 그대로 곧 대중의 복리를 옹호하는 성과를 나타낼 수는 없다. 문자와 구두(口頭)의 표방과는 반대로 반동적이고 비민주적인 일부 세력을 향하여 선망추수(羡望追隨)함으로써 그 독자적 노선을 일편 공문(空文)에 타(墮)하게 하고 부동미정(浮動未定)하는 심대한 과오를 방지하고 균등사회 공영국가를 목표한 신민주국가건설의 오당(吾黨) 본연한 형태대로 광정용진(匡正勇進)함을 우리는 요청한다. 이것은 결정적인 요구이다.

이것은 극좌편향과 신(新)사대주의적 과오를 전 민족적으로 방주(防週)하는 이차적이고 또 중대한 구국의 방편이 된다. 둘째 국제협조의 일요점으로서 현전(現前)한 미소공위에 적극 참가하자는 것이다. 독립당 본래의 의도 또는 당 동지 각 개인의 총명과감한 독립쟁취의 의도에서 임시정부를 하루 빨리 수립케 하고 또 다수를 제(制)하는 동지와 함께 연래(年來)의 투쟁을 거듭한 정신으로 그 의도를 국제협의에서 여실히 표현 및 실성(實成)케 할 것이다. 원조와 지지로서의 신탁을 역설하는 미소 양국을 향하여 그 정책이 진정 선명한 자주국교(自主國交)적인 원조지지에 지양(止揚)케 하고 신(新)예속적인 형태로서의 신탁을 수정 해제하기에 그때의 신투쟁을 위하여 오인는 비상한 침용(沈勇)을 포지(抱持)함을 요한다.

냉엄한 이지(理智)와 강곡(剛穀)한 침용(沈勇)으로 민족을 영구한 파멸에서 건지자!

단기 4280년 6월 일

한국독립당 중앙집행위원 유지 일동

【편자 주】 이 시기 안재홍은 미소공동위원회의 성사를 통해 남북통일민주정부를 수립한다는 노선을 취하였다. 미소공위 참여를 완강 거부하고 있던 한국독립당 측은 1947년 6월 7일 안재홍을 중앙위원에서 제명하였다. 이에 안재홍은 신한국민당(6. 21), 민주독립당(10. 19~20)을 차례로 창당하였다. 이 성명서와 관련해 《한성일보》 6월 11일자의 '한국독립당 동지에게-국제현실 무시는 독립현실을 지연'이라는 기사를 참조.

미소동시철퇴문제 안재홍 씨 개인성명

《조선일보》·《동아일보》, 1947. 10. 2.

민정장관 안재홍 씨는 미·소 양군 '동시철퇴' 제안에 대하여 개인의 자격으로 1일 다음의 성명을 발표하였다.

미소 양군이 동시철퇴하자고 하는 소련 측 제의는 식자 간에 오래 전부터 구상하였던 바임으로 의외로 생각하는 바는 없는 것이다. 동시철퇴가 그 취지로는 좋으나 조선인의 정확한 총의는 남북통일임시정부가 진정한 민주주의 원칙에서 수립되어 민족독립국가로서의 주권과 질서가 아무런 불안 없을 만치 자력에 의한 국내적 안전과 또는 국제적 보장이 확호되는 전제조건 하에서 단행되어야 할 것이니, 이것이 없고서는 다만 '동시철퇴'라고 해서 무조건 찬성할 바는 못 된다. 8·15 이후 분단점령으로 인하여 조성된 남북 좌우의 대립에서 발생하는 중대한 정치적 혼란에 대하여는 미·소 양국이 공동한 책임이 있고 따라서 진정한 민주주의통일정부와 민족독립국가 수립을 지지 완성하는데도 미·소가 공동 책임이 있으니 그 제안국과 상대국이 한 가지로 상술한 전제조건에 의해서의 조치를 함을 요(要)한다. 소련은 진정한 약소민족해방 원조자이던 1921년 당시에 돌아가서 우리의 자유의사에 의한 진정한 민주주의정부 수립과 민족독립국가로서의 발전을 순연(純然)한 선린의 입장에서 지지 원조하는 경우에서만 삼천만의 진정한 우호를 기할 것이다.

경애하는 장(蔣) 국민정부 주석 각하

1947. 11.

아세아 재건의 선구자요 한민족(韓民族) 해방의 은인인 각하에게 한인(韓人) 전체의 경의와 신뢰를 전하며, 아울러 한중 양국의 제휴협력에 관하여 미충(微衷)을 전달할 기회를 얻은 것을 가장 광영(光榮)으로 생각하며 또한 흔쾌히 생각하는 바입니다.

장(蔣) 주석 각하. 각하가 다년간 생사를 도(賭)하고 만난(萬難)을 배제하여 가며 침략자 일본의 타도와 약소민족 해방에 매진한 결의와 열성에 대하여 다만 한국인뿐 아니라 전 아세아의 민족이 충심으로 경의를 표하고 기대와 희망을 가지는 바입니다. 또 이번의 국련(國聯) 총회에서 귀국(貴國)이 우리 한국의 자주독립을 위하여 분투하고 있는 데 대하여도 한국 전 민중에게 심대한 감동을 주고 있으며, 따라서 장래 양국의 선린우호관계를 강화하는 데 크게 공헌될 것을 믿고 있습니다.

원래 한국과 중화민국은 지리상으로 서로 인접하여 순치보차(脣齒輔車)의 관계에 있을 뿐만이 아니라 또한 동문동종(同文同種)의 관계에 있으며 동감동고(同甘同苦)함으로써, 아세아 흥륭(興隆)의 기운(機運)을 개척하기에 공동진군하지 않으면 안 될 공통의 천명을 짊어지고 있습니다. 실로 한국의 독립이 없으면 중국의 안전 없고 중국 안정이 없으면 한국의 화평도 없는 표리일체의 관계에 있다고 하여도 과언이 아닙니다. 양국은 장단상보(長短相補) 유무상통(有無相通)하여 정치·경제·문화·국방·

외교 등 각반(各般)에 긍(亘)하야 호조돈목(互助敦睦)의 수단을 강구하지 않으면 안 될 입장에 있는 것은 재홍(在鴻)의 노노(呶呶)할 바 아닙니다.

우리 한국은 8·15 해방 이후 정치적으로는 자주독립이 아직 실현되지 못하고 있을 뿐 아니라 38도선으로 국토는 양단(兩斷)되고 남북의 물자교류도 두절된 결과로 남한에 미곡을 두고도 북한에서는 굶주리며 북한에 무연탄 기타의 생산자재를 무진장하게 두고도 남한의 생산시설은 움직이지 못하고 있습니다.

우리 한국의 해방은 각하의 열의와 노력에 힘입은 바 큽니다만은 경제적 기반이 없이 정치적 자립이란 있을 수 없으며 따라서 국가의 완전독립도 기(期)하기 어려운 바입니다. 지금 한국의 국민생활은 미증유한 위기 직전에 서 있으며 이로 말미암아 건국의 열(熱)과 성(誠)과 노력도 일조(一朝)에 좌절될 우려조차 불무(不無)합니다. 이때에 있어서 각하께서 과반(過般) 우리 한국에 보내주신 식염(食鹽)은 시급함을 회구(回救)하는 큰 우혜(友惠)를 들이신 것으로 한국민중이 감격하여 마지않고 있습니다.

반신불수 상태에 있는 한국으로서는 그 대상물자(代償物資)에 관하여 귀국(貴國)의 수요에 충분히 부응하지 못함 있는 것이 대단히 유감된 점으로 생각하는 바이오나, 과거 한국독립 원조의 추진력이 되셨음과 같이 금후도 한국경제 재건에 생명의 원천이 되어 주시기를 바라는 바입니다. 또한 한국특산으로서는 수산품 외에는 홍삼이 수출무역의 유일한 자원으로 되어 있는 현상이온즉 각하께서 특히 한국의 경제사정을 양찰(諒察)하시와 한국 홍삼의 귀국 내 판매의 편의를 보아주심을 기원(冀願)하고 있는 바입니다. 양국간의 통상을 진흥시키고 한국의 경제를 재건하기 위하여 나아가서는 아세아 홍륭(興隆), 세계평화의 확립을 위하여, 한국에 필요한 식염·석탄 등의 물자를 공급하여 주시고 한국 특산인 홍삼의 판매에 다대(多大)한 편의를 주심을 바라는 바입니다. 끝으로 각하의 건강을 빌며 귀 국가의 홍륭발전을 축원합니다.

1947년 11월

남한과도정부 민정장관 안재홍(安在鴻) 국궁(鞠躬)

【편자 주】 필사본.

1948년

김구선생과 그 대우책

1948. 3. 16.

김구 씨에 대하여 하기(下記)한 두 가지 시각으로 그 대우책을 그르치지 않도록 하는 것은 조선건국 도상 또는 미국의 조선독립 원호 공작상 매우 주요하다.

1. 장덕수 씨 암살과 그 배후 관계에 관한 점.

1945년 세말(歲末)부터 정계요인암살사건이 있을 적마다 정계의 거두 혹은 정당 등이 그 배후 관계자로서 풍문에 올랐던 김구 씨는 1947년 6월 23일 소위 반탁(反託) '데모' 있은 이래부터 구금 가부(可否)가 논의되었고 금번에도 군정재판에 증인 호출에까지 등장되었다. 그 신상에 관하여 혹은 법의 제재가 가하여질 가능성 있는 줄로 관측되고 있다.

이에 관하여 좌(左의) 각 항 이유로써 그 안전보장이 조미(朝美)관계 고등정책상으로 요청됨.

1, 공판정에서 김구 씨 자신이 그 배후 관계를 정식으로 부인하였고 2, 관계 피고인들도 김구 씨가 장 씨 살해명령을 내린 일 없는 것을 증언하였음에 의하여 3, 이상 양 조건으로 김구 씨 제재할 법적 근거가 불충분하여진 것 4, 현재에 있어 김구 씨 일파가 조선의 극우세력을 대표함과 같이 인식되는 정세이다. 그것은 전면적으로 타당하다. 그는 할 수 있는 객관적 사실인 것 5, 정계요인 암살사건, 혹은 암살선동의 풍문 있을 때

마다 김구 씨 주변의 인물이 다소 그 풍문에 오른 것은 사실이나 그 외에도 도리어 악질이요 또 간지(奸智)에 묘한 암살선동 혹은 교사(敎唆)의 모략은 다른 방면에도 상당히 있는 줄로 일반에게 전파되어 왔으므로 6, 김구 씨 또는 그 일파 인물에만 암살교사자라는 전 책임을 뒤집어씌우는 것은 정치적으로 부당한 점도 있고 민중일반으로 하여금 미군당국의 처치(處置)를 편벽(偏僻)되다고 인정하여 반감을 일으키게 할 위험율이 크다. 7, 현하 김구 씨는 남북통일의 실현공작을 추진하기를 의도하고 있고 8, 남조선에서만의 총선거를 반대하여 미군정의 현 정책에 비협력적 태도를 표명하고 있는 이때, 김구 씨를 장 씨 암살 배후관계로써 만일 강력한 제재를 가한다면 민중은 틀림없이 '그것은 김구 씨가 미군정에 대한 불협력함을 미워함에 따른 정략적인 탄압'인 줄 오해하여 미군정에 대한 상당한 반감을 자아낼 것이다.

전기한 사정에서 김구 씨는 증거 불충분의 이유로 '배후의 관계'를 해제하고 불문에 부(附)함이 가장 타당할 것이다. 그리할지라도 김구 씨로 하여금 금후 '암살'을 시사하는 종류의 일은 없도록 되는 결과는 더욱 현저할 것이다. 이민족과의 정치관계는 이런 종류의 인물과 그 세력은 잘 유지시키면서 정치적으로 유리하게 활용하는 기량(技倆)을 요함이 매우 크다.

2. 김구 씨의 남북통일 회담 계획에 관한 점.

본 기획은 현재에 있어 실현성이 자못 희박하다. 미소협조가 깨어졌고, UN위원단에 대한 소측(蘇側)의 '보이코트' 있는 이때 그 성공은 지난(至難)의 일이다. 소측은 UN의 알선인 한, 단연 그를 거절하는 태도요, 거기에 미국이 간여한다고 믿게 되는 한, 무슨 정치적 의도, 그 이면에 잠재한다 하여 시기심을 일으킬 우려가 있다. 또 남북통일회담이 성립된다고 가정하더라도 그에 따른 미소관계가 어떻게 발전될 것인가는 예측하기 어려운 사업이다. 그러나 김구 씨 일파에서 이어 남조선의 선거를 반대하여 미군정의 당면정책에 불협력하고 있고, 또 상항(上項) '배후의 관계'란 조건으로 사회의 주의를 끄는 이즈음, 그 자의로 평양방면의 조선인지도자와 회담할 수 있도록 미군 측으로서는 도리어 일층 더 허심탄회하고 제3자적 알선의 역(役)을 하여 주는 것이 조선인에 대한 정략상 매우 필요하다. 이 일은 남조선 미주둔군사령관 존·R·하지 장군이 북조선 주둔 소군사령관에게 서한 혹 기타의 방법으로 교섭할 수 있을 것이다. 그것은 다만 김구 씨 기타의 그러한 의사 있는 것을 전달하고 자기들의 재단에 일임하는 태도를 취함이 가하다고 보인다. 그 최후의 성과가 어찌될까는 전연 별개 문제이다. 또 김구 씨 일파의 이 공작이 만일 전연 실패하면 그때에 가서 미군정 당로(當路)로서는 다시 그들에게 취할 방법이 있을 것이다.

김구 씨와 그 일파의 언동은 지금도 의연히 거대한 충동을 민중에게 주고 있고 김구 씨와 그 일파에 대한 미군정의 태도의 호부(好否)는 일반 민중에게 주는 조미(朝美)관계에 미치는 영향 자못 크므로 여상(如上)한 처치가 매우 필요하다고 본관은 인정함.

1948년 3월 16일

남조선과도정부 민정장관 안재홍

【편자 주】 원고지 필사본.

신당 참가 보류 성명

1948. 10. 15.

일제로부터 해방 이후 이미 3주년이 지났는데 불행 38선은 철폐를 못 보았고 대한민국은 그 정령(政令)이 남한에 국한되어 있다. 남한만이라도 대중을 진보적인 민족주의 노선으로 총집결시켜 민주역량을 확대 강화하면서 남북 재결합의 날을 손꼽아 대망(待望)하는 것이 긴급 요청되고 있다. 이 때문에 민간운동으로서의 국민의 재편성이 일대 작업으로 부과되어 있다. 세칭 신당계획은 이 의의에 준하여서만 비로소 민족 총지지의 값어치가 있을 것이다. 하명(下名) 등은 6인 회합 이래 이 취지를 고수하여 왔으나 목하(目下)의 정세 아직 그 일기(一氣) 가성(呵成)의 성과를 기(期)하기 어려운데 돌아보아 이제부터 6인 공동의 신당계획을 우선 파의(罷意)키로 한다. 오등은 정치적 국민 교화 공작에 한동안 주력코자 한다. 6인 동지 및 기타의 제씨(諸氏)와는 통일진영에서 반드시 재결합의 날 있을 것을 확신한다.

단기 4281년 10월 15일

박용희(朴容羲)

안재홍(安在鴻)

【편자 주】 이해 9월 초 지청천(池青天)·조소앙(趙素昻)·신익희(申翼熙)·안재홍·명제세(明濟世)·박용희(朴容羲) 등 6인은 '민족적 대정당'을 조직하기로 합의하였다. 그러나 신익희가 독촉(독립촉성중앙회) 목요회를 중심으로 조직되는 대한국민당에 참가하고, 지청천은 한민당과 합작을 추진함으로써 이탈하고, 신당추진운동 주체는 6인에서 4인으로 줄어들었다. 뒤이어 안재홍과 박용희가 10월 13일경부터 신당창당운동이 "진보적 민족주의를 실시하며 민족진영의 대동단결을 목적으로 한" 애초의 취지로부터 이탈했다는 이유를 들어 신당참가보류를 선언하였다. 이후 안재홍은 민중계몽운동을 할 것을 표방하여 이해 11월 12일 신생회(新生會) 발기준비위원회를 조직했다.

미·소와 한국의 장래

《개벽》, 1948. 12.

1. 미·소 대립의 독특성

미·소 관계는 전 국제관계를 지배하고 있다. 한국문제도 전 국제관계와 거대한 관련성 가운데의 일 요점으로 움직이고 있는 것이다. 제2차 세계대전은 전 국제정세에서 커다란 획기적인 변동을 일으켰나니 일(日), 독(獨), 이(伊)가 참담한 전패국(戰敗國)으로 아주 국제대립의 수평선 하에 전락되었고 영·불 양국조차도 당년(當年)의 위세가 대폭으로 감쇄(減殺)되어 오직 미·소 양국만이 양대 세력으로 번듯하게 두각을 나타낸 것이다. 5대국의 하나로 그 지위가 앙양된 중화민국조차도 국공대전(國共對戰)하는 내란 때문에 국제적으로 권위있는 발언을 못하는 사태이다.

일제의 붕괴로 인하여 한국문제가 40년 만에 다시 국제정국에 등장하여 때때로 전 세계의 이목을 끌어 모으고 있다. 그러나 그것은 경하(慶賀)와 영예로운 형태로서가 아니고 우울 또는 연민에 가까운 시청(視聽)을 자극하고 있다. 카이로선언은 더 말하지 말고 1945년 2월 11일 루즈벨트·스탈린·처칠 3거두의 합의에 의하여 결정된 얄타협정이 한국문제를 조건지어 오늘에 왔다. 미·소 양국이 다만 부력(富力)과 군력(軍力)에 의한 세력경쟁이라고만 하여도 문제 조금 단순하여지겠는데 자본적인 민주주의와 공산주의가 각각 그 강대한 국력과 쌍행(雙行)하여 부력·군력 및 사상력의 대립항쟁으로서 공작하고 또 발표하며 있는 까닭에 문제 매우 심각하고 또 험난한 것이다. 현대는 전 세계가 일원화하여 가는 국제체세(國際體勢)로 되어 있는데 미·소 양국 이외 그와 정립혈항(鼎立頡抗)할 강력한 제3국이 결여한 것이 매우 불행한 현상인 것이고, 이러한 국제적 사태는 일찍 19세기 즈음 대(大) 나폴레옹의 구주의 대륙봉쇄로써 개시된 영불대립과 방불하다고는 하겠으나 현재의 영(英)제국이 당년의 러시아제국의 구실을 할까 말까의 상태이다. 즉 영제국은 프랑스공화국과 난[蘭: 네덜란드-편자], 백[白: 벨기에-편자] 양국과 룩셈부르크 공국(公國)까지 아울러 서구 5국동맹을 끌고 제3세력을 영도하고는 있으나 다분(多分)으로 미(美)에 의존하지 아니할 수 없느니만치 불행 미국블럭의 하나의 수위국(首位國)인 것 같은 형태를 아직도 활짝 벗어버리도록은 못 가고 있다. 이렇게 양대 대륙국가만이 단기상타(單騎相打)하는 활극을 일으키고 있으되 외타(外他)의 열국은 비록 대소의 차는 있을망정 통털어서 미소 양국의 블럭 속에 휩쓸려들어 결국 전 세계가 양대 분야 혹은 양대 진영으로 뚜렷이 대립 각축하게 되었다는 것은 인류사상 처음 보는 일대 기관(奇觀)이다. 이것은 20세기 과학발달 위력에 의한 것이라고는 해석하겠으나 이것을 견제 조정하여 국제적 균형을 유지케 할 거대한 제3세력의 존재의 불가능이란 것이 즉 인류의 운명을 결정적 단계로 몰아가고 있다는 역사적 중대 의의를 품고 있는 것으로 결론된다. 한국문제도 이러한 전 국제적 인류운명적 연쇄의 일환으로 동향(動向)하고 있는 것이다.

2. 한국문제의 국제성

조국선열 40년 동안의 끊임없는 반항투쟁이 우리로 2차 대전에서 일제(日帝)가 붕괴하는 틈을 타서 조국재건 독립완성의 대과업을 관철하기로 되었다. 그러나 국제민주주의의 수립과 약소민족해방에 의한 침략국가의 발판을 빼앗아 버리려는 전면적인 작업으로서 한국과 이외의 제 국가가 국제 각국의 반열에 참가하게 되는 것이다. 그런즉 필연적으로 우리는 국제세력에 의존 피동하는 것이고, 그 중에도 양대 주동국가(主動國家)의 국책에 제약되어 있는 것이다. 인류의 역사 명백히 말하여 각 국민의 역사는 각 시기에 따라 일정한 공통성과 유사성은 있으나 전연 동일한 일은 있을 수 없나니, 각 국민의 조제(遭際)하고 과정(過程)하는 역사가 대단한 복잡성 있는 것으로 인해 이를 다양성이라고 일컫고, 그러나 전에도 후에도 전연 동일한 사태 있을 수 없고 꼭 한 차례만 있다는 점에서 일도성(一度性)을 일컫나니, 다양성과 일도성(一度性)은 역사행진 도중 항상 쌍존병행 하는 것이다. 그러므로 역사는 되풀이한다고 너무 상식적으로 단정할 수 없으나 그러나 현하(現下)에는 미(美)가 일(日)에 대위(代位)한 것이 다를 뿐이고 1896년 내지 1905년 끝의 일로(日露)가 대립하던 그것이 이제 미·소 대립으로써 나타나고 있다. 약 반세기 먼저의 일이나 국제관련의 일원화가 그 때로써 지금의 견줄 바 못되고 일로대립(日露對立)은 다만 공간적이어서 사상적 갈등은 거의 없었고 또 그것이 전연 국부적이어서 일로(日露)의 한국을 둘러싸고서의 대립각축은 전 국제적 연쇄성은 자못 결여하였던 데서 대단 상이한 것이다. 그러나 미·소가 한국을 도마에 올려놓고 대립 갈등하는 격도(激度)만은 당년(當年)의 비(比)가 아니요 전년(前年) 미·소 양국의 국제세력에 제약받고 있는 점에서는 지극 유사하다. 미·소는 한국에서부터 전 아시아와 발칸과 도이치까지 거의 구(舊)세계의 전반에 걸쳐 대립하고 있으므로 한국문제만을 분리결정하기 어려운 사태에 빠져 있다. 만일 분리결정하는 일이 있다면 그것은 남다른 다행이거나 그렇지 않으면 남다른 불행을 홀로 당할 예감조차 없지 않다. 그것은 한국문제가 발칸과 도이치와 완전히 연관성을 띤 것이니 만치 이것을 개별적 해결을 짓는다면 동서 수지구(數地區) 중에 혹 갑(甲)과 을(乙)로 서로 그 이해를 교환할 수도 있는 까닭이다. 어찌했든 한국을 싸고도는 미소 관계가 이러한데, 같은 값에 가장 근심되는 것은 미·

소 협조와 중(中), 영(英), 불(佛) 등의 공동보장으로 한국의 엄정중립적인 자주독립이 완성되지 못하고 어느 일개국의 독점지배는 매우 불가하다는 것이었다. 이것은 1905년인 일로전(日露戰) 후 러시아의 패퇴(敗退)와 열국의 손을 뗌에 인하여 제국주의 일본이 한국을 독점지배하게 되자 일제는 보호조약을 내밀고 병합의 액[厄]에까지 갔던 것이니, 현재 약소민족에 해방과 그 민주주의의 육성으로 독립을 원조하고 있는 미 합중국의 국책에 따라 그 기우(杞憂)는 대부(大部) 소멸되는 것이나, 미·소 협조에 의한 한국의 남북통일과 4개 연합국 및 국련(國聯) 총지지에 의한 민족자주독립국가의 보장은 우리 후진국민된 한국민의 가장 희원(希願)하는 조건인데, 그것이 현재까지는 완전한 절망상태에 빠진 것이다. 미·소 양국은 그 주의 사상에서 국정(國情)이 전연 반대되는 것이니만치 제1차대전 이후 소련이 공산주의국가로서 성립된 후 미국은 최후까지 그 승인을 거부하고 항상 대립되도록 그 국교가 순조롭지 못하던 것인데, 2차전중 일(日), 독(獨), 이(伊) 등 파쇼독재와 침략의 분쇄라는 공동목표에서 일시 합치되었으나 종전 즉시 다시 대립갈등을 본 것이니, 미국으로서 보건데 소련은 공산주의의 국제적 선포와 함께 소련의 국가적 세력을 편의적으로 확대하려는 험악한 의도를 가진 것이고, 소련으로서 보건데 미국은 무진장인 자본과 과학병기를 힘없는 군사력과를 적세(籍勢)하여 전세계를 지배하려는 일대 맹심(猛心)을 품고 있다고 하는 것이다. 이 때문에 1946년 봄이면 미·소 협조에 의한 한국의 통일독립이 상당한 형태로서 성취하려니 하였던 것이 첫째 “모스크바 결정에서 규정된 탁치관련에서 미끄러지기” 비롯하였고 둘째 그것이 원인되어 1차 미·소공동위원회도 2차의 그것에 드디어 실패되어 1947년 8월 끝에는 미·소 협조에 의한 남북통일 독립완성은 절망이라고 단념하게 된 것이다. 그런데 미국은 한국문제뿐 아니라 중국문제에서도 미·소 협조의 전제도 국공타협을 권진(勸進)하고 대전 중의 참모총장이던 마샬 장군을 중국에 보내어 1년 동안

노심초사하였으나 마침내 그 성취를 볼 뻔도 못하였고, 마샬 장군의 중국 철귀(撤歸)와 함께 미국의 동아(東亞)정책은 차차 맥아더 원수의 의견을 존중하여 일본의 일정한 재기의 용인과 필요에 따라서는 그 재무장까지도 허용하는 방책으로 나왔다. 드디어는 일본을 아세아의 공장화(工場化)를 공공연히 주장하게까지 된 것이다.

3. 미·소 화전(和戰)의 분기점

한국문제가 긴밀한 국제적 연관성의 일환으로 되어 단독 독자적인 해결이 어렵게 된 이유는 식자 이것을 잘 알 바이지마는 현하(現下) 미·소 관계는 자못 미묘한 도정에 들어 있다. 한국과 중국문제 이미 그러하고 발칸에서도 희랍 기타 제국(諸國)의 문제가 한국문제 비슷한 복잡성이 있는데 도이치에서는 베를린문제라고 알려진 미(美), 영(英), 불(佛) 대(對) 소련의 대립갈등이 격화하던 한 고개는 보돗이 넘어간 것 같으나 현재는 엉거주춤한 회전기(回轉期)에 망설이고 있는 것 같다. 여기에서 미·소는 끝끝내 대립 갈등하여 개전까지 가고 마는가? 혹은 '궁즉통(窮則通)'의 원유(原由)가 적용되어 일시라도 타협 화평하는가? 다시 한 번 검토함을 요하게 되었다. 베를린문제가 옥신각신하고 있는 때에 미국에서는 11월 4일 대통령선거에서 트루먼 대통령이 번듯이 재선되어 적지 않게 세계를 자극시켰다. 그것은 공화당의 입후보자 듀이(Dewey) 씨가 의심 없이 당선될 것이고, 듀이 씨 당선만 되면 미(美)의 대소정책은 결정적 강경책으로 밀고 나가게 될 것이요 그리됨에 의하여 소련은 사실에서 전비(戰備)의 부족과 또는 일련의 인접 블럭국가 이외에는 세계적으로 고립 포위된 상태임에서 결국 굴복될 것이요, 그렇지 않아 미·소 필경 개전까지 간다고 치더라도 문제는 갈 데까지 진작 가고 말 것이라는 견해이었었는데, 듀이 씨의 낙선과 트루먼 대통령의 재선으로 이 예상이 깨졌다는 것이다. 그러나 트루먼 씨의 재선은 아무런 실망의 이유도 아니된다. 문제된다면 도리어 일맥광명(一脈光明)이 보인다고 할 것이다. 첫째 미국민은 이에 의하여 독점자본주의의 약진적 진출로 인한 국제적 비평화성과 국내적으로 자본가의 독재적 응결화와 또는 미국정책의 전권정치화(全權政治化)하는 등 위험성을 발본색원하려는 의도의 표현이라고 볼 것이요, 둘째는 트루먼 씨는 과거 3년 동안같이 루즈벨트 씨의 유업을 우연 계승한 것과 달리 자신 그 국민의 지지신임에 의한 당당한 당선이라는 긍지와 자부에서 자기의 포부와 경륜을 단적으로 단행할 발발(勃勃)한 의지를 발로(發露)할 수 있을 것이다. 그러므로 베를린문제도 잘하면 중립국의 제의나 또는 미, 영, 불, 소 4개국 외상회의 등에 의하여 적당히 협조되어 해결될 수 있고 아세아의 문제도 명춘(明春)까지는 어떻게고 조정될 것이라고 관측되는 것이다. 명춘(明春) 홀홀(忽忽) 트루먼·스탈린 양(兩) 거두의 회담이 있을 것이라고 떠들었는데 아직 그토록 속단함은 이르다고 하더라도 미·소 대전(對戰)은 양국 각자도 어느 정도의 국가흥망을 걸고서의 일이요 또는 전 세계 인류의 사활의 째진 길인 것이며 한국과 같은 데는 1905년 일로전쟁 당시 이상으로 중대성을 띤 불행사이다. 필자 어느 프랑스의 요인과 만담(漫談)하는 중에 미·소 만일 싸우면 프랑스와 한국은 망할 것 밖에 없다고 고소(苦笑)하던 모 씨의 말은 일석(一席) 다화(茶話)로 돌리기에는 사태 너무 중대하나 소련으로서도 반드시 소신 없는 전쟁을 꼭 해야 하겠다는 것은 아니겠고, 공화당이 새로 등장한 것과는 달리 전부터 상대하던 민주당의 트루먼 씨이니, 미국의 임전태세가 째여가는 위력과 대조하여 일굴일신(一屈一伸)하는 트루먼 씨 상대의 협조는 정면으로 "검이냐 코란이냐?"의 공화당의 듀이 씨 상대보담 만사 도리어 호조(好調)일 것이다. 그런고로 트루먼 씨의 재선은 미·소 관계 조정의 가능성과 아세아문제 해결의 광명성에 일단의 박차를 가한 것으로 보아 좋다. 이때에 있어 미·소 양군 철병문제도 물론 관심되는 바이다. 한국의 문제도 오직 외세에 따라 일희일비 일동일정(一

動一靜)하는 것보담은 민족자신의 냉철한 판단과 경륜이 확립해야 하겠고 이 경륜에 따라 국내와 국제의 허다한 악조건을 극복하면서 거듭거듭 추진 지향하여야 할 것이다.

오호(嗚呼) 불행(不幸)한 이 강산(江山) 위대한 이충무공(李忠武公)이여!

《한성일보》, 1948. 12. 19.

오늘은 구력(舊曆) 11월 19일로서 지금부터 꼭 삼백오십주년 전 한양조(漢陽朝) 선조대왕(宣祖大王) 31년 무술(戊戌) 이 날에 당시 조선 삼도수군통제사(三道水軍統制使) 충무공 이순신 어른이 경남인 남해도 초량 관음포에서 일본군을 격퇴 또 추격하던 격전 도중에서 불행 적탄을 맞아 장렬하고 또 비장한 진몰(陣歿)을 이룬 기념일이다. 당시는 유명한 임진왜란 중에도 정유재[丁酉再: 정유재란-편자]라고 하는 풍신수길(豊臣秀吉)의 절도(節度)에 움직이는 제이차의 일본침입군이 서는 전남 순천부터 동은 곤양(昆陽), 사천, 고성, 김해, 울산 및 남해도 등 경남의 연해 각지에 들러붙어 있던 수십만의 적병이 최후로 퇴각코자 하는 것을 이충무공은 임진 4월 이래 7년 혈전하던 무명의 사(師) 무도한 침략군인 그들을 향하여 최후의 철추를 내리려고 그의 수륙철퇴의 요로(要路)를 졸라서 사활의 대투쟁을 한 것이다.

임진역(壬辰役)이란 것은 섬나라인 일본인이 대륙에의 진출을 의도하는 그 침략적 숙지를 달성코자 포학하게도 명국(明國)에 진공하는 발판을 만들고저 대병으로써 암습(暗襲)하여 온 데 기원한 것이다. 일본인이 해양 속에 옮겨간 지 수천 년에 그 영맹(獰猛)한 침략의 천성을 발부이고자 결사적인 살벌(殺伐)을 일삼던 생민적(生民的) 대화액(大禍厄)으로 임진왜란 그것은 실로 7백 년 전 몽고 침입 이래의 대사변이었다. 이때 명

나라는 이른바 순망치한(脣亡齒寒)이란 연대관계에서 응원군을 수륙으로 보내어 연합작전을 폈던 것이다. 조선으로서는 그 힘에 진바[의지한 바-편자]도 적지 않았으나 실은 이충무공이 그 탁월한 전략, 면밀한 전술, 정예한 장비, 주도(周到)한 기획, 웅대한 적을 삼키는 기개 그리고 구국제민(救國濟民)의 치열한 성충과 전군장사(全軍將士)의 절대한 신뢰와 철 같은 단결에 의한 감투혼(敢鬪魂)의 발양 등등으로 매전(每戰) 필승의 공격적 방어를 단행하여 남동해상 적군으로 붙잡지 못하는 위력을 나타낸 것이다. 이 까닭에 일본군은 해륙 전진서 만한(滿韓)을 장단(長斷)하려던 험독한 계책이 중도에 꺾이어 결국 패퇴할 밖에 없이 된 것이다. 충무공의 조국과 창생(蒼生)을 재조(再造)하고 동아의 전국을 안태(安泰)케 하며 일본의 대륙북침의 음모를 3백 년 간 미끄러뜨린 그 위대한 역량은 조선심(心)의 덩어리요 민족정신의 정화요 평화혼의 수호자이던 것이다.

갑신개혁이 실패되고 갑오경장도 헛되게 돌아가서 '을사보호'와 '경술병탄'(庚戌倂呑)이 불행 성취되매 조선을 장중(掌中)에 넣은 일제는 만몽(滿蒙)으로부터 중국대륙을 두르르 말고 다시 남양열도에까지 건너서게 되는 것을 생각하면 임진(壬辰)파적(破敵)의 공업이 전 동아정국상에 얼마나 위대한 것을 두드러지게 알 것이요, 이것을 거꾸로 풀이하여 몽고백년의 침략이다 한종족(漢種族) 수당(隋唐) 70년의 침략에 고려 또는 고구려 등 진방(震方) 남녀들의 영웅적인 참담한 항쟁(抗爭)아니었던들 해양의 일본국민은 어떠한 재난을 맛보았을까? 이어서 조선민족이 전 동아제국민(東亞諸國民) 사이에 실로 절대한 기여와 자기희생 있었음을 알 것이요, 20세기 오늘날 조선민족이 전 아세아와 태평양 관계의 제국민에 향하여 당당 독립자존의 도의적 권리있음을 장담할 수 있다. 그러나 임진란의 □주(□走)이라는 민족적 위업을 높고 크게 평가함에 있어 그 정점에 홀로 서게되는 우리 충무공 이순신은 실로 덩그러니 빛나는 민족적 영웅 그리고 전동아적 성웅인 것이다.

충무공을 통수(統帥)로 한 임진란의 해전상의 승첩은 이루 헤일 수 없으나 그 중에도 특히 뚜렷이 나타난 자 임진 7월 초파일 한산도대승이니 적함대 70여 척으로 편주(片舟)의 돌아감 없어서 해상의 세력이 단정(斷定)되고 필승의 기□ 솟아났다. 둘째는 정유 9월 16일 갈양해(喝洋海)대승[명량해전-편자]이니 원균의 삼도수군(三道水軍) 복몰(覆沒)의 뒤를 받아 간신 13척의 잔열(殘劣) 함선으로 오백 수십 척이 넘는, 해상을 덮어 누르는 득승(得勝)한 적 함대를 결정적으로 격퇴하여 적세(敵勢) 거듭 그 창궐을 못 보이게 한 것이다. 셋째는 즉 이 무술 11월 19일 노량대첩(露梁大捷)으로서 도피하는 적을 그 출발에서부터 재격(再擊)하여 궤멸적인 파쇄(破碎)를 가한 것이다.

저 거만하고도 거센 명국의 수군도독 진린(陳璘)으로 하여금 이순신이 경천위지(經天緯地)의 재(才)와 보천욕일(補天浴日)의 공이 있다고 그의 황제에게 찬탄의 서(書)를 바치게 함에서도 그 일반을 엿볼 것이다. 일제 폭위(暴威) 바야흐로 전 삼천만을 암담한 구렁에 몰아넣을 적에도 충무공의 그 높은 가슬로 더불어 광망(光芒)을 다투는 웅맹한 반□혼(反□魂)이 얼마나 민족적 활기와 반항투쟁의 힘을 되살아나게 하고 벅차오르게 하였던가? 나 일찍 관음포의 갓 이락파(李落波)의 언저리에 우두커니 서서

"아아 이 강산이 불행하여 다시는 이같은 위대한 인물을 탄생치 못하겠구나!"

하고 못내 영탄(詠嘆)하였다. 이제 조국 다시 건립되고 후생(後生) 싱싱하게 자라날 것이니, 이충무공과 같은 성스러운 영웅 길이길이 배출할지어다.

1949년

이 해에 해결할 문제

—협동호애(協同互愛) 민족결합—

신문 논설, 1949. 1월경.

대한민국의 국제적 승인은 한국독립 완수 도중 획기적인 경행사(慶幸事)이다. 진정한 민주주의 토대 위에 신민족주의 통일국가로서 국제 열국의 반열에 참가하여야 한다는 다대수(多大數) 우리 민족의 염원 의도가 열국민 대다수의 의사와 합치되었다는 공식적 표현인 것이다. 그리고 국련(國聯)의 신한위단(新韓委團)이 새해에는 한국에 찾아오게 되었으니 한위(韓委) 제씨(諸氏)도 그 쥐어준 사명을 떠메고 일주년간 힘닿는 대로의 노력을 할 것으로 보인다. 한위(韓委)가 오더라도 미소 양국의 국교가 어떻게고 전환이 아니되면 독자적으로는 커다란 구실을 다하기가 그다지 쉬운 일은 아니나, 미·소 양국 그 중에 소련은 인류평화와 한국의 권리와 양국 자신의 안□(安□) 때문에 무슨 방법으로든 호양협력의 길을 열어주었으면 하고 나는 원하고 있다. 이 점은 긴 말을 그치기로 하고 한민족 자신에 있어 그만하면 역사적으로나 현하 일반정세상으로나 향하여 나아갈 목표는 둘 있을 수 없는 일인 것을 명백히 알만한 일인고로 나는 이즈음에 협동호애 독립자활의 걸음을 자결적으로 걸어가자고 외치고 싶다.

민족자결은 레닌조차 강조한 바이다.

이 자결이 어떠한 정략적 이용의 투어(套語)가 되지 말고 진정한 한민족 자활의 엄중한 요청에서 정신을 고쳐 차려 여행(勵行)하게 되어야 할 일이다.

한국의 독립에는 민족의 자주적 결합이 요청되고 모든 교통, 통신, 산업, 경제 등 기존 시설의 보존 수보(修補)와 그 최대한의 활용이 요청되고, 그 위에 한국민이 도의와 지식과 기술 등 제 조건에서 총역량을 집중 발휘함을 기다림이 크다. 그런데 분열 혼란의 현상이 지속하는 한 그것이 충분하게 될 수 없는 것은 물론이오, 남북분열 국제적 충돌이 만일이라도 있을 경우에는 그 파괴와 손모만이 전개될 것이고 그 결과 조국의 재건은 '기러기 한 백년식'으로 되고 말 것이다. 민족 진정한 생존과 복리 때문에 하는 일이라면 □방(□方)의 제씨(諸氏)부터 방침을 전환하여 진보적인 민족주의 신민족주의 국가로서 조국을 확립함으로써 균등경제를 지향하면서 통일국가를 완성키로 해야 할 것이다. 5·10선거의 전모에서 만이라도 새 조국을 진보적 민족주의국가로서 진정한 민주주의노선으로 추진시키기에는 아무런 불안도 없는 것을 단언할 수 있다.

한국의 독립완성에는 그 실제가 스스로 우호국의 원조를 받는 것이 요청된다. 미국 이외에 충분한 원조를 베풀 여유 있는 국가 없으니 결국 미국의 원조를 받아야 하게 되었다. 개인이거나 국가거나 남의 원조를 받는 한 일정한 제약이 따라다니는 것이다. 이 제약관계는 되도록 전 국민적 인식 밑에 되도록 최소한이요 또 최단기한에 줄임을 상책으로 삼는다. 현재는 미(美) 불(佛) 열국조차 일정한 제약 아래에 그 우호국의 원조를 받아들이고 있다. 중국 같은 데는 원조의 대소로써 정치적 운명을 재기하려고 할 즈음이다. 이 정세가 뚜렷이 두드러져 있는 바에 민족주의 진영에서는 최대한도에서 일치하여 대미관계에 국가적 수난기 마찬가지의 정진을 하기로 할 것이오 민국정부(民國政府)로서는 그 스스로가 민주역량 집결의 첨탑부로 되도록 많은 시각에서 최선의 공작을 할 것이요 민족주의국가 확립 수호 때문에 필요한 강력적인 제 정책을 유루(遺漏) 없이 집행하더라도 일면에서 포용 호조(互助)의 문을 넓게 열기로 할 것이다.

좌방(左方)의 제씨(諸氏)도 과감한 신협동으로써 민족독립국가 완성에 새로운 진로를 타개해야 할 것이다. 국제의 원조는 매우 필요하다. 그러나 국제세력의 연장부로서 단일민족이 할거대쟁(割據對爭)을 계속하는 것은 결국은 전 민족을 재윤락(再淪落)의 구렁에 굴러내려가게 만들고 있다는 것밖에 더 좋은 의의 없는 것임을 깨달아야 한다. 신 일년에는 협동호애(協同互愛) 민족결합 새 조국의 통일독립을 완수키로 하자! 민족의 열의가 참으로 굳으면 국제세력도 와서 호응하게 되는 것이다.

【편자 주】 글의 내용으로 보아 1949년 1월 30일 이전에 게재된 신문 논설로 보인다. 게재지는 《한성일보》로 추정된다. 국회도서관 마이크로필름에는 해당 연월일 자료가 남아있지 않아 확인할 수 없었다. 1948년 12월 12일 UN총회는 대한민국을 승인하였고, 1949년 2월 1일 신(新) 유엔한국위원회 선발대와 대한민국 승인을 위해 한국정부가 해외에 파견하였던 UN 한국대표단이 서울로 들어왔다.

신춘 중요 정론(政論)

《삼천리》, 1949년 1월호.

설문 4조(條)

1. 신(新) UN위원단에 남북통일을 위한 시급한 요망은 무엇
2. 상원(上院)설치설과 내각책임제의 개헌론에 대한 가부(可否)
3. 금년에 극동지구에 미소일전(美蘇一戰)의 불상사 없을까
4. 일본과 시급히 강화함이 이로운 점 해로운 점 여하(如何)

1. 신(新)위원단과 남북통일

새로 오는 UN 한위(韓委)에게 나는 결정적인 남북통일의 희망을 갖기는 어렵다고 본다. 남북통일이 안 되는 것은 UN 한위(韓委)가 보고서에 지적한 것 같이 미·소의 불협조라는 국제세력에 제약되어 있는 것인데, 문제 미·소의 협조 그 중에도 소(蘇) 측의 양보적 협조에 달려 있고 한위(韓委)만의 사명이라고는 여길 수 없다. 미·소 근본적으로 협조 아니 되는 한 한위(韓委)로서도 어찌할 수 없는 까닭이다.

이번 한위(韓委)는 (1) 연합군의 철퇴 상황을 감시하는 것과 (2) 대한민국 국회에서 공석으로 남겨둔 이북의 미선출 100명의 의원을 한위(韓委) 감시하에 선출시켜 남북을 통한 총선거라는 1947년 11월 14일 UN 총회의 결의건을 추가 실천하라는 것 (3) 또는 남북의 경제교류를 주진(注進)하

라는 것 등인데, (1)의 건은 두어 두고 (2)의 건은 소련과 이북측에서 지금 새로 수락할 것 같지 않고 그로 인하여 일응(一應)한 소측(蘇側)의 신공작은 있을 성 싶으나 그것이 순조롭게 진취(進就)되기는 어려울 것이다. (3)도 (2)의 안건이 순성(順成)치 않은 경우 그렇게 용이치는 않을 것으로 볼 밖에 없다.

그러면 한위(韓委)로서는 민국정부(民國政府)에 협의하면서 남북통일에 필요한 주비(籌備)공작으로라도 일응(一應)의 제안 있을 줄 생각되거니와 그들의 제안 권진(勸進)을 기다리지 않고서라도 정부 자체와 민간의 민족주의 제 지도자가 모두 긴절(緊切)한 통일공작 또는 그의 주비공작을 여행(勵行)함을 요한다. 정부 측으로서는 UN의 정식 승인이 조국을 민족주의 자주독립국가로 확립 및 발전케 하라는 국제적 공식의 규정 승인이 생긴 것으로 보아 그 대업이 공인된 첫 출발이라고까지 인정하고 많은 시각에서 민중의 새로운 신뢰 지지를 받을 필요한 제 공작을 할 것이고, 민간 측의 모든 지도자들도 과거 다소의 층절(層節)을 대승적으로 초월하여서 민족주의 진영 총연결의 정치적 구국적 신방편을 취해야 할 것이다. 관민 각계에 향하여 국민대중이 최후의 실망에 빠지지 않게 하라고 경성(警醒)시키고 싶다. 민중 이번에 또 실망하면 그것은 거의 최종적인 실망인 것이다. 대국(大局) 만일 그릇된다고 가정하면 그때에는 관민 각계 무릇 등장하였던 대소의 인물들이 등차(等差)는 혹 있을지언정 일률로 그 죄책(罪責)을 짊어진다는 것을 알어야 한다.

또 시국 그릇된 후의 책임소재란 것은 대단한 의의도 못 이루는 것이다. 정부 제공(諸公)으로서는 모든 조건에서 불패필승의 주비는 열심으로 하면서도 남북에 관해서는 통일의 일념이 식지 않도록 관심과 시책 있어야 할 것이다. 한위(韓委) 오기를 기다려 그 권유에 따라간다면 그것부터가 치욕이다. 다만 한위(韓委) 1개년의 주재기간 미·소 관계 전동(轉動)됨이 있어 의외의 성과 있다면 그것은 쌍수를 들어 축하할 일이다.

2. 상원설과 내각책임제설

상원은 있어도 좋고 없어도 대손(大損) 없다. 상원으로 하여금 국론과 시정의 편향급조성(偏向急燥性)은 조정하는 공효(功效) 있을 수 있으나 당면 통일구국의 대과업에는 별 보람 없는 것이다. 상원으로써 정계 거두를 망라할 의도라면 그 정치적 효과는 매우 빈약할 것이다.

내각책임제는 대통령께서 반대하는 바이나 국정 불안한 현 단계에 있어 내각책임제로 헌법을 일부 수정하고 덕망역량(德望力量)이 가장 나은 인물로써 그 국(局)에 당(當)케 함도 한 방안이라고 생각된다. 대통령된 분이 만사에 늘 적정영명(適正英明)하게만 조치하게 된다면 내각책임제 아니라도 가(可)하나 시국의 중대 혼란함이 그것을 기(期)키 어렵고 대통령께 책임이 전담되는 것은 국정불안의 파문을 더욱 크게 할 근심이 있다. 남미 열국(列國)의 정황은 큰 참고가 될 것이다.

3. 극동지구의 미·소전 운(云)

금년 중 즉 신(新) 일 년의 동안 극동 지역에서 미소일전(美蘇一戰)하는 것과 같은 일은 없을 것을 단언하여 둔다. 38선상 혹은 기타 지역에서 소규모의 돌발사건쯤이라면 몰라도 미소일전(美蘇一戰)이라는 대규모의 것은 없을 것이다. 소련이 대(對)미·일전을 벼르고 있다고 여길 수 없고 미국일지라도 대소직전(對蘇直戰)의 의사는 없다고 본다.

미국은 대소전비(對蘇戰備)를 유루(遺漏) 없게 추진하고 있음으로 미·소 개전의 위험성은 그와 정비례하여 줄어들고 있다. 미국은 그 국내시책에서도 그러고 서구 5국동맹과 북대서양방어동맹(이는 미완성 중) 등 대소전비(對蘇戰備) 또는 대소포위망 상당 강력한 시책을 하고 있는 중인즉 소련 구태여 자진 도전하는 일은 없을 것이다.

또는 미국민이 요전번 대통령 선거에 공화당의 듀이 씨를 낙선시키고 트루먼 씨를 재선거한 것은 그 다수의 의도를 볼 것이요 이 점에서 미루어 미국 자신 불패필승의 체세(體勢)는 갖추되 도전까지는 아니할 것이다. 미국민이 독점자본주의적 도전적 정책의 국내 국제적 위험성을 잘 인식하고 그것을 거부함을 뚜렷이 볼 수 있다.

그 대신에 미국에는 노동계급의 공산주의적 반항세력이 커져서 그 까닭에 대소전쟁을 할 수도 없고 미국 자체도 조만(早晩)에 공산화된다고 보는 좌방(左方)의 견해는 일지반해(一知半解)적인 변견(邊見) 유견(謬見)인 것을 단언한다. 미국은 그 천연적으로 경제적으로 또 정치제도상으로 그 위에 국민의 상식적이고 진보적인 합법수단에 의하여 자본주의의 결점을 수정하면서 사회주의적인 노선을 지향하고 있으므로 결코 여상(如上)한 일은 없을 것이다.

이 점 17세기부터 벌써 산업혁명이 추진되고 합법수단에 의하여 태반(太半)이 사회주의 노선에까지 진도(進度)된 영(英) 본국과 상당 유사한 것이다. 이 점 크레믈린의 지도자들이 물론 한국의 일 정론가보다는 더욱 투철하게 보고 있을 것이요, 소련에 대처하는 미국의 강점이다.

트루먼 대통령은 이번에는 자신의 신망에서 당당 당선되었으므로 금후 대소정치공작은 화전양양(和戰兩樣)으로 경연자재(硬軟自在)하게 추진할 것이 명백한 형세이고, 소련으로서도 결정적 결전론자(決戰論者)인 공화당 출(出)의 듀이 대통령보담도 신축자재(伸縮自在)할 수 있는 민주당 출(出)의 트루먼 대통령 상대라면 상당 기동성 있는 대응책이 활용되는 면목상과 자존심의 문제가 일단 유리한 조건으로 된다.

비신스키 씨는 UN정치위원회 석상에서 "자본주의와 공산주의는 병존할 수 있다."고 한마디 던져두었다. 그들은 일국사회주의로써 1차 대전 이후 국제적 최악한 과정을 걸어온 일도 있다. 전 세계인류가 대참운(大慘運)에 빠지지 않을 터이면 미·소문제도 절처봉생(絶處逢生)적인 지양의 도정 있을 수 있다. 한국 만일 전란 와중에 들어가면 신조국의 인적 물적 재건설은 최악한 상태에 빠져서 몇 십 년의 세월을 지나도 나라다운 나라의 생활이 어려울 것이다.

다만 함부로 실행불가능한 남북통일 일론(一論)을 방송하는 것은 민심의 혼란 때로는 그 역효과를 낼 수 있으므로 그것은 삼가야 함일 뿐이다. 금년 중의 미소일전(美蘇一戰) 있을 수도 없고 더구나 예찬할 바는 못 된다.

4. 일본과의 강화이해점

일본과 시급히 강화하는 이해문제는 파악이 조금 빗나갔다고 보인다. 한국과 일본의 강화문제도 미·소 양국의 국제관계에 퍽은 많이 제약되고 있다. 미·소 양국이 대일강화안에서 아무런 해결을 안 보이고 있는 한 한국만이 시급 강화한다는 것은 자못 실현곤란의 법리상의 조건으로 되어 있다.

한국과 일본이 물자교역 인물왕래 등 국한된 조건에서 임시적인 상호 조치는 할 수 있다. 그것도 소측(蘇側)과는 통하지를 못하고 미측(側)과의 양해에서 될 수 있는 문제이다. 이상의 잠정적 조치 이외에 한국에 유리한 한일 전면적 강화는 한국의 사실상의 통일독립이 완성되기 이전에는 사유하기 어려운 바이다.

만일 이북과의 통일과 물자교류 아울러 불가능하게 되어 이북은 만주 방면과 교통무역하고 대한민국은 일본과 잠정적인 교통무역이라도 해야 된다면 남한에 국한되는 대한민국의 경제적 토대 빈곤을 극복하기에 곤란 많을 것이다. 일본이 숙석(宿昔)의 대륙북진 침략 제압의 의도를 청산하고 국제적 호혜협력의 태도로 나온다면 한일은 전 국제분야에서 병존호영(竝存互榮)할 수 있지마는, 만일 한(韓)의 불행을 기화(奇貨)로 삼고 자국권력의 한국에의 신장(伸張)을 꾀한다면 그는 단연 불가할 것이다. 오인은 1925년 로카르노조약 이래 보보재건(步步再建)된 도이치인이 만주에서의 재침략으로 한갓 조국 복몰(覆沒)의 비운을 만난 것을 일본 국민이 잘 명념(銘念)하기를 바라는 바이다. 일본은 미국 등 열국(列國)의 지지로써 아시아의 방공(防共)세력 됨은 혹은 가(可)할 것이다. 그것으로서 한국에의 재진출의 망상은 발본색원하고 신건국정신에서 재출발함으로써 자국민도 이(利)하고 동방의 진정한 복리도 공동으로 부담할 것이다. 이 점 일본인뿐 아니어서 재무장 또는 재발동의 8천만 일본 민족을 핍근(逼近)한 땅에 둔 조선 민족이야말로 참으로 천고에 뉘우침을 남기지 않도록 신민족주의 국제협동의 평화국민으로서 하루가 바쁜 통일적 정진에 전 정력을 집중하여야 할 것이다.

1948년 12월 25 야(夜) 돈암산방(敦岩山房)에서

【편자 주】 삼천리사가 1949년 신년호에 게재한 4개조의 설문에 신생회(新生會) 대표로서 응답한 글이다. 민세 외에도 신익희(대한국민당), 이윤영(조선민주당), 신석우(정경연구회), 조소앙(사회당), 김성수(한민당) 등이 설문에 응하였다. 민세는 1948년 6월 민정장관직을 퇴임하고 《한성일보》 사장으로 복귀했다. 이 해 2월 조소앙 등 6인의 신당창당운동에 참여했다가 따로 나와 '신생활 구국운동'을 표방한 신생회를 창립했다.

조국의 수호는 민중협동의 힘으로

《협동》, 1949년 2월호.

1. 협동호애(協同互愛)·독립자활(獨立自活)

금융조합의 조직을 고쳐 협동조합운동으로 만드는데 그 기관지까지《협동》이라 고쳤다. 금융조합은 신용조합인 것이니 신용조합은 협동조합의 핵심으로 되어야 할 것이매 금융조합이 협동조합으로 된 것은 당연하다.

'협동호애·독립자활'은 신흥국민으로서의 우리들의 도의적 지침으로 되어 있는 것이니, 네 둘레에 모조리 세계적 강대국민들과 그 국경과 수역(水域)이 마주 닿아있는 우리들로서는 국민개로(國民皆勞)·대중공생의 이념과 함께 협동호애와 독립자활의 지상명령을 꿈결에도 잊어서는 안 될 것이다. 나는 이것을 다른 시각에서 근로입국의 정신이라고 하는 것이다.

금융이건 신용이건 요(要)는 금전 즉 자금을 주축으로 되어진 것이다. 여기에 관하여 우리 민족의 말 자연의 국어에서부터 허다한 협동호애의 지상명령이 있나니 음미할 만하다. 조선의 전폐(錢幣)는 그 유래 자못 오래니 해동통보(海東通寶), 동국통보(東國通寶) 혹은 해동중보(海東重寶) 등 시대부터도 그것을 논할 것이요, 은병(銀甁)·전폐(箭幣)·저폐(楮幣)로부터 한양조에서 흔히 쓰던 화폐 등도 들추어 낼 수 있으나, 전폐(錢幣)를 논하는 것은 본문제외(本文題外)의 일이다. 전폐(錢幣)는 '돈'이니 돈은 회전으로 순환을 일컬음이요 순환은 전폐(錢幣)가 일부에 독점편재함(偏在)을 허용치 않고 두루 또 골고루 수요되는 곳에 유통 융통됨을 요청하는 것을 의미한다. 즉 '돈'이란 그 말이 그대로 '유통'이요 '금융'임을 의미하는 금융재정도(金融財政道)의 지상명령으로 되어 있다.

옛적에 한양조 효종조에 서울서 살고 있던 거부(巨富) 변승업(卞承業)은 전국적 대재벌이라, 다방(茶坊)골에 살면서 한 손으로 금융의 권(權)을 쥐고 있었더니 그가 병들어 죽게 됨에 다다라 그 아들이 그 아버지의 금융 수완을 따를 길 없음을 깨닫고 그의 백세(百歲)의 후에 "돈은 모두 걷어 잡아두리까" 하고 여쭈니 변승업 노(怒)하여 꾸짖기를 "돈은 세상의 혈맥(血脉)이라 혈맥 돌지 않으면 사람 곧 죽나니 너는 어찌 불초한 일을 생각하는가" 하고 물리쳤던 것이다. 변부(卞富)는 '돈'의 철리(哲理)와 그 도의를 잘 알고 있었다고 하겠고 이것은 '돈'에 대한 조선의 하나의 자랑이다.

2. 상고 이래 자위적 민족단결의 실제

금융조합은 '돈의 두레'이다. '두레'는 사(社)의 의(義)이니 지금도 농악이라고 하는 민속의 악단을 두레라고 부른다. 두레의 원형인즉 '선앙때'라고 하는 고름[옷고름의 류(類)]이 달래달래 매어 달린 신장(神將)때[혹 건립(建立)때]라고도 일컫는 기치를 상징으로 삼고[마한의 소도의 고의(古義)를 계승한 바 일 것, 솟대] 수십 인이 고취(鼓吹)하는 악기를 놀리면서 춤추고 뛰고 돌음을 과제로 삼던 고(古)사회적 결사형태인 것이다. 음률가무가 모두 신을 기쁘게 하고 그에게 복을 빌어 그 사회성원들의 안전과 번영을 얻고자 함에서 나온 것이니 마한시대 답지위무(踏地爲舞)하는 신사적(神事的) 무사단(武士團)의 유속(遺俗)을 이어내린 바 일 것이요, '두레' 그것은 혈족본위로써 출발되었을 사회조직의 원두(源頭)인 것이며 '나라' 건립의 배종(胚種)인 것이다. 지금도 '두레 두레 앉아서' 공동식음을 하거나 공동작업 함에 이 말을 쓰나니 '두레' 즉 조합인 것이다.

그러므로 금융조합은 '돈의 두레'인 것이니 '돈'이란 말은 편재독점을 금함이오, '두레'는 사단(社團)을 의미하는 것으로 말 그것이 그대로 도의(道義)요, 또 경전인 것이다. 협동 또는 연합회의 직능은 '어우리'란 말로 표현된다. '어우리'는 '아울러'와 동일한 말이니 회통(會通)·합동 또는 협동의 뜻이다. '두레' 그것이 생활공동체로서 운명공동체가 되는 것인데 '어우리'는 명백한 '협동'을 일컬음이다. '어우리장사'가 협동하는 상사(商事)를 이름이니 그 어의(語義) 명백하고 그 염원인즉 공동의 운명 때문에 협동의 생활을 한다는 것이다.

민족이 민족으로서 자주독립의 통일된 국가를 구성하는 것은 공동운명 때문에 즉 운명공동체로서의 결합공생을 지표로 한 것이요, 그 때문에 정부를 주축으로 한 국가권력의 표현이 가장 대표적인 것이지만, 민중의 자기 향토를 토대로 삼은 협동자치적인 자력건설의 일상생활로서의 운동이 실은 국가존립과 그 자유로운 발전의 기반이 되는 것이다. '돈의 두레'와 그의 '어우리두레'인 협동조합은 인민협동의 근본적인 세력이 되어야 할 것이다. 위대한 국가를 부하(負荷)할 수 있는 국민은 그 하층부의 조직에서부터 탄탄하게 되어 강류석불전(江流石不轉)이라고 물은]흘러가더라도 꼭 박혀서 구를 줄이 없는 저부적(底部的) 존재가 되어야 한다. 족(族) 즉 민족을 '겨레'라고 하나니 '겨레'는 조직이요 편성이요 또 항쟁인 것이다. 어깨를 마주 겨누고 함께 걸어 나아감은 협동의 마치 좋은 본보기인 것이다.

'겨레'라고 하는 그 말이 서로 얽히고 맺고 해서 좀체로 풀리고 끊어질 수 없는 조직과 편성을 의미하는 것은 긴 풀이할 필요 없거니와 민족자주독립국가의 과업은 반드시 민주적 결합을 선결요항(要項)으로 삼는 것이요 안에서 이 결합이 있은 후에 밖으로 필요한 자위적 항쟁도 할 수 있는 것이니, '결림'이 조직이면 '겨루'는 항쟁인 것이다. 방패의 양면이라고 하나니 '겨레'는 민족인 것이요 '겨레'인 조직과 '겨루'의 항쟁은 변증법적인 민족의 양면관(兩面觀)인 것이요 말 그것이 그대로 민족심리학이요 민족발생학이요 또 민족의식의 또렷한 구현인 것이다.

3. 국가사상과 자아의식 및 독립자활의 이념

자아(自我)는 '나'이니 (1) 나는 강하(降下)의 '나리'의 어근(語根)이요 (2) 출생(出生)인 '나흐'의 어체(語體)요, 그리하여 자아인 것이다. (1)에서 인류천강(人類天降)을 '나'의 어의(語義)에서 함축하고 있나니 '신인(神人)이 강우태백산단목하(降于太白山檀木下)하였음으로 국인(國人)이 추(推)함으로써 군장(君長)으로 하였다'는 고(古)기록은 글장이가 용하게 만들어낸 문헌이 아니요 고대사회에서부터 민속적으로 또 신앙상으로 굳게 믿어 전송(傳誦)되어 오던 구비(口碑)상의 일로 되었던 것이다. '하늘'은 천(天)이 대상(大常)인 '한늘'임을 보여 주거니와 혹 '한얼'로도 부르나니 '한얼'은 대령(大靈)이요, 일신(一神)으로 일자(一者)를 일컬음이요, 천지 다만 높다랗고 커다란 물질과 공간만의 세계는 아니요 그 무궁대(無窮大)로 큰 물질의 세계에 내재하고 또 편만(遍滿)해 있는 일신대령(一神大靈)이 실은 그 본체요, 또 실재라고 의식한 것이다.

신라 소지왕(炤智王)시대에 나을(奈乙)신궁을 짓고 그 뒤에 세세군왕(世世君王)이 즉위한 처음에는 반드시 나을(奈乙)신궁에 대제(大祭)를 드린 줄로 보였으니 나을(奈乙)은 '나을'이요, 나을 즉 나얼, '나얼' 즉 '생령(生靈)'이다. 이 경우의 생령은 일신대령(一神大靈)이 다만 소소영령(昭昭靈靈) 탕탕유유(蕩蕩悠悠)한 주재적(主宰的)인 존재임에 견주어 '나얼' 즉 생생자식(生生孳殖)의 기식(機息)을 나타내는 영능적(靈能的)인 독자(獨自)의 부면(部面)을 가리킨 것이니, '나얼'은 삼위일체적 일위신(一位神)인 것이겠다. 인생의 기질을 '바탈'이라 하니 바탈은 즉 '받알'로서 '받은 얼' 즉 대(大)우주의 원본적(元本的)인 대령(大靈)으로부터 '나얼'을 거치어 개아(個我)의 영능(靈能)의 주(主)로서 '받'아 얻은 개성적인 '얼'의 차별이오 종별(種別)로서의 개인적 기질임을 일컬음이다. '알 즉 얼'로 지성(知性)이요 영능(靈能) 있음을 지조(知照)한 것이다. 여기에서 천인(天人)의 관계를 명료하게 의식하고 있던 우리 선민(先民)들의 인격적 우주관의 개략을 알려니와, '나'의 일어(一語)가 강하(降下)요 출생(出生)이요, 또 자아(自我)요, 그리고 진출(進出)이요, 또 생취(生聚) 생존 등을 함축한 어의임이 판명되는 것이다. 따라서 국가인 '나라'가 자아(自我)인 각개의 '나'의 개성독립적인 자아(自我)의 각성과 또는 그 자유성의 인식에서 출발하고 확충되어 전 생활협동체인 국가의 결성에서도 '나'를 핵심 삼아 '나라'의 의식이 응결된 것임을 알 것이다. '나라'는 문득 민족아(民族我)요 국민아(國民我)요 전 생존공동체 운동공동체로서 응결된 총체적 자아의식에서 협동자위적인 '나'의 의식의 구현인 것이다. 그는 그 발생학적 견지에서나 공동운명의 견지에서나 총역량 집결 발현의 의도에서나 반드시 만민공화(萬民共和), 대중공생(大衆共生)의 전 민족공영의 자유의 조국완성 지지의 염원으로 결착(結着)되어야 할 것이다.

치리(治理)는 '다사리'이니 치(治)와 이(理)는 그 의(義) 모두 '다스리'인 것이다. '다사리'의 어의(語義) (갑) '진백(盡白)' 혹 '개백(皆白)'으로 되나니 국가의 성원된 자 모두 '다사리움'(의사표시)을 일컬음이요, (을) 또는 '총생(總生)' 혹 '개활(開活)'이란 말로도 되나니 전국가의 성원은 차별 없는 일체평등의 복리가 보장되어야 한다는 인애(仁愛)가 담겨 있는 것이다. 여기에서 "겨레로써 이루어진 나의 나라를 다스리는 한 길은 온 겨레 결리어 한 떼를 이루고 개성(個性)인 나와 총체인 내가 여럿 즉 한, 한 즉 여럿으로 모두 다 그 의사를 표명하고 모두 다 그 복리를 누려 좋은 사리[살이]할 수 있는 평권(平權)정치, 공영국가가 됨을 요(要)한다는 것이며, 그의 탄탄한 생활상의 기반을 영구히 확보함에는 균등경제의 사회조직이 필연으로 그 선결요항 되어야 할 것이니, 나라의 나라 됨은 위에서 '한얼' 즉 '한날'이라, 한날 즉 대생(大生)이자 또 대아(大我)[우주는 대아(大我)인 것]이요 아래에서는 나라가 개아(個我) 응결의 생존진영인 것이며 그 중간에서 개인으로서의 '나'가 생물자연의 중핵으로서 위의 천인(天人) 아래의 지인(地人)에 관통융회(貫通融會)하는 것이다." 우리의 이러한 국가철학은 간명한 중에서도 다시 심오한 바 있음을 수긍하려니와 그 총체의 의의가 요컨대 '협동호애·독립자활'을 지상명령으로써 강조하는 일부(一部) 경전에 비길 만한 것을 판정할 만하다. 그리고 그 오의(奧義)를 구명 실천함에서 국민개로를 목표로서 근로입국을 요청하는 도의적 편달이 본질적으로 생동(生動)되는 것이요 현하(現下)와 같은 국내와 국제의 다난한 국면에 맞닥뜨려 있어 민중자치·자력건설의 작업이 당위론적으로 부과되는 것이며 장기건설·구원성취의 시들지 않는 염원이 영속됨을 요청하는 바이다.

다만의사랑이[원문 그대로임-편자] 혹은 그 실적 빈곤도 한 것이니 협동호애 반드시 허다한 산업경제와 국토계획 등 민생생활의 자산을 생산 축적함을 기다려 조국과 동포와 주권의 기능이 바야흐로 빛나고 번영하는 것이다. 독립자활은 관념만을 추들음이 아니어서 국민개로 입립근고(粒粒勤苦)의 실천의 생애는 비로소 외국의 원조와 그에 따르는 간여를 장구토록 수락함이 없이 점진적으로 또 비약적으로 자활자주의 경지에 다다름을 볼 것이다. 국가의 대사(大事) 다만 원수(元首)와 현관(顯官)에만 밀어 맡기는 바 아니어서 소부락의 '두레'적 규모에서부터 그 역량자원이 시발(始發) 생성하나니 이 '신생구국'의 국민적 운동인 것이다. 동포여, 청년남녀여! 이 점에 반드시 견결(堅潔)한 홍기(興起) 있어지이다.

1월 18일 야(夜) 돈암산방(敦岩山房)에서

【편자 주】 민세가 조직한 '신생회'의 설립취지와 활동방향이 잘 나타나있다. 《민세 안재홍 선집 2》의 〈신생회 선언〉(1948.9) 참조할 것.

3·1운동의 회고와 정국 사관(私觀)

《신천지》, 1949년 3월호.

1. 30년간의 회고

3·1투쟁 있은 지 꼭 30주년이다. 10년째 1929년 기사년(己巳年)에는 광주학생사건이 11월 3일부터 발단되어 이듬해 봄까지 전국적으로 발전하고 있었다. 그때 주로 각종 중등학교와 국민학교생이 중심되고 일선에 서서 투쟁하였는데 대체로 1차 끝이 난 때까지 120교(校) 5만여 인(人)의 남녀학생이 참가함에 그쳤으나 국제적으로도 큰 기억을 남겼다. 20년째 1939년 기묘(己卯)에는 중일전쟁 한참판에 유럽에서는 나치스·도이치의 공세에서 2차대전이 벌어졌고, 조선에서는 모든 민중운동자[민족·공산 양(兩) 운동자 통칭(統稱)]와 애국적인 인물들이 대량으로 검거 투옥된 도중(途中)이었다. 이것을 민족사화(民族士禍)라고 부르면서 모두들 비통의 한숨을 내쉬었던 것이다. 세 번째 1949년 기축(己丑)에는 강토통일·주권확보까지는 못 갔으나 어쨌든 대한민국이 수립되고 48 대 6으로 국련(國聯) 열국(列國)이 지지함을 얻은 조국 재독립의 새봄인 것은 틀림없는 고(故)로 이른바 1919년 운동으로서 국제적으로 알려진 기미운동 즉 3·1투쟁의 30주년 기념은 한층 더 빛나는 사안으로 되어 있다. 3·1운동 있은 지 7년 만에 1925년도 유럽에서는 도이치의 슈트레제만 재상이 나타나서 미, 영, 프랑스 등 열국과의 사이에 로카르노 안전보장조약을 체결하여 도이치의 붕괴를 방지하고 그로 인하여 불안요동이 극심하던 유

럽의 정세도 차차 안정을 향하게 되었던 것이다. 1930년에는 9·18 만주사변으로 말미암아 일본제국주의의 북침정책이 재발동 되었음으로 그것이 중국 국민혁명군의 북항(北抗)운동과 마주치게 되었으나 전자의 최후발악적인 공세 자못 맹렬하였던 까닭에 중국 국민군의 패세(敗勢)는 처음 자못 결정적이었다. 1931년 이후 유럽에서 나치스·도이치의 정권획득 있어 1920년 파시스트 이탈리아인의 로마진군 이래 제2차의 반동세력의 등장을 보게 되었고 추후 이탈리아가 에티오피아 왕국을 무력 침략하여 만주사변에 호응한 바 있었는데 일본은 다시 그에 득세(得勢)하여 1937년 7월 7일 노구교(蘆溝橋)사건으로써 중국대륙침략을 개시하였다. 일본의 대륙북침 아시아제패의 정책이 천하로 하여금 한심함을 금치 못하는 동안 나치스·도이치의 동충서돌(東衝西突)은 드디어 동서가 책응(策應)하는 제2차 대전으로 발전하여 1841년[1941년의 오기-편자] 태평양전쟁의 폭발로써 이른바 천하의 형세 귀결의 궤도를 타게 되었다. 조선의 민족운동은 기미에서 최고봉을 올라 기사 광주학생사건투쟁으로써 그 퇴세(頹勢)를 만회할 뻔 하다가 일제 이를 계기 삼아 단호 강력탄압에로 그 방책을 전환하게 되어 태평양전쟁 당시까지 갈수록 더 심한 포학(暴虐)을 보았다. 8·15 해방이란 자(者) 있은 지 다시 5개년, 우리들의 국내와 국제 비한(悲恨)의 사유는 독자 스스로 잘 요득(了得)한 바 일 것이다. 요컨대 30년래(來) 다난한 역사와 함께 허다한 미해결의 문제는 전 세계 인류에 있어서도 그러하고 우리 민족의 자주·민주·독립 통일의 부면(部面)에서도 새로운 난제목(難題目)으로 걸리어 있다.

2. 3·1정신과 민족대의

3·1운동 당시의 그 투쟁은 (1) 조국과 (2) 풍토자연과 (3) 4천여 년간 혹심한 국제침략에 우리 선민(先民)들이 거듭거듭 무기를 잡고 자유와 완전한 생존 때문에 싸워내며 싸워내던 그 운명공동의 생존대의 때문에 전

민족 총궐기한 반항침략의 대투쟁으로서 민족사적 또 인류사적으로 광채 있는 대작업이었던 것이다. 그는 전민족의 자유와 완전한 생존이라는 엄연한 현실의 요청에서 준열하게 요청되는 본능적인 충동에서 나왔던 것이매 어떠한 생활에서 유리된 형이상적인 관념의 산물은 아닌 것이다. 그러므로 전민족의 일치단결이 자연으로 실성(實成)되어 계급과 파당과의 분열대립을 용납치 않았던 것이다. 항쟁의 투사들은 제각각이 모두 이 생존대의에서 우러난 정의의 투쟁이요 민중의 반항이었기 때문에 개별로 보아 각자가 나 자신 즉 자기 자신의 복받쳐 나오는 생명의 약동(躍動)이요, 서로 서로가 바라다보면 동포요 동병(同病)이요, 또 동지로서의 동류의식 공동감격에서 어우러지고 뭉쳐진 생활협동 또는 운명공동의 실금 한 오리 그 사이에 벌일 수 없는 응결된 싸움이었던 것이다. 그 까닭에 그 기세는 순진한 채 영용(英勇)하고 미선(美善)한 채 정한(精悍)하였던 것이다. 적수공봉(赤手空奉)이로되 영맹(獰猛)한 무장군경의 앞에 웅성굿게 뛰어들었고, 가냘픈 처녀요 소년이었건만 형옥(刑獄)과 살육 앞에 굳세게 질타하였으며, 봉화가 산과 산, 들과 들, 마을과 마을에 만 점의 별로 총총 박혔고, 대중의 아우성은 천지도 뒤집히는 세기의 위력으로 나타났었나니, 그는 결코 정복을 야망하는 제국(帝國)이나 무력을 탐내는 장군의 지휘에서 돌발하는 포학한 전투나 살벌인 그것으로 견주고 따를 수도 없었던 것이다. 그는 또 최고영도자가 일선지휘자의 선동에 움직여서 우연히 덤벼들고 싱겁게 주저앉는 류(流)의 부화뇌동이라는 피상관(皮相觀)으로써 해설 지을 바도 못되는 것이어서 실로 당시 소위 '천기자발(天機自發)'이요 민중자주의 또 민주역량의 원진(圓眞)한 현현(顯現)이었던 것이다. 이에서 (1) 민족공동의 생존대의와 (2) 천성이요 본능의 영용(英勇) 자동(自動)한 감투(敢鬪)정신과 (3) 그렇기 때문에 무량수(無量數) 각 개인의 자발 자주적인 민주역량 민중항쟁인 점은 3·1투쟁 그것의 일체삼상(一體三相)의 실태인 것이요, 조선민족 본래 구유(具有)한 원진

미선(圓眞美善)의 정혼(精魂)의 영웅적 표현인 것이다. (4) 그리고 그 위에 또 한 가지 덤하여 얹을 것은 일제(日帝) 정복에 의하여 잠시 짓밟히고 오욕되었던 4천여 년 선민(先民)의 영광 담은 민족의 역사가 이 세계에 선양된 3·1투쟁에 말미암아 바야흐로 또 단연(斷然)히 중광(重光)의 광열(光熱)을 드높게 되었다는 역사적 큰 의의인 것이다.

3. 협동합일의 현현(顯現) 개전(開展)

민족자활, 자주독립의 4천년 래(來) 쌓여온 실존의 역사와 민족자주가 생존상에 요청되는 엄숙한 국제현실상의 인식은 우리들 삼천만에게 모든 분열대립의 순간성·국견성(局見性)을 지양 청산하고 전 민족적 협동호애(協同互愛)를 현대에서 강조하고 있다. 민족자주와 국제협조는 변증법적 필연의 상호관련성의 것이니, 고립배타 혹은 일국편향(一國偏向)하는 정치적 과오 없음을 요한다. 철의 장막을 일컫는 동유럽 67개국 중 티토(J. B. Tito)의 유고슬라비아가 따로 자주적인 노선을 뚜렷히 하는 것은 그들이 홀로 반소친미영(反蘇親美英)에 기울어짐도 아니요 오직 소련에 대해서도 자주적 조국노선을 지키면서 자주적인 '유·소' 협조를 기획하고 있음을 의미하는 것이니, 민족자주·국제평등은 번듯한 일 표치(標幟)를 이루는 바이다. 장기건설과 구원성취(久遠成就)는 우리가 민족인으로 또 국제인으로 현실에서 부과되어 있는 견결(堅潔)한 신(新)결심임을 요청하는 것이니, 이 점 결국은 민족적 새로운 대결심을 요하는 바이다. 현하(現下)와 또 미래의 국제정세와 민족처경(民族處境)의 냉철한 인식이 이것을 요하고 그것은 실망과 자포(自暴)를 검쥚인['검질기다'의 준말?-편자] 또 안정(安靜)한 장기건설의 과업에로 지양 청산함을 요청하는 바이다. 이 모든 민족적 의도의 관철에는 민중자치·자력건설의 실천강조가 또 큰 과제로 되어 있는 것이다. 강토통일, 민족귀합(歸合)이 당면 최대의 독립완성의 과업인데 이것이 거대(巨大)한 국제적 제약에 저해되고 사상적 대립에서 다시 가세(加勢)되어 분열, 파손, 빈곤, 원차(怨嗟)가 민족적 회의(懷疑) 불안을 가져옴 많으니, 위정상층부(爲政上層部)의 제 인물은 전민중의 휴척(休戚)을 운명 지은 홍대(洪大)한 책임감에서 무아(無我)와 몰아(沒我)와 그러면서도 대아부동(大我不動)의 구국의 신념에서 인애염결(仁愛廉潔)로써 천하의 현망(賢望)을 굳건히 부하(負荷)하고 용물용중(容物容衆)의 대덕(大德)을 드러낼 것이다. 무릇 재야한 인물들은 만일 정권쟁탈의 거푸집에 국척(跼蹐)함 없이 대국(大局) 한 번 기울어지면 좀체로 재수습이 어려운 현하 내외의 대세를 통찰하여 호혜협력 새 민족의 운명이 광란(狂瀾)처럼 기도(旣倒)에 붙임 없기를 기할 것이다. 모든 아부(阿附)된 엽관(獵官)과 탐권낙세(貪權樂勢)적인 파당과 개인과 기타 유중무중(有衆無衆)들은 고목 한 번 쓰러지면 다시 탁목조(啄木鳥)의 어설픈 재탁목(再啄木)을 허용치 않는 조국성패 민족홍망의 기로에 선 것을 돌아보아, 자기 자신에게 귀착되는 생존명도(生存命途) 때문에 나아가서 자민족의 침륜(沈淪)을 두려워하기로 할 것이다. 우호국의 원조는 대한민국의 민주발전이 그 민주역량의 강화에 의한 민족자활의 확고화와 국제협조에의 성인화(成人化)를 목표로 삼고 있다. 우리들의 협동호애(協同互愛)·독립자활의 능불능(能不能)은 우호국 원조의 가불가(可不可)를 결정짓는 조건이 된다. 방금 우내(宇內)의 대세는 1차 대전 이래 독점자본주의와 과격공산주의와 사회진보주의와 등 대립갈등과 귀일조화(歸一調和)와의 격동하는 신생세계의 진통 중에서 참담한 화전(和戰)양면의 추진의 바퀴가 억세게 또 검질기게 구르고 있나니, 한국은 오직 이 역사적 신정세를 총명강의(聰明剛毅)하게 파악함에 의해서만 조야협심(朝野協心)으로써 균등사회, 공영국가의 실(實)을 걸음걸음 나타내어 3·1투쟁 당시의 협동합일의 대포부(大抱負)을 현현(顯現) 개전(開展)할 것이요 만일 잘못하면 드디어 만회키 어려운 대화액(大禍厄)도 없지 않을 것이다. 한국민 만일 무록(無祿)지 아니하면 또 대국(大局)을 윤락(淪落)의 구렁으로 몰아 보내지는 않을 것이다.

4282년 2월 18일 야(夜), 돈암산실(敦岩山室)에서

안민세 씨 담화
—삼일정신에 환원하자—

《새한민보》, 1949. 9. 1.

삼일운동은 글자 그대로 민족항쟁이고 인민투쟁이었다. 전 민족 남녀노유(男女老幼)가 모두 자기의 마음속 뼛속에서 저절로 우러나고 복받쳐 올라오는 염원과 정성과 투지 즉 의도에서 아우성치며 싸워낸 것이다. 서울서 보매 모의하는 측과 숙덕대는 측의 오고가고 말하고 계획함이 퍽은 긴장하고 정열적이면서도 비밀은 새어나가지 않는 것이었다. 경찰서·헌병대 등 조선인 정탐들이 농담 삼아 "무엇인지 있는 모양인데 나 좀 아르켜줘요" 하면서 넘놀고 설레건만 민족의 기밀은 적에게 팔지 않았던 것이다. 독립선언이요 시위운동이란 말만 듣고서도 남학생은 책보를 내던지고 여학생은 풀어지는 치마끈을 철떡거리면서 어린 듯 미친 듯 뛰어나서고 앞장섰던 것이다. 시골의 농군 무식장이 너나 할 것 없이 치가 떨리고 눈이 뒤집히노라고 지식인의 사려하는 맵시를 모멸하면서 와락와락 우당탕 날뛰면서 무뚝뚝하고 우악스러운 "아! 네에…" 어쩌고 하면서 대한독립 만세, 조선독립 만세, 독립만세, 그 중에는 대한제국 만세! 하고 갖은 각읍(各邑) 마음에 켕기는 대로 우렁차게 또 비장하게 부르짖고 뛰어든 것이다. 그때야말로 이천만 일심이어서 그들은 오직 운명공동의 민족대의에서 그 마음과 마음, 넋과 넋, 정열과 정열이 서로 사랑하고, 믿고, 아껴주고, 도와주고, 감추어주고, 재워주고, 먹여주고, 길 일러주고, 돈 주고, 옷 주고 하면서 일체가 정화, 성화(聖化) 또 단일화하였던 것이다. 민족애, 동포애, 조국혼, 공동운명감이 그 때만 같았으면 어떠한 국제적 난관도 시일을 그어 반드시 돌파할 것이며 조선민족으로 태어났던 보람조차 있다고 마음 흠뻑 감격도 할 일이었다. 3월이라 26, 7일 골에 어둔 저녁 조국의 산하에는 봉(峰)과 봉(峰), 들과 들, 마을과 마을, 무릇 내 민족 살고 있는 곳곳마다 그 점점이 피어오르는 불꽃과, 천지도 흔들리는 전민족의 "나도 살겠노라"의 아우성, 아아 참! 영웅적이면서 성도(聖徒)의 자질이었다. 그 순진, 그 영용(英勇), 그 희생의 정신은 아주 그냥 예술이요, 대선(大善)이었던 것이다. 정권욕, 지위욕, 파벌감, 피아관(彼我觀)을 초극 아니니, 일찍이 맹동(萌動)될 뻔도 안 하였던 경수무풍(鏡水無風)의 그 경지는 참으로 고귀 그것이었다. 독립자활의 의욕이요, 민주자발의 정감이요, 천의무봉한 원진미선(圓眞美善)이요, 협동호애(協同互愛)의 이상향이었던 것이다. 긴 말 도리어 무용(無用)하니 일제정복 40년에 암흑이요 또 오욕된 반만년의 역사가 이 광고(曠古)의 대의거로 말미암아 새로 만장광염(萬丈光焰)을 피워 올린 것이다. 남북 삼천만 모름지기 이 삼일정신에 환원 복원해야만 내 조국 완전히 살아날 것이다.

3·1절 추도사

1949. 3. 1.

오늘 단기 4282년 기축(己丑) 3월 1일에 안재홍은 삼가 돌아가신 3·1투쟁 대표 애국선열들의 정령께 고(告)하나이다. 우리 태백(太白) 고국은 단조(檀祖) 건국 이래 4천 수백 년에 주(周), 진(秦), 한(漢), 수(隋), 당(唐) 등 서방 민족과 선비, 거란, 여진, 몽고 등 북방 제 민족과 남동해상 상 일본민족 등 삼천여년에 걸친 영맹(獰猛)한 국제침략 속에 공동운명의 생존 대의에서 피와 목숨을 걸고 최대한도의 민족항쟁을 거푸거푸 되풀이 하면서 최소한도의 생존 기업(基業)을 지켜 내려 왔었더니, 불행 일본인이 우리의 □약(□弱)과 암매(暗昧)와 내홍(內訌)의 틈을 타서 태서(泰西) 제국주의 침략정책을 효빈(效嚬)하여 험독(險毒)한 음모로써 우리를 고립케 하고 총검·법망의 폭력으로써 반항능력을 거세케 한 후 을사(乙巳)의 구속과 경술(庚戌)의 병탄으로써 마침내 전고(前古)에 못 보았던 식민지 노예화의 암담한 치욕을 가(加)하고 비참한 압박 착취로써 우리를 사망의 구렁에 잡아 넣었던 것입니다. 그러나 조국 산하 문화민족으로서 이것을 영구히 감수할 수 없었을 새 지난 을미(乙未)의 해 이 달 이 날에 선열 선배 33인이 동지와 모의하고 만방(萬邦)의 합의에 호응하여 조선은 독립국이요 조선인은 자유민인 것을 널리 천하에 선포하였더니, 전조선인은 이 민족 대의를 본받아 무릇 보천솔토(普天率土) 조선민족 있는 곳곳마다 모두 항일독립의 의성(義聲)을 드날려 원진미선(圓眞美善) 영용과감(英勇果敢)한 투쟁이 실로 시드는 듯 억눌리던 민족정기를 거듭 빛냄으로써 민주역량의 확대강화를 오게 하여 더욱 심해지는 일제탄압의 모든 고비를 넘김으로써 오늘날 조국 재조(再造) 민족자주의 세기적 대과업을 실천하게 되었으니, 아아 선열 선배의 공□(功□) 참으로 높고 또 크옵나이다. 오늘 기미 의거 이래 마침 30주년에 대한민국이 수립되고 48개 우호 열국의 정식의 승인지지를 받게 되어 민족생존사상 일단의 광채를 이루게 된 것은 선열 첨위(僉位) 하늘에 계신 정령으로서도 아득한 중에 그윽히 기꺼하실 일입니다. 그러나 강토통일 민족귀합(民族歸合)으로 조국 재조의 대업은 아직도 그 완수를 못 보았사오메 민심혼미(民心渾迷) 생활곤곤(生活困困)함은 아직도 고심참담 비상한 정진으로 계속함을 모름짓나이다. 아아 애국 선열 거룩하신 영(靈)과 영(靈)들 아직도 곤투(困鬪)중에 빠져있는 후진 삼천만에게 잠잠한 속에서도 힘 지게 도으소서. 선열들의 유가족 아직도 곤궁 중에 헤매임 없지 않으오니 실로 참괴 황공함을 금치 못하나이다. 감히 한줌의 향을 피우옵나니 선열의 정령들은 그 감향(感饗)하소서.

【편자 주】 필사원고로 편자가 임의로 제(題)한 것이다.

현하의 문화정책의 구상

《새교육》, 1949년 2월호.

1. 건국이념을 기준으로

현하의 문화정책은 그대로 재건조국 전면적 문화정책인 것이요, 또는 그 영항(永恒)한 문화정책의 새 전통의 출발로 되는 것이다. 문화정책은 별것 아니니 첫째 건국이념의 확립 및 선양으로써 국민대중에게 그것을 철저하게 인식시킴이요, 둘째 건국이념에 따라서 민족자활과 자주독립의 역사성을 철저하게 인식시킴이요, 셋째 일제 40년 침략의 커다란 정신적 상처와 남북분단 이래 하도 많은 파괴 모손(耗損)의 자취에서 이 뒤에는 조야(朝野)가 어울러서 정치·경제·문화 등 국민생활의 온갖 분야에 뻗치어 장기건설 구원성취(久遠成就)의 결심과 노력을 꾸준히 파악케 하는 것이다. 넷째 이것들의 때문에는 민중문화의 보급앙양과 민주정치의 철저한 인식과 민중자치·자력건설의 이념 및 실천이 철저하도록 하는 데 있는 것이다.

2. 신민족주의의 요청

건국이념은 여러 갈래로 설명되고 있으나 요컨대 신민족주의로써 대표되어야 할 것이다. 강토통일·민족귀합으로 재건조국이 완전한 민족자주 독립국가가 성취되어야 할 것은 한국사람치고 다 잘 생각하고 있는 터인데, 계급투쟁 혹은 사회혁명의 개념에 있어 민족자주 독립국가의 사상과 사실에서 분열 대립되고 있고 청년남녀 많이는 그 거취에 갈팡대고 있다. 이것은 간명한 새 인식이 요청된다.

인류생존이 추진되는 길에서 하나의 비상사태로서 투쟁 즉 싸움이 항상 전개되고 있나니 (1) 자연의 위협과 저해에 향한 싸움이다. 이것은 고세기(古世紀)의 원시인시대부터 문명을 자랑하는 20세기 오늘날까지 여전히 이어 내려오는 일이니 길게 풀이하지 않는다. (2) 계급투쟁이라고 해서 한 나라 안에 정치권력을 독차지하고 경제·문화 등 모든 부면에까지 모든 복리를 함부로 차지하여 이른바 압박착취를 마음대로 하는 지배계급이 있음으로써 그와 맞닥뜨리어 있는 피압박계급의 반항으로 인한 계급의 싸움이 있는 것이다. 이것은 하필 로마시대 귀족과 서민 또는 노예계급의 대립한 싸움 같은 것을 열거할 필요도 없다. 계급의 싸움이 있기도 하고 또 있을 밖에 없는 이유도 구태여 풀이할 것까지 없다. 다만 한 국민·한 민족에 있어서 국내적인 계급투쟁이 국제적인 민족투쟁의 비켜 설 수 없는 역사적 과제와의 비중에 따라 결국 국내투쟁보담도 국제적인 민족투쟁에 더 큰 관심과 역량을 기울임이 요청되는 일이 많은 것을 알아야 한다. (3) 민족투쟁이다. 즉 민족의 독립과 자유와 안전한 생존 때문에 민족이 가진 바 총역량을 기울여 국제적 항쟁을 해야 하는 것이 지상명령으로 되는 경우가 퍽 많다. 여기에 말해 둘 것은 하나의 강대국민이 침략국가로서 전쟁을 일으킨 경우 혹은 두서너 침략국가가 지배권의 쟁탈 때문에 서로 전쟁을 일으킨 경우에도 민족주의 고취와 국민총력의 집중을 부르짖고 만들어내지 않음은 아니나, 참된 민족자활 때문에 침략국에 대한 반항투쟁과는 그것을 뚜렷이 가늠해야 한다. 계급투쟁이 번듯이 큰 사실이지만은 민족투쟁도 또 큰 사실이다. (4) 그리하여 동서 제국민의 각 시기에 있어서의 국민전쟁 혹은 민족투쟁은 계급적 이해 이상으로 중대한 지상명령적인 사체(事體)가 엄정한 판비(判批)적 견지에서 실존하였던 것이다. 남의 일보담도 조선 수천 년의 지나온 자취는 서·북·

동·남 등 대륙과 해양의 우리를 둘러싸고 있는 제 국민의 침략에서 민족의 독립과 자유와 안전한 생존 때문에 거듭거듭 반항 투쟁한 기록인 것이요, 일제침략 40년에 모든 봉건적 계급대립이 피압박민족의 형태에서 전부 무너져 버렸고 지주와 농민, 자본가와 노동자의 대립의 경제적 기본조건도 현실에서 대부(大部)가 해소되고 있어 토지와 일반 산업경제의 제 조건에 있어서도 참으로 균등사회 평권국가로서 전 민족 공영의 새 조국을 실현해야 하게 되었고 또 그것을 커다란 국내적 저해세력 없이 실현하게 되었다. 여기에서 전 민족구성원이 균등평권의 만민공화 대중공생하는 신민족주의 건국이념을 일심 실천할 수 있게 된 것이다. 이 점은 현하의 우리 신문화정책을 세움에 있어 가장 근본적이요 또 기준이념으로 되어야 할 객관토대인 것이다.

3. 문화정책의 제 요항과 조선철학의 특징

(1) 계급투쟁의 요소가 거의 다 해소되고 전 민족 공영의 조건이 객관적으로 갖춰지고 있는 것 (2) 과거의 역사 마찬가지로 현재 및 미래에 걸쳐 우리 주위에 둘려 있는 세계적으로 강대한 제 국민과의 국제지리상의 관련에서 민족자주독립과 그로써만 보장될 민족전원의 안전한 생존 때문에는 (3) 저절로 만민공화 대중공생하는 신민족주의 건국이념이 부동의 국체(國體)를 이루어야 할 것이다. 그 때문에는,

1. 먼저 민족사가 완전 구명되고 그것이 국민사상의 기간으로 철저히 침투될 만큼 각 층계 각 부문의 교육에서 충분히 실천되어야 할 것이다.

2. 국어의 정리, 정화와 그의 가장 과학적인 교육이 국민에게 전면적 보급되어야 할 것이다.

3. 우리 국어는 '말' 그것이 그대로 철학이요 도덕학이요 정신적 문화의 진보(進步)된 그릇(容器)인 것이다. 이를테면 한의 일어(一語)에서 대(大)요, 일(一)이요, 성다(盛多: 흔)요, 사위(事爲: 하고 또 한다)의 의의와 도덕

률이 들어있나니, 상대(上代)에서 원수(元首)를 한으로 하였고 한인 위호(位號)에 따라 국호까지도 한(韓)으로 하였던 바인 즉, 한 즉 대일(大一)의 사상은 '대항생위(大恒生爲)'의 불식(不息)의 이념을 가져 인생적, 국민적 지상도덕률이 되는 것이다. 우리 국민이 누백 년 전제학정과 일제시대 절망적인 자포 경향에서 가끔 "게으른 국민"이라는 원통하고 불명예스러운 조소를 받은 데 돌아보아, 이 대일(大一)철학의 대항생위의 도의심을 각 부면에서 인식, 체감, 실천, 정진할 모든 방편을 강구해야 할 것이다.

4. 일(一)의 한은 전항과 같으니 즉 천(天)이요, 이(二)의 둘은 들 즉 양(壤)으로 지(地)요 삼(三)의 셋은 '씨앗' 즉 종(種)이요 넷은 '나엇' 즉 '출생(出生)'이요. 오(五)의 '다섯'은 '다사리' 즉 '섭리(攝理) 혹 치리(治理)'요. 육(六)의 '여섯'은 '이어서' 즉 '지속(持續) 혹 존속(存續)'이요. 칠(七)의 '일곱'은 일 즉 '사위홍기, 성취, 도달' 등으로서 일함으로써 만사가 일어나고, 이루고, 이름을 일컬음이다. 팔(八)의 '여달'은 '열고닫고' 또 '열고덜'므로써 개합(開闔) 손익함이 한(漢)민족의 역리(易理)와 공통되는 바요. 구(九)의 '아홉'은 '아울러'를 일컬음으로 회통종합(會通綜合)을 의미함이니, 팔의 개합이 헤겔철학의 지양(止揚)을 의미함이라면 구의 회통은 일층의 추향완성(推向完成)한 경지를 가리키는 것이니, 지양회통은 대자연인 우주의 생성발전의 대도인 것이요. 국가사회가 지향발전하는 도덕상의 기동성 있는 이념인 것이다. 십(十)의 열은 '개전현현(開展顯現)'으로 일(一)의 한이 불식(不息)의 사위(事爲)로서 비로소 무한개전의 길에 들어감을 일컫는 것이다.

5. 수의 기본인 한부터 열까지가 그러하나니 그는 운영(運營)의 세계인 것이오, 수의 대성(大成)인 백·천·만·억은 가치의 세계를 이룬 바이다. 백(百)의 온이 구전(具全) 원통(圓通)으로 편향 없음이요. 천(千)의 'ᄌᆞ믄'은 참이니 '충실, 만족'으로 진여허위(眞如虛僞)없음이요. 만(萬)의 곬은

'균제조화(均齊調和)'와 '선택된 전형적'인 것을 일컬음이니 미(美)인 것이다. 즉 고르고 골고루요 골라진 것이요, 골(型, 典型)이 되는 것이다. 억(億)은 수의 종극이라, 가론 '잘'이니 '잘'은 정세(精細)·충족·장양(長養)·접제(接濟) 등을 일컬음이요 선(善)이요 지선·대선(大善)·최고선인 것이다. 즉 선의 잘은 정세하여서 소루(疏漏)와 차별과 불공평등 없음이요 수와 양과 거리 등에서 '모자람'이 없이 잘(充足)하고 자라(養)고 조도(早到: 예 손이 잘하고 키도 잘하고 해서 앓가닿음이 없는 것)함을 일컬음이니 그 기본이념인즉 '비세충족(備細充足)'으로 두루두루 가고 멎고 주고 기르고 지켜주고 덮어주고 싸주고 보살펴주고 함 등이 삼라만유(森羅萬有) 보천솔민(普天率民)에게 차별불공평이 없는 대일의 도를 의미한 것이라. 백·천·만·억의 '온·즈믄·즮·잘'이 원(圓)·진(眞)·미(美)·선(善)으로서 자연과 인생의 도의관의 종극이다. 희랍철학의 진선미가 오직 추상의 결론이요, 또 예술관인 것보담 일층의 구체논리적이요, 또 도덕률로서 된 것이 그 특장이다. 즉 '대일'에서 비롯하여 '비세충족'에 마주 닿았으되 하나의 논리상 또는 사체상(事體上)의 결점을 찾을 수 없는 것이 그 우수성으로 된 것이다.

4. 구원성취(久遠成就)와 영항작위(永恒作爲)의 지상명령

전절의 서술에서 신민족주의 건국이념의 구명확립에는 민족사의 완성과 국어의 정리정화 등 두어 조건을 우선으로 들었다. 민족사와 국어 특히 그에 말미암은 민족철학의 구명은 서로 넘나들어 표리본말(表裏本末)이 되어야 할 것이다. 이에 다시 구원성취 영항작위의 민족철학상의 몇 조건을 드러내기로 한다.

1. 신체의 몸은 '모음'이니 생리상으로는 부모를 비롯하여 선민(先民)천백대(代) 허다한 혈연이 '모이고 모음'에 말미암아 나의 몸 생겨있는 것을 함축한 말이요, 물리상으로는 우주무량 물질의 세계로부터 불씨(佛氏: 석

가모니) 소위 '등류속생(等流續生), 성(成), 주(住), 양(壞), 공(空)'의 유전(流轉)하는 집합체인 것이다.

2. 심(心)은 '마음'이니 마음은 '많음'으로 종으로 전천고(前千古) 무량수(無量數) 선민(先民), 횡으로 현대 전 세계 수십억 인생의 가지각색의 사상·감정·의욕·경험 등이 '많음' 그대로 집결되고 계승되고 연관하고 공통되어 구성되고 생동(生動)되고 있다는 것을 일컬음이다.

전항 양자만으로도 허다한 사회윤리의 학안(學案)이 완성될 것이다.

3. 제회(際會)가 즘이니 즘은 '지음'이요, 지음은 즉 작위(作爲)이다. 찰나와 순간이 무한구(無限久)로 지속하는 즘 즉 작위로서 영항창조 무한지속은 즉 자강불식(自彊不息)이요, 무한한 진보요 또 발전인 것이다. 여기에서 무위도연(無爲徒然)의 존재와 연장은 허용되지 않음을 단정할 것이다. 부차(副次)가 '다음'이니 다음은 '닿음'으로 시(時)와 공(空)과 사위(事爲)가 다음에서 또 다음에서 무량수 다음으로 닿아서 연속 확충됨이 무궁대(無窮大)요 무변제(無邊際)요 무한항구(無限恒久)에까지 무진(無盡) 무정지의 자동적이요, 의식적인 연장으로 됨을 의미한 것이니, 즘과 지음, 다음과 '닿음'은 시공의 무한성과 함께 영항작위의 지상명령인 것이다. 이것은 대일로부터 비세충족에 미치는 수의 철리(哲理)와 아울러 조선의 민족철학 및 민족도덕의 주요한 일 표현인 것이다.

이와 같이 민족사와 민족철학의 구명을 기다려 신민족주의 건국이념에 걸맞는 문화정책을 수립함에 크고 깊은 사상적 근간이 완성될 것이다. 오인(吾人)은 지금부터 새로운 국민운동으로서 신생운동(新生運動)의 전개를 출발하고 있다. 여상(如上)한 견지에서 몇 가지 실천요항을 구상해 보았다.

1. 신민족주의 건국이념의 침투

조선의 역사와 사회객관에 비추어 자본주의와 공산주의의 지양회통의

필연성 또는 당위성의 명백한 인식

구호 만민공생

균등사회 공영국가

2. 민족자활과 자주독립의 역사성의 철저한 인식

조선 4천 년의 최대한 반항침략의 역사와 민족자주가 생존상에 요청되는 엄숙한 현실적 인식

구호 독립자활 협동호애

3. 민족자주와 국제협조의 상호관련성의 정확한 인식

고립배타와 사대사상의 지양청산 및 그 자주독립 국제협조의 회통

구호 민족자주 국제협조

4. 장기건설 구원성취의 현실에서 요청되는 민족적 결심의 확립

국제정세와 민족처경(處境)의 냉철한 인식과 실망자포를 장기건설에서 지양청산시킴

구호 장기건설 구원성취

그 국어 두고두고 내 힘껏 하자!

5. 민중자치 자력건설의 실천강조

민중으로서의 정부만능적인 의존심은 정부로서의 관권만능의 독선적 과오를 가져올 것이요 모두가 다 비민주적이다. 그 철저한 시정이 요청된다.

구호 국민개로 대중공생

내 일은 내 힘으로!

같이 일하고 같이 살자!

6. 민중문화의 보급앙양과 민주정치 인식의 철저화

(1) 성인교육과 농촌계몽의 다각적 추진으로 교육의 민주주의적 민중화를 실현함

(2) 국제문화를 적정수입하여 민족문화의 현대적 앙양정화를 촉진함

구호 아는 것이 힘!

배워야 산다!

7. 생활의 민주화와 과학화

생활의 민주화는 마땅히 그 과학화와 동무해야 한다. 과학은 사회과학과 자연과학을 아울러 치중함을 요한다. 도학(道學)편중의 폐에 빠졌던 과거를 돌아보아 자연과학 이공과 방면의 정진이 특히 요청된다.

8. 체위향상과 능률적 소비

'근로입국'이 하나의 정신적 지표로 되어야 한다. 능률적 소비는 물자에 한하지 않나니, 시간과 정력에 관하여 전 국민이 이 이념에 철저화해야 할 것이다.

지면관계 있어 이상에 그치기로 하나 문화정책의 세목과 실천방안 등은 각 부면에 뻗쳐 따로 논의함이 요청된다(조선철학 등은 졸저《조선상고사감》동《신민족주의와 신민주주의》등에 게시되었음).

백범 김구 선생 약사(白凡金九先生略史)

《신천지》, 1949년 11월호

백범 김구 선생은 옛 한국 광무황제 13년 병자 7월 11일에 황해도 해주군 백운방 텃골(基洞) 농가에서 김순영(金淳永) 씨의 장남으로 탄생하였으니 모부인은 현풍 곽낙원(玄風郭樂園) 여사이다. 이 해는 서기 1876년으로 유럽에서는 프러시아·프랑스전쟁이 끝난 지 수년에 제3차 공화정치가 [프랑스에서-편자] 확립되었고 또다시 러시아와 터키의 전쟁이 이듬해로써 부르터나려는 즈음으로 자본주의 침략전쟁이 각 국민 사이에 불일 듯하는 때이었으며, 조국은 강화도에서 운양호 포격사건을 빌미로 조선과 일본 수호통상조약이 맺어져 개국진취의 서광이 보이는 듯 실은 일본의 침략이 처음으로 그 칼날을 나타내이던 적이다.

선생의 본관은 안동이니 그 선조는 신라 마지막 임금인 경순왕의 후예로서 한양조 16세 인조대왕 대에 영상(領相) 김자점이 친청파로 지목되어 폐척(廢斥)되고 다시 역모로 규탄되어 일문 모두 주륙(誅戮)될 새 선생의 11대조 그 근친으로 가권(家眷)을 끌고 멀리 해주 향촌에 떨어져 일부러 그 경화명족(京華名族)임을 숨기니 이로써 누대(累代) 한미한 생애를 계속하게 되었다. 선생은 그 출생한 시대 이미 험난하였고 그 문지(門地) 또한 궁곤(窮困)하였다.

선생 어려서부터 그 천질(天質) 호탕불기(豪宕不羈)한데 다시 활탈자재

(滑脫自在)한 기지 있고 목눌(木訥)한 중에 진솔한 지정이 발로됨은 심상인(尋常人)이 따를 수 없는 바이었다. 소년 적에 자자(孜孜)한 수학이 과장(科場) 한 차례의 출입에서 문득 불평등사회의 부패한 폐막(弊瘼)을 뚫어지게 보았고 병학(兵學)을 닦아 갑오동학의 난에 약관 뚜렷이 그 두각을 일방에 드러내었으나 그 강개(慷慨)한 뜻 다시 무위에 그쳤다. 그러나 교룡(蛟龍) 끝끝내 웅덩이 속의 것이 아닌 줄은 벌써 이때에 나타났었다.

선생 개연히 동학란의 칼자루를 던지자 새로이 명사의 지우(知遇)를 만나 생애의 한 전기를 지으셨다. 신천군 청계동에서 안중근 의사의 엄친이신 진사 안태훈(安泰勳)선생을 섬기고 다시 그의 고붕(高朋) 해서(海西)의 거유(巨儒) 후조(後凋) 고능선(高能善)선생에게 배워 청년 김창수(金昌洙)로서 그 도덕학문에 일진경(一進境)을 이루었다. 이듬해 광무제(光武帝) 32년 을미 일청(日淸)의 국(局)[청일전쟁-편자]은 맺어져 대한제국의 칭호를 날리고 국가중흥을 추들었으나 명성황후 국모의 높음으로 졸연 왜적에게 시역되고 국난 자못 가냘퍼 갈 새 선생 안(安), 고(高) 양(兩) 선배와 논의한 후 서로 중국에 놀아 압북천리(鴨北千里)를 두루 밟고 복수를 벼르는 중국의 지사와 동맹하며 삼도구(三道溝)에 한교(韓僑)를 묶어 국수(國讐)를 갚는 의기(義旗)를 들었으나 용재(庸材) 기견(己見)을 고집하는 자 있어 결국 패산(敗散)되었다. 이때 선생 20세이다.

건양(建陽) 원년 갑신 21세. 의병은 국내를 소란케 하였다. 홍범14조의 뒤를 따라 무수한 법령이 비 내리듯 하고 단발은 강행되고 하는데 국모 시역 일건은 전 국민의 적개심을 복받쳐 나오게 한 것이다. 선생 귀국하자 황해도 안악군 치하포에서 일본의 간첩 토전양량(土田讓亮)중위를 벤 후 국모 시역한 수국군관(讐國軍官)을 토벌한 포고문을 걸었다. 고향에 돌아온 후 경리(警吏)에게 잡혀 인천 옥에 매였다. 사형이 선고되어 대명(待命)의 날이 길었으나 광무황제 은칙(恩勅)으로 구명되었고 후 3년에 인천에서 탈옥하여 허다한 우국동지가 덮어주는 속에 거의 전국을 떠돌았으며 공주 무성산 깊은 두메 마곡사(麻谷寺)에서 삭발하고 원종(圓宗)으로 명명된 구법승이 되어 그곳에서 일시 안정의 땅을 삼았다. 이때는 광무제 아(俄)공사관[러시아공사관-편자] 파천 이후 아일(俄日) 한국에서 각축하였고 국운 날로 기울어갔다.

광무 3년 을해 24세. 환속하여 두루 각 지방을 찾았고 이듬해 비로소 시대진운(時代進運)과 국제정세에 크게 감오한 바 있어 구미의 과학문명을 널리 수입함으로써 조국의 장래를 구할 것을 확신하며 신교육의 제창과 함께 신문화운동을 일으키기로 되었다. 일찍 선각 안태훈 선생의 주장에 회의하였던 것이 이제사 그에 공명하게 되었다. 광무 7년 계묘 28세. 기독교 신도가 되어 황해도 각 지방에 사립학교 설립과 함께 순회강연으로 애국사상을 고취(鼓吹)하였다. 이에 앞서 탈옥 방랑하는 골에 동지의 권유로 이름을 고치어 구(龜)로 하였고, 광무 5년 신축에는 엄친상사(嚴親喪事)를 만났더니 8년 갑진 29세 때에 최준례(崔遵禮) 부인과 결혼하였다.

광무 9년 을미 이 해 일아(日俄)전쟁은 일제의 승리로 끝났고 일한보호조약에 말미암아 조국의 독립은 깨어지기 비롯하였다. 각 지방에서는 의병운동 터져 나왔고 신진투사의 정치항쟁은 서울을 책원지로 각 지방에 벌어졌다. 평남방면을 본거로 선생은 다시 서울에 나와 상동(尙洞)기독교회를 중심으로 전개되는 구국운동에 선열 제씨와 함께 등장하였다. 그 인물은 전덕기(全德基), 정순만(鄭淳萬), 이준(李儁), 이동녕(李東寧), 계명육(桂明陸), 조성환(曹成煥), 기산도(奇山度) 외 제씨였다. 이때 이후 제 동지와 함께 그 성기(聲氣) 멀리 해외에 통하였고, 한편에는 해아(海牙)밀사사건이 있더니 융희(隆熙)황제 3년 기유 9월 안중근의사 하얼빈 역두에서 일사(日使) 이등박문(伊藤博文)을 사살함에 미쳐 그에 연좌되어 투옥 1년에 넘었으나 석방되었다.

융희 4년 경술 35세. 조국 드디어 일제에게 병탄(倂呑)되었다. 서울에서 신민회(新民會)운동이 비밀로 추진되니 고(故)도산(島山) 안창호(安昌浩), 석오(石吾) 이동녕(李東寧), 오강(汚江) 양기탁(梁起鐸)의 제 선열(諸先烈)과 및 성제(省齊) 이시영(李始榮) 외 제 선생 모두 그 주요 인물이요 선생 또 이에 참획(參劃)하였다. 이동녕 선생으로 만주에 나아가 신흥사관학교(新興士官學校: 新興武官學校)를 일으키게 하니 이로써 만주에 있는 한국독립군의 근간을 이루었다.

단기 4244년 신해 36세. 조국 넘어지고 이듬해이다. 안악군 양산(楊山)중학교장이러니 그해 겨울 105인사건으로 서울에서 입옥하야 3년형을 받았다. 뒤에 다시 일총독 사내정의(寺內正毅) 암살미수사건을 뒤집어씌워 옥중에서 12년 가형을 받았다. 4251년 무오 7년 재옥한 끝에 출옥하니 43세이었다. 모(母)부인 조년(早年)부터 허다한 화란과 투옥 중인 아드님 때문에 절륜(絶倫)한 신고(辛苦)를 쌓아 오셨더니 이번 투옥에는 부인 최준례 여사 시모(媤母)님을 모시어 옥바라지에 진력하였다.

단기 4252년 을미 44세. 지난 해 출옥한 후 농원(農園) 은둔 중에 3·1운동은 일어났다. 선생은 동지와 함께 상해에 나아갔다. 선생 해외에 망명하여 그 몸 안전한 땅에 놓였을 때 한인 경리(警吏)들 비로소 그가 토전(土田)중위를 살해한 김창수인 것을 발설하자 일본인은 그 오래 속은 것에 놀랐다. 이때 해내외 각지에서 모여온 독립투사들로써 조직된 상해에 있는 대한민국임시정부에 선생 자청하여 문지기 되었더니, 뒤에 제 동지의 합의 추천으로 초대 경무국장 되었고, 4개년 지나 4256년 계해에는 동(同)내무총장에 취임하였다. 허다한 투사 혹 남북으로 또 구미로 분주함 많았으나 선생 상해를 중심으로 삼아 독립투쟁 지도의 근거를 남중국에 두기로 하고 임시정부고수라는 일념 매우 굳었다.

단기 4263년 경오 55세. 기미운동 있은 지 10주년이 지나 조국 고토에서는 광주학생투쟁 있은 다음해이고, 국제적으로 반동의 기세 높아가는 때였다. 한국독립당이 창립되니 선생 그 설력(設力)한 한 분이다. 이듬 4264년 신미 이 해 일제에 말미암아 9·18 만주사변 만들어졌고 우리 민족운동에는 모든 합법적 경향의 제 공작은 모조리 탄압되는 사태였다. 선생 영도 하에 한인애국단이 조직되었고 스스로 그 단장이 되어 부하정한(部下精悍)한 투사가 양성되었다. 4265년 임신 봄 애국단원 이봉창의사는 동경에 파견되어 일황에게 폭탄을 던졌으나 명중하지 않았다. 동 4월29일 상해 홍구공원에 윤봉길의사를 밀파하여 당시 중국침략의 총수 백천(白川) 육군대장을 폭사시키고 식전(植田) 중장과 중광규(重光葵) 대사[후 외상(外相)]는 모두 한 편 다리를 잃고 야촌(野村) 해군중장은 한 편 눈이 빠지고 하단(河端)거류민 단장도 즉사하였다. 이때 중국의 19로군(路軍)의 영웅적인 항쟁도 거의 다 꺾어지고 일제의 대륙북침하는 기세 바야흐로 높아져 전 민족은 그 중압 속에 헐떡이던 즈음 이 청천벽력 같은 장거는 한민족의 반격정신을 솟아오르게 하고 그 성세(聲勢) 다시 전 세계에 터뜨렸다. 이해 선생 57세.

단기4266년 계유 58세. 대한민국임시정부 국무령(즉 대통령)으로 취임하였더니 이해 임시정부를 다시 위원제(委員制)로 고쳐 국무위원에 취임하였다. 윤의사의 홍구의거로써 격동된 일제의 수탐(搜探)은 갈수록 심한데 상해 드디어 안거의 땅이 아니었다. 기미 이래 본거로 되었던 상해를 각각 떠나서 남경·항주·광동·장사 등 각지를 전전하는 것이 이즈음 우리 독립투사들의 운명이었다. 이 동안 허다한 화란을 자아내던 일제는

4270년 정축으로써 마침내 7·7사변 즉 노구교(蘆溝橋)의 사단을 만들었고 전 중국은 초토항전의 서막에 들었으므로 임시정부의 지도자들은 전기 각지로부터 유주(柳洲), 기강(綦江)을 거쳐 중경(重慶)에 옮겼다. 선생 이때 매양 그 중추적인 지위에 있었다.

단기 4271년 무인 63세. 대한민국임시정부 주석으로 취임하시었다. 동년 5월 7일 장사(長沙) 체류 중 악한의 습격을 입어 흉부에 총탄을 받았으나 1개월의 치료로써 완쾌하시었다. 상해에 있는 왜관(倭官)의 책동이었다. 다음 다음해 4273년 경진 중국정부의 원조로 한국광복군을 조직하다. 이해 태평양전쟁 즉시 벌어지려하고 고립된 침략국가 일본의 무너짐은 시일문제로 걸렸다. 이 신 정세에 맞추고자 혁명투쟁 각 단체를 통일하여 한국독립당으로 집중하고 그 중앙집행위원장에 취임하였다. 또 이해에 군사특파단을 중국 섬서성(陝西省) 서안(西安)에 상주케 하여 무장부대 편성에 노력하였다.

단기 4275년 임오 67세. 대한민국임시정부로부터 일본에 대하여 선전을 포고하고 광복군 각지에서 연합군에 협력하였다.

단기 4276년 계미 68세. 대한민국임시정부 주석으로 재선되었다. 이해 11월 미·영·중 삼국 원수의 카이로회담 있어 그 선언에서 한국의 독립을 원조할 것이 약속되었다. 이듬 77년 갑신 중국 섬서성 서안과 안휘성(安徽省) 부양(阜陽)에 한국광복군특별훈련반을 설치하고 미군의 원조로써 군사기술훈련을 적극 추진하였다.

단기 4278년 을유 70세. 8월 15일 일제의 무조건 항복 있은 후 11월 5일 중경을 떠나 대한민국임시정부 국무위원 일동과 11월 23일로써 역사적

입국을 하시었다. 임시정부는 이때로써 14개조 당면정책을 만들어 통일정부수립의 방침을 발포한 바 있었다.

모부인 몇 해 전에 중경에서 별세하시어 외로운 묘지 그 땅에 남았고 부인 최준례 여사 그 보담 앞서 별세하여 상해에 안장하였더니 이 일 27년 만에 승리로써 고국에 돌아오시는 백범 가슴 속의 비창사(悲愴事)이었을 것이다.

동년 12월 입국 후 처음 좌방(左方)과의 협동공작을 이루지 못하는 도중 모스크바삼상회의 한국의 탁치조항을 협정 발표한 바 있어 동 28일 이후 반탁국민운동을 적극 추진하였다. 이윽고 이듬해 79년 병술 비상정치회의를 주비(籌備)하는 도중 이것을 비상국민회의로 고치고 2월 그 회의 열리매 결의에 말미암아 이승만 박사와 함께 최고정무위원의 자격을 띤 민주의원을 조직하여 그 총리로 되었다. 민주의원은 제1차 미소공동위원회의 결렬에 따라 무위에 그쳤다. 이로써 이듬해 80년 정해 1월 비상민국회의는 국민의회로 개조되었으며 임시정부국무위원이 만기개선(滿期改選)되자 그 부주석에 취임하시었다. 동 6월 한편에서 일찍부터 임시정부 추진운동이 있었는데 또 한편에는 미·소 제2차공동위원회의 열림이 있었으므로 반탁투쟁위원회의 활동을 이승만 박사와 함께 추진시켰다.

이 해 제2차미소공동위원회 완전히 결렬되고 동 11월 4일 국련총회(國聯總會)에서 동위원회의 감시 하에 남북을 통한 총선거를 단행하여 한국통일정부를 수립할 것을 결의한 데 대하여 이를 적극 지지할 것을 성명하시었다. 그러나 이듬해 4281년 무자 3월에 국련소총회에서 결정된 가능한 지역에만 국한된 선거의 실시는 조국분단을 초래할 것을 근심함에서 이를 반대함을 성명하였다. 다음달인 4월 19일 평양에서 열린 남북협상에 참석하여 동 24일 조국통일에 관한 공동성명서를 발표하였다. 이후 그 순조로운 성취를 못 보았으나 화평통일을 촉진 주장함으로써 그 기임(己任)을 삼는 점에 일관매진(一貫邁進)하시었다.

단기4282년 기축 74세. 지난 12월 12일 국련총회에서 48대 6으로 대한민국 승인되었고 미·소 양군 철퇴안을 둘러 국내외의 정세 매우 다단한 중이었다. 6월 26일 오후 1시 돌여(突如)히 무사려(無思慮)한 폭한의 습격으로 두부·흉부·복부에 아울러 흉탄을 받아 전 생애를 들어 오직 조국과 민족과 그 안전한 생존 때문에 혼신의 정력을 기울이시던 이 존경할 노혁명가는 드디어 동족의 손에 넘어지셨다. 동족상잔을 슬퍼하고 동족을 사랑하시는 거룩한 정신을 한결같이 품으신 채 우리의 백범 선생은 영원히 평화의 나라로 가고 말으셨다. 모든 변견(邊見)과 사욕이 씻기고 민족생존의 공동한 대의에서 새로 이루는 결합만이 이러한 천추의 한사(恨事)로써 크게 회전하는 계기를 지을 수 있을 것이다.

장자 인(仁) 일찍 중경(重京)에서 병몰(病歿)하였고 차자(次子) 신(信) 육군항공소령 부부(夫婦), 장손녀 효자(孝子)양 있다.

6월 27일 재야 각계 사녀(士女) 모여 선생의 장의(葬儀)를 장엄코자 할새 대한민국정부 국장의 의(議) 되었으나 정부와 절충한 결과 중의국민장(衆議國民葬)으로 결(決)하였다. 선생 횡절(橫絶)하신 후 조야경향(朝野京鄉) 모두 놀라고 각층 남녀노소 주야 없이 달려와 울부짖는 이 무릇 수천만에 넘었다. 다음날 7월 5일로써 서울시 용산구 연화봉의 남쪽 효창원(孝昌園) 서록(西麓)에 봉장(奉葬)하니 삼열사(三烈士)와 선열(先烈) 석오(石吾) 이 선생 봉장한 국내(局內)이다.

1주년 회고와 전망 (1)
—요청되는 민중파악—

지난한 1주년이 지났다. 열국환시(列國環視) 속에서 또는 풍운격동하는 국제정세의 제약 속에서 건국 1주년 기념을 맞이하는 것은 그 의의 크다. 강토통일 민족귀합(民族歸合)된 완지(完至)한 독립국가를 세우는 것은 거대 최선의 과업인데, 거기에 많은 장해 있어 동남반벽(東南半壁)에 편안(偏安)된 정부를 건립한다는 것은 비통할 차선이다. 최선 못되고 차선이라도 성취함을 요하는 것은 인세(人世)의 상사(常事)요, 상도(常道)를 밟는 것이 도리어 인생 정도이다. 남북 갑자기 귀합되지 않고, 민족총의는 정부 아니고서는 정상한 효과적 표현을 국제정국에서 기(期)할 수 없고, 그렇다고 해서 외국의 군정 하에 고식(姑息)의 대망을 할 수도 없는 터이니 삼팔 이남만이라도 총선거로써 정식 합법정부를 세우는 것은 차선인 채 요당(要當)한 조치이다.

이렇게 탄생된 대한민국은 필연 다난한 약속 밑에 놓여 있다. 통일 못된 데에 국민 우선 실망을 품고 출발한 것이 일란(一亂)이요, 남북우좌(南北右左)의 분열에서 모든 책동 교란 뒤따라 일어남이 이란(二亂)이요, 인력·자력(資力)·기구력(機構力) 등 반신불수의 지장(支障) 온갖 부면(部面)에서 크게 해악을 지어냄이 삼란(三亂)이요, 인심 저절로 귀일될 바를 잃어 이념과 지향 확립된 자 외에는 보이는 곳에 불만 있어 못 보는 곳에 동경함 있음으로 협동 호조하여 국란을 일념 타개케 하는 데 스스로 허다한 화기(禍機) 만들어짐이 사란(四亂)이요, 미·소의 갈등이 그 이데올로기의 수립과 함께 전 세계적 격랑을 빈틈없이 또 쉴 새 없이 일으켜 보내고 있어 그것이 일일이 한국에도 파동하고 있음이 오란(五亂)이다. 이렇게 다난한 조건 하에 탄생된 대한민국이므로 그 1주년의 오늘의 업적을 나는 경이라고 주장한다. 이 경이할 사태는 기쁨과 근심, 즐거움과 괴로움이 함께 생장하고 있는 단순치 아니한 역사적 사태이기 때문에 위정당로(爲政當路)와 지도자 군(群)과 일반 국민이 아울러 깊고 큰 관심, 계심(戒心) 및 작심을 함을 요하는 바이다.

남북의 강토 통일되지 않고 북에 또 정권 있어 서로 승패를 다툰다는 것은 그것이 그대로 국제 갈등의 거대한 파동체이니 만치 가장 근본적인 화인(禍因)이다. 어떻게 통일 성취되는가가 한 조건이고, 통일 아니 되는 동안 어떻게 확호(確乎)한 치안이 호지(護持)되고 민심이 한결같이 뭉쳐지도록 만드는가가 또 하나의 조건이다. 민심 귀일되는 데서 만사 어렵더라도 차차 취서(就緖)될 수 있고, 귀일되지 않아 들뜨고 출렁대는 한에 치안호지가 항상 선결 요항(要項)으로 걸려 있어 그것이 위정의 중점이 되는 것이다. 이 까닭에 국가예산도 국방관계비가 저절로 우선적으로 치우쳐져서 외타(外他)의 일반 건설은 지연 또는 등한시되는 결과를 낳는 것이니 이는 동서 미안정 국가의 상태인 것이고, 위정 수뇌부로부터 일반 말단부까지 정치의 국(局: 광의적으로 해석하여)에 당로(黨路)한 인물들이 많은 경우 대당과당(大當過當)한 처치에 흐르게 되는 바 있어, 치안호지 때문에 도리어 치안상의 면 화인을 촉성할 수도 있는 것이다. 이것은 내가 가끔 숙명적 곤란성을 지적하는 까닭이고 '다난한 1주년'을 모두(冒頭)에 걸어놓기까지 한 바이다. 그러함에 불계(不計)하고 반군반도(叛軍叛徒) 속출하는 중에 국권을 강화하여 있고 미(美)·중(中)·영(英)·불(佛)·비(比: 필리핀)·오지리(奧智利: 오스트리아)·아르헨티나 등 대소 15개국의 정식 승인을 받게 된 것은 경이할 만한 업적이라고 수긍할 바이다. 다만

1주년을 이렇게 지나왔으니 새로운 1주년에는 어떠한 과업이 있어야 할 것인가? 열쇠는 여기에 있다.

1주년 회고와 전망 (2)

—요청되는 민중파악—

5종(種)의 결정적인 난관 있는 데서 대한민국을 운영 육성함이 숙명적 난과업인 것은 이를 부인할 자 없겠다. 그런데 작년 12월 파리의 국련(國聯) 총회에서 48대 6으로 대한민국 정부가 지지 승인되었고, 금년 1월 1일 이후 일찍 사실상 승인관계로 되어 있던 미(美)·중(中) 수국(數國)을 비롯하여 최근까지 전 세계 15개국의 정식 승인을 받게 된 것은 외교방면의 일대 업적인데, 남북분단 내쟁(內爭) 지속도 국제제약에 말미암은 많은 것과 마찬가지로 미(美)·중(中)·영(英)·불(佛)·비(比) 등 15국의 지지 승인도 이 대립 갈등의 각승(角勝)의 여세(餘勢)에 평행함 많은 것이니, 그것은 외교상의 성공 여부보다 또 하나 국제대립 과정의 공동추진 현상이라고 볼 것이다. 만일 한국이 통일독립의 신조국(新祖國)으로 만사가 전 민족 협동건설의 걸음을 정상하게 걸어 나가게 되었던들 아마 모든 수호통상상의 이해관계를 갖는 나라들이 자동적으로 승인 지지 및 통상교역의 단계에 오를 것이었나니, 15개국의 승인 지지는 이 점에서 큰 업적이라고도 할 것이다. 왜냐하면 반벽산하(半壁山河) 고심경기(苦心經紀)의 대한민국을 향한 지지 승인은 경제적 이해소득 이상의 정치적 지지 응원인 까닭이다.

그렇기 때문에 외교상의 업적이 크다고 할지라도 그것이 그대로 민국 본질의 안도(安堵)와 행운의 보장을 의미함은 아니고, 또다시 태평양동맹을 기획 추진한다고 할지라도 그 성부(成否)는 반드시 내정상의 쇄신과 그에 인한 조야(朝野) 관민의 지지 협력에 의한 민주적 국력 응결에 기대어서야 비로소 그 본연의 성과가 나타날 것이다. 대한민국이 성립되어 신동(辛動) 새봄을 맞는 동안 '아시아'의 근간 지역인 중화민국의 형세는 필경 중공군의 승리를 보게 되었다. 무한혁명(武漢革命) 이래 거의 40년의 영속적인 내란상태이었고 10년 항일과 국공대쟁(國共對爭) 또한 20수년에 민심은 병란(兵亂)에 진저리를 치고 있고, 국부군(國府軍) 측 상응한 부패의 부면(部面)이 있고 그 반면 중공군은 토지혁명 등 농민·노동자층에게 상당 향응(響應)케 함도 있어 수년 이래 중공군의 뚜렷한 발전을 보았고, 그 외에도 동남아시아 허다한 후진국민 사이에 공산세력 침점(浸漸)됨이 있어 이에 자극된 한국의 격동도 자못 경시함을 허(許)치 않는다. 여기에서 태평양동맹이 만일 성취시킬 수 있다면 그는 상호간의 무력의 교류 원조보다도 하나의 '아시아'적 제 민족 공동의 민주자유 공영사회로서 공존호영(共存互榮)하는 원칙이 수립되고, 미·영·불 등 열국 또한 '유럽'에서와 마찬가지로 아시아방면에서도 등질등량(等質等量)의 상호협조의 열의 및 실적 있기를 유도 촉성하는 데서 그 의의 및 가치가 있을 것이다.

그러한 외교상의 업적은 내정상의 민중 획득 또는 민주역량 집결 여하에 따라서 그 효과도 실질로써 판정될 것이고, 미국 근처의 열의는 이 국내정세 여하에서 자못 과민적인 승강(昇降) 있을 것을 경계하여야 할 것이다. 미국민은 '유럽'인의 자손이요 또 인척이다. 그 정감 저절로 '유럽' 제일적(第一的)이고 그 견식(見識)과 관심도 '유럽' 본위적이어서, 경제적 이해관 자못 긴절한 분수로는 '아시아'에 정치적 관심은 건듯하면 종적(從的)이요, 제이의(第二義)적이므로 '유럽'에서 결전(決戰)됨으로써 '아시아'에서는 자연 성과가 거두어질 것으로 여기게 되나니, 이 점을 시정(是正)시킴에서는 태평양 열국의 적정한 동맹 또한 의의가 크다고 할 것이다. 다만 그것이 순수한 외교공작에 국한될 바 아니고 대부(大部)가 각자의 민중 파악의 방법에서부터 출발하여야 할 것이다. 한국 더욱 그러하다. (계속)

1주년 회고와 전망 (3)

―요청되는 민중파악―

안에서 정치 쇄신되어 대다수 국민이 정부를 중심으로 협동 집결됨이 있어야 하고 밖으로 국제연형(國際連衡)이 한국의 민주·민족독립국가 노선을 지지(支持) 호성(護成)함 있어 조국은 허다한 난관을 돌파하고 그 일로(一路) 성장함을 확보할 것이다. 이렇게 추상적 희망론을 선포하기는 지극히 쉽다. 그러나 금후 실천과업 얼마큼 성취될 것인가? (1) 정부자체의 위신문제. 이는 실제에서 용이한 일 아니다. 현 정부 성립 직시(直時) 국민이 자못 심대한 실망을 한 것은 이미 지난 일이나 가릴 수 없는 사실이다. 정부는 애국자의 전람장이 아니라고 수차 명언(明言)한 이(李) 총리의 주장은 실(實)에 감복(感服)지는 못할 바이나 전 국민적 여망(輿望)을 짊어진 소위 거물급을 정부에 총망라하였더라도 난국이기는 크게 틀림없었을 것이고, 만일 그들의 내각도 소기(所期)한 큰 성과 없었을 경우 국민의 실망은 더욱 클 수도 있다. 그런 까닭에 거물내각 득실론은 경단(輕斷)할 바 아니나 인심의 향배는 정부구성 인물에 저절로 관계 많고 행정업적상의 쉽고 어려움은 인심향배를 따라 좌우됨 자못 큰 것인즉, 정부가 일층 국민의 추향신의(趨向信依)를 받도록 그 위신을 증강할 방법을 강구함이 일 요건임은 변함없다. 다만 정부수립 1주년에 최초의 등장인물은 총리, 재무, 문교 등 수삼씨(數三氏) 외에 거의 지부환신(至部換新)되어 있고 정부를 향한 일반의 추향(趨向)은 자못 만성화되어 있는 까닭에, 정부 자신 일대 업적을 통하여 인심이 어느덧 솟아 치올라오게 하는 일이라도 만듦이 도리어 양책(良策)인지도 모른다.

정부가 한 큰 기대를 모아 인심을 일신하고 목을 늘이어 바라고 있게 하는 안(案)은 나 보기에는 아무런 묘안도 없고 오직 여상(如上)한 논(論)을 제성(提醒)할 뿐이다. (2) 민족주의진영 일대 협동안은 말 이미 진부에 가까우나 그 필요 의연하다. 협동은 반드시 정권참가인 줄로 흔히 해석되는 편이나 정권참가만이 협동이 아니다. 일찍 백범 김구 선생 정부에 직접 참가하여 거국일치 내각적인 강력 내각으로 난국을 공동 타개하는 것을 가슴속에 깊이 감춘 경론(經論)으로 하는 것을 나는 간파한 때 있었다. 그러나 백범 불행 횡서(橫逝)하였고 그 정견에 비방조차 없지 않은 이때 이는 장제(長提)하지 않음이 공사(公私)의 예의이다. 남은 것은 현 정부 제씨(諸氏)가 일층의 대대적인 자부(自負)에서 소위 절절하사(折節下士)하는 성곤(誠悃)에서, 함께 시국을 광부(匡扶)하자는 적극태도로 나옴으로 민간인의 대동(大同)한 협동이 일반 민중으로 회의(懷疑) 방황(彷徨)함을 청산하고서 귀일(歸一) 집중(集中)케 하는 것이 일대 요건인 것은 부인할 수 없다. 정권 장중(掌中)에 있고 여당으로 자임하는 일부 세력이 있어 강력으로 그 찬부를 분별하려 하고, 만일 순복(順服)치 않는 편에 위압을 가하려함 같은 것은 위정(爲政)의 금물이다. 정부 측에 명시(明示) 없으므로 속단 불가하나 일반 식자 이러한 해석을 견지하고 있는 것은 반갑지 않은 정계 현상이다. 문무왕패(文武王覇)를 병용하는 것은 현대뿐 아니고 실은 고금(古今) 정치의 통칙(通則)이므로 한갓 고속(高速)의 이상(理想)을 설(說)할 바 아니지만, '파쇼'적인 과도한 행사는 매양 예외 없는 역효과를 나타내는 것이니, 이는 결코 "실의정객(失意政客)" 운운의 공식화한 소척(笑斥)을 보낼 바 아니다. 필자는 그 천성 정객도 아니다.

민족진영이 협동 일치하야 명백한 진로를 보임이 일 대사(大事)임은 더 말하지 말고 (3) 진정한 민주주의 민족독립국가로 매진함이 민족 유일의 생존대의인 것을, 국민 대중에게 권력의 위압이 아니고 민주적인 정치이념의 계몽 선전으로써 침투 인식시킴이 옳을 줄 모두 알면서도 매우 등한시하는 중대한 조건이다. '사상(思想)은 사상(思想)으로써'의 원칙은 우리들 항일투쟁시대 제일의(第一義)적 항의(抗議) 요건이었는데, 금일 오히려 그 과오를 자연(自演)하는가 근심되어 말을 수 없다. 진정한 민주주의 민족독립국가로서 그 수호 강화의 실력의 권위와 함께[본문 그대로임-편자] 이념의 민주 자주적인 침투공작이 매우 긴절한 것은 너무 상식적이면서 잠시도 소홀히 할 수 없는 바이다.

미 의원단을 환영함

《한성일보》, 1949. 9. 9.

미국의 하원 예산위원단 단장 후버(Walter. B. Huber) 씨 등 일행은 멀리 극동 제국(諸國)을 찾아 우리 한국에까지 왔다. 미국이 민주주의 자유국가의 견실한 발전을 경제적으로 원조하는데 가장 정확한 사정 조사를 하고자 의원 제씨(諸氏)가 일부러 방문한 것이다. 우리는 충심(衷心)으로 제씨(諸氏)를 환영하고 또 건강을 빌며 동시에 의원 제씨(諸氏)가 가장 선의 있는 정확한 조사와 판단으로 우리 한국의 원조를 적극 실행하는데 큰 추진력 되어주기를 간절히 바란다. 한국의 정세됨이 38 이북에는 통일과는 상반되는 큰 저해세력 있어 삼천만인의 진정한 급원(急願)이 성취되지 못하고 있고, 서북 대륙에는 중공군의 승리와 국부군(國府軍)의 패퇴(敗退)라는 중국의 근심될 사태 있어 대한민국의 앞날에 대하여서도 혹은 다소의 고려를 요하는 것 같으나, 미국의 한국원조가 확호부동(確乎不動)의 방침으로 결정됨에서 삼천만 인에 대한 결심은 더욱 견고케 할 것이요, 남한이 극동에 있어서의 민주보루 되는 중대한 사명도 바야흐로 극진히 할 수 있을 것이다.

해방 4주년을 지난 오늘까지 한인(韓人)이 국제적 거대한 파동과 국내적으로도 허다한 악조건 속에서 일관하여 민주주의 민족독립국가를 완성하려는 열의를 조금도 변하지 않고 고심역투 하는 것은 명백한 일위관(一偉觀)이라고 하겠다.

허다한 대립계통 있는 것 같이 보이더라도 여상(如上) 일념(一念)의 욕구에는 조금치라도 예외가 없는 한민족(韓民族) 절대다수의 진정한 일치되는 문제이다. 제씨(諸氏)들은 미국인의 국동에 대한 관심은 저하되고 있다고 하지마는 극동은 그 지적(地積)과 인구와 그 변동이 전 세계적으로 미치는 영향력에서 결코 유럽에 내리지 않는다. 극동을 지배하는 사람은 전태평양을 지배하고 미합중국까지도 결국 안여(安如)할 수 없을 것은 너무 명백한 사정이다.

미국은 1945년 2월 11일 얄타협정 이래 미완성한 제 문제를 최후까지 청산지을 존귀한 책임을 지고 있는 바로 우리 한국민(韓國民)이 미국에 대한 기대는 자못 웅후(雄厚)하다. 우리는 트루먼 대통령이 제안한 1억 5천만 달러의 원조자금과 ECA국(局)에서 입안한 그 이상의 원조안을 미의회에서 다시 더 주저할 것 없이 신속한 가결지지(可決支持) 있기를 열망하며 이것은 이번에 내한하신 의원단 제씨(諸氏)의 노력이 오로지 좌우하는 것으로 여기겠다. 후버 단장은 “여(余)와 위원단은 미국이 대한민국에 대한 원조를 계속해야 한다고 확신하는 바이다. 우리는 한국에 대하여 책무(責務)가 있으며 이를 이행하여야 할 것이다. 남한은 우리가 보유하는 민주주의의 교두보라고 여(余)는 생각한다”라고 한 것은 지언(至言)이요, 우리 무한신뢰의 감(感)을 이에다가 품는다. 아무쪼록 의원단 제씨(諸氏)를 통하여 이 정당한 취의(趣意)가 미국의 전 상하양원(上下兩院)과 또는 그 전 국민에게 철저히 인식케 되기를 바란다.

【편자 주】 자료에는 기사 연월일이 없으나 민세 자필메모에 따르면, 1949년 9월 8일 간행되어 9월 9일자로 배포된 신문사설이다.

일본재기와 한국

《한성일보》 사설, 1949년 9월 초(지령921호)

1. 일본은 재기하고 있다. 8천만 젊은 민족으로서 명치유신 이래 70년 훈련을 겪어온 생존의욕이 팔팔한 일본국민이 동남아시아대륙으로부터 전 태평양영역에 걸쳐 침략의 맹투(猛鬪)를 벌려 놓던 그 박력(迫力)으로써 와신상담(臥薪嘗膽) 재기의 날을 벼르는 것은 필연이요, 또 당연의 일이다. 천하에 가장 실현키 어려운 일은 그 자신이 씩씩한 생명력의 발동을 가졌고 그 수량과 영역과 생활의 물자 갖추어 있는 한 민족에 향하여 그 자연생장적인 발전력을 인위(人爲)의 장해로써 □상코자 하는 그것이다. 일개인에게서도 기혈 왕성한 유위(有爲)한 청년을 유도함에 있어서 깊고 큰 고려 모름짓는 바이요, 국제관계에 있어서도 이 냉철 있어야 한다. 일본은 그 자신 재기의 잠재역량을 충분히 갖고 있고 그 국제적 처경(處境)과 역사의 제회(際會)가 상당한 신속 재기가 약속되어 있는 것을 알아야 한다. 요(要)는 어떻게 무슨 성격으로 재기되어야 하겠는가에 있다.

2. 제1차대전 이후 구미열국은 도이치국을 철저히 파괴코자 하였다, 도이치를 사(死)의 상태대로 만들어놓고 다만의 외교절충으로써 기타 열국간의 원숙한 협조가 국제적 안정과 평형세력을 설정코자 할 때 제노아 칸누 등 열국사신의 회합을 몇 번이고 거듭하였으나 아무런 성과가 없이 말았고, 결국은 1925년 로카르노안전보장조약에 말미암아 도이치의 부흥

을 허여하였다. 이에 다시 관계열국의 이해 상반됨에 인(因)하여 도이치로 하여금 재기 재침략을 발작하게까지 된 것이다. 도이치를 철저히 파괴하여 놓고 긴밀한 유기적 연관성을 갖는 국제경제와 그 사회적 안정을 기할 수 없었거늘 하물며 서(西)의 도이치와 동(東)에서 일본을 아울러 파괴해 놓고는 전 국제안정을 기할 수 없는 것이다. 여기에서 전 동서열국이 일거에 대파괴와 혁명적 건설에 들어가는가 그렇지 않으면 도이치와 일본 아울러 부흥재기의 길을 걷게 되는가였다. 도이치는 전철(前轍)도 두렵고 또 미·소 양 측의 분단점령 이어 문제가 자못 복잡한데, 일본은 군비(軍費)에서 거의 미(美)의 단독점령 방불한 조건이고, 그 외에도 아시아의 반식민지적 형태의 제 국가에 열립(列立)은 더욱 일본의 재기를 객관적으로 조장하게 됨에랴?

3. 일본의 재기 반드시 있을 일이요 또 피치 못할 사정이라고 하면, 남은 것은 그들의 평화주의적·민주주의적 그리고 국제협조주의적인 재기인 것이요, 이 점에서 그들의 그릇된 '건국정신'과 국체(國體)관념과 그의 국민교육 및 일상의 생활이념에서 침벌(侵伐)적, 위압적인 사행(思行)을 자주적으로 정산 극복하여야만 자국의 안전한 발전과 함께 인접 열국의 평화와 우호와 진정한 병존호영(竝存互榮)의 길이 바야흐로 열린다는 것이다. 일본국민 자신 이러함을 요함은 물론이요, 미·영 등 열국도 카이로·포츠담 이래의 확정한 방책에 애오라지의 변경 없이 인류역사 영원한 장래 때문에 이 부동(不動)의 노선을 포치(舖置)해야 할 것이다.

열쇠는 여기에 있다 이것은 오인의 민족적 편견·국견(局見)도 아니요 일본민족 자신의 진정한 복리까지를 고려에 둔 지공순정(至公純正)한 포부인 것이다. 현재 대서양방위동맹 이미 고성(告成)하였고 다시 태평양동맹 논의되고 있는 즈음 일본에의 대책 참으로 심원한 모려(謨慮)를 기다린다.

4. 1차 대전 이후 프랑스국민은 거의 차이무이(遮二無二) 도이치의 약체화만을 고심하였다. 그는 무괴(無怪)하다. 그러나 자국민의 능동적인 육성발전으로 걸음걸음 만전불패(萬全不敗)의 태세를 세워가는 것이 무엇보다도 긴급사이다. 이 점 일본에 향한 한민족의 처지에서 더욱 그러하다. 그러나 한국의 국제 국내적 제 정세 이러한 견식을 발로함이다만 공식적인 포석(布石) 같은 감(感) 깊어지는 것이 비통사이다. 자신 만일 조속한 통일 재흥 기하기 어렵고 오직 상대국민의 영속되는 심대한 곤고(困苦)만을 염려한다면 도리어 공명(公明)치 못한 일이다. 한국의 일됨이 따로이 입론할 바이기에 이에 펜은 잠깐 놓는다. 그러나 한민족 어찌 일각의 방심을 허하랴.

신생구국운동

—정신차리자! 일본의 재기상을 보라—

《한성일보》, 1949. 9. 10.

8·15 해방이 되니 광명은 새 조국을 찾아왔었다. 내 동포의 기쁨은 더할 말 없고 타국의 사람들조차 새 조선의 앞날은 홍미 깊게 바라보고 있었다. 기다리고 있는 동안 새 조선의 상선(商船)은 과연 상해, 천진(天津)에 나가 닿았다 오냐 수산국 조선에서 이름 높던 어물(魚物)의 통조림은 부두에 듬뿍 풀어 쟁였다.

해물이 가난한 대륙의 나라에서 헐값을 하는 듯이 홍정을 하여 시간이 바쁘다고 뚜껑을 돌려 젖혔다.

그러나 통조림 속에 든 것은 맛좋고 흐뭇한 졸아진 생선은 아니고 오직 멀건 물과 못 먹을 잡동사니 어이없어 짜증난 대륙의 사람들 "여보소 까우리[고려인]여, 당신은 믿을 수 없소."

재건된 조국은 재물가난 돈가난. 땅속에 묻혀있는 광산자원은 외화를 받아들일 다시없는 밑천, 세계에 이름 높은 우리의 흑연광(黑鉛鑛)은 시대의 총아, 수륙 수만리 멀고 먼 서유럽에도 벨지엄[벨기에-편자] 나라 비싼 삯 주고 일껏 선복(船腹)에 실어가기는 하였으나 이건 또 무슨 창피! 쓸데없는 막 퍼담은 비슷한 광석 뱃짐도 못 풀고 그대로 바닷물에 풍덩실, 고의냐 실책이냐? 무지냐 부도(不道)냐? 그것은 차라리 지엽말단(枝葉末端)이요 한 번 똥칠 두 번 똥칠 신생조국의 산업조선은 돈 들여가면서 국욕(國辱)을 선포! 이 나라 사람들아 생각이 있는가? 믿음은 사람 사는 생명선이다.

잊었는가? 지난 40년 일제의 침략에 우리는 어떤 지경에 빠져있었던가? 70년 패업이 크게 꺾인 일본은 와신상담 무슨 노릇을 하고 있는가.

그들은 화려한 옷 벗어 놓고, 목다리 누렁제복에 양화(洋靴)도 아니 신고, 짚새기 발에 양과자(洋菓子) 아니 먹고, 양잠 속옷도 다 물리치고 신사(紳士)이니 직인(職人)이니 가릴 것 없이 비와 삼태 들고 청소하러 나서며, 공장에서 망치를 잡고, 전답에서 괭이와 호미를 들고 차곡차곡 조국의 새로운 기초를 닦아 올리고 쌓아올리어 점령군인 미군인으로 적개심 대신에 우애를! 파괴대신으로 육성을! 힘써서 서두름 있게 하지 않는가? 백미(白米)는 있건만 잡곡밥 먹고, 즐기던 해의(海衣)조차 치러줄 돈이 아깝다고 줄여 먹고 두었다 먹고, 수입액 깎아가면서 자기들의 생산품은 정성껏 실어 보내어 기아수출(飢餓輸出)이라고 결심 갈수록 굳다 한다.

이러한 계획성과 자제력과 씩씩한 단결력 또 그에서 나오는 건설의 행진보(行進譜) 밉게 보았던 미국 군인으로도 탐탁스럽고 마음에 든든함 돌이켜 생각하여 외경의 정(情)까지 일으켰다. 일본의 재기는 앞날의 문제가 아니다. 일본 일어난다 조선 사람 조심하라! 왜 이제도 정신을 못차리는가?

이제부터 인류사회는 유사 이래의 못 보던 새 세상, 한쪽에는 생존과 영화의 세계요 또 한쪽에는 패망과 모멸 받는 세계가 둘이 서로 딱 갈려져 기쁨과 슬픔, 광명과 암흑이 같은 하늘 밑창에서 두 개의 세상 반드시 생겨날 것이니, 아는가? 모르는가? 이 아슬아슬할 무렵.

사랑하고 돕고 탄탄히 결리어 협동호애(協同互愛)의 공의(公義)가 선

나라, 그것은 사회도덕으로 살 자격 있는 영광 있는 백성이고 고등의 과학과 고등의 공예품을 제 머리로 연구해 내고 제 손으로 생산해 내고 또 사용할 줄도 아는 지혜롭고도 부지런한 일류의 문명과 역량 있어 그 생존과 생활을 자보장(自保障)하는 백성이다.

오오- 이 나라 사람들이여, 배달의 겨레여! 당신들에게 분명 그 소질 있고 그 기대 있다. 하여야 할 길로 힘 뭉쳐 나아가면 영광은 분명 앞날을 약속하고 있다. 그러나 동포여 돌이켜 보라. "천재는 사람으로 경탄케 하지마는 품성은 사람으로 존경케 한다"는 스마일스의 품성론의 첫 장 첫 줄을 먼지 속에서 되찾아내어 새잡이로들 깊이 읽어보사이다. 당신들은 지금 천품(天稟) 지혜를 몹쓸 일에 쓰고 놀라운 천재도 억울하게 썩는 수 없지 않다.

오! 그들을 서로 불러 일으켜 구국의 웅심(雄心)과 근로역작(勤勞力作)과 민주와 과학과 협동호애(協同互愛)써 씩씩한 새 건설로 줄곧 꾸준히 나아가게 하자! 대중을 실망에서부터 국난극복과 신민족주의 자주독립국가 완성에 총동원시키자! 대한민국을 이 길로 확대 강화케 하자.

국의(國議) 임기와 지방치안문제

《한성일보》, 1949. 9. 28.

1. 국회의원 임기연장설에 대하여는 본란 이미 단평을 낸 일이 있고 또 정식 제안된 확보(確報)없으므로 너무 떠들 바가 아니다. 그러나 이 문제 상당히 화제(話題)에 올라있고 일반 관심이 클 뿐더러 우리 정계의 일 가끔 예상에 벗어나는 바 없지 않으므로 이에 일론할 필요 느낀다. 첫째 국회의원 임기연장은 국가기본법인 제헌정신에 어긋남으로 둘째 일반국민에게 미치는 신의상의 악영향 결코 가볍지 않은 까닭이다. 국가의 운명은 초야필부(草野匹夫) 또한 공동으로 떠메는 것이요, 국민의 정치적 동향은 민간에 있는 자가 더욱 민감으로 알아차릴 바임으로 오인이 논(論)말지 못할 일이다.

2. 대한민국의 제일대 국회의원은 실은 제헌회의의원으로서 그 임무 특수하다. 대한민국의 건립 때문에 국련한위(國聯韓委) 이를 감시하여 국제적 간여 아래에 선임되었고, 금후에도 유기적인 국제적 관련성이 여전한 것이다. 제헌의원으로서의 임무임은 헌법 제102조에서 특히 2년의 임기를 명문으로 규정하여 다른 일반선거에 의한 의원의 임기와 구별한 데서 잘 인식할 것이니, 입법의 정신이 그것을 쉽사리 변개함을 허치 않게 되어있다. 조문을 수정하여 문구상으로 위헌이 안 되게 만든다 할지라도 그는 과녁을 옮겨 살대에 맞게 함 같아서 그 근본정신에서는 국가창

립의 기본법인 헌법에 위반이다. 헌법위반이란 것은 일편 공리(空理)에 순(殉)함 아니어서 일반국민에게 신의를 일어 정치적으로 손실됨이 매우 클 것이다.

3. 미곡취집(米穀取集)에 일반배급을 보장할 것 같이 표시하고 소요량이 없어 할 수없이 중점배급(重點配給)을 한다고 할지라도 일반국민은 속여서 걷어가고 특수한 계층만이 중점적으로 혜택을 독차지 하는 것으로 오해하여 범연(汎然)하게 위정 측에 대한 불신을 커지게 하는 사태이다. 하물며 헌법의 뚜렷한 규정을 어기고 평소의 기대했던 바와는 틀려서 헌법을 뜯어고쳐가면서 의원의 임기를 연장한다면 국민은 사실 이상으로 위정 측의 심사(心事)를 의혹 불신함을 변명하기 어려울 것이다.

4. 또는 남북을 통한 총선거의 대망이 끊어져서 가능 지역의 총선거로 된 대한민국의 초대의원은 상술(上述)같이 국제관련성이 긴절(緊切)한 것이어서 제4차 국련총회를 눈앞에 놓고 북방의 모략부대 허다한 기도를 궁굴리고 있는 이때에서 임기 끝마치고 재선거를 상망(想望)하는 이 제헌의회의 의원임기를 연장부터 하는 것은 심모원려(深謀遠慮)가 없는 일이라고 하겠다. 명년 5·10선거 비록 바쁘게 다가온다고는 하겠으나 오히려 7개월이 남았는데 7개월을 남겨두고 지레부터 지방치안의 상태가 총선거 불가능하다는 인상을 선포한다면, 국제적으로도 결코 좋은 영향을 못 줄 것이요 국내적으로는 도리어 국민을 불안 속에 보내주는 결과로 될 것이다. 어느 모로나 임기연장은 깊고 큰 고려를 모름짓는다.

5. 정부 측에서는 국민회(國民會)를 구민합작(口民合作)의 새 기구로 고쳐 국민의 재편성과 그 정치적 계몽에 거대한 공작을 하려 한다. 그 방법에는 오인 아직 전적인 질의를 표하지 않는 터이나 그 필요성만은 충

분한 문의를 품고 있다. 오늘날 대한민국은 민주주의 민족자주 독립국가 완성의 위대한 사명을 띠고 있어 상당 놀라운 성적은 나타내고 있다고 하겠으나 경향의[판독불능-편자] 바 있음으로[판독불능-편자] 점층적인 신뢰안심 및 귀의(歸依)의 정을 불러일으키고 또 들어부어주는 공작 가장 긴절하다. 이렇게 하는 데는 먼저 위정의 틀이 정당하고 공명하여 국민으로 하여금 이반(離叛)을 모르게 함이 급선무이다. 명년 5월이 가까운 때 만일 생각지 못한 사태 있다고 하면 그때에는 만인의 판단과 함께 스스로 대처할 방안 있을 것이다. 미리부터 훤소(喧騷)를 일삼아 신(信)을 먼저 국민에게 잃으면 행정부와 국의의원 자신까지도 그 손실 매우 클 것이다.

신생구국운동

—온갖 씨앗을 모아 녹화의 대계(大計)를 세우자—

《한성일보》, 1949. 10. 8

추분절(秋分節) 지난 지 오래다. 음력 8월 한가위도 넘어갔다. 오곡이 익어가고 올해 벼 벌써 여물어서 햅쌀밥의 그윽한 향기 입맛 붙게 하는 시절, 단풍잎 짙어가는 가을철이다. 좁다란 뜰 안에 서 있는 단 한 그루 편백(扁柏)의 높은 가지에는 가을바람에 여물어 아람 벌은 열매에서 씨앗이 제물로 쏟아져 가느단 □백처럼 흙우□□□진다. 산과 산에 온갖 열□□□씨앗은 매한가지 여물□□□벌고 쏟아지게 될 것□□□

10년의 계획은 나무 심는 것만 함이 없다. 이에 민족국가 10년의 대계(大計)는 나무를 심고 푸새 퍼지도록 함만한 일이 없다.

이즈음은 산림의 종자를 따 모으고 주워 모으고 할만치 좋은 시절이다. 훌떡 벗겨져서 시뻘겋게 씻겨버리는 쇠망(衰亡)을 상징하는 내 나라의 산악에 식목으로써 옷 입히고 살 붙이고 기름지게 만들자! 푸르고도 싱싱하며 고요하고도 색색한 숲이 산과 산에 즘쑥 더부룩 휘덮이고 고으실마다 흘러내리는 맑고도 시원스러운 시냇물 굽이쳐 가고 소리쳐 지나가게 되면 그는 곧 온갖 유기무기(有機無機)의 것들에게 말없이 생명을 부어주고 늘성늘성 자라나게 할 것이다.

산 곱고, 숲 깊고, 시냇물 맑고, 낙엽 푸근한 고을 속 바위낭에 나는 앉아 보았고 봉오리 위 두터운 그늘 밑에 쉬어 보았다. 잘새 재잘대며 노래하고 진달래, 철쭉, 싸리, 얼추리, 애기씨, 개나리 따위 제멋대로 피고 떨어지고 하는 꽃과 꽃 어울어지고 점점히 박혀 있는 곳에 나의 가슴 속에는 우주무한한 생명의 힘이 삼림으로부터 짓쳐들어 성성하게 벅차오르던 것이다.

멀고 가까운 산과 산, 언덕과 언덕, 구렁과 구렁, 시내와 시내, 숲 두텁고 물 굽이쳐 흐르는 나라에는 그 백성 '온'이요, '참'이요, '고흘'이요, '잘'이어서 순정 흐르고 진질(眞質) 나타나고 사랑과 화목과 자유와 행진의 기상이 샘솟고 춤추고 넝쿨 뻗어 퍼지고 굽일어 출렁대는 것이다.

오오! 푸른 나무 두터운 숲을 가꾸어 내는 것은 민족의 생명을 북돋우어 기르고 어울리어 돕는 넋을 자라나게 하고 국가운명을 성창(盛昌)하게 만드는 것이었다.

높은 산 깊은 골 들여 쟁인 숲을 마구 죽여 훤하게 만들어야 하고 철로(鐵路)·공로(公路)·군경(軍警)이 때 아닌 돌진(突進)을 모름짓는 산속의 길가 촘촘한 숲을 모조리 찍어내야 하는 이 나라 이 시대는 불행도 하다. 그러나 19세기의 처음 보나파르트 나폴레옹이 온 유럽을 철기(鐵騎)로써 짓밟을 적에 예나의 포성을 들으면서도 역사철학과 변증철학(辨證哲學)을 대성(大成)하여 도이치인의 앞날의 답답을 툭 티어 열려고 저 혼자 고심하던 헤겔의 심경을 우리들 현대의 청년남녀들은 배우고 본받고 따라보기로 할 것이다. 치안화평 □□□□ 급하지만 산과 산, 숲과 숲, 씨앗을 모으고 거친 밭 이룩하여 묘포(苗圃)를 만들고 묘목을 가꾸기로 할 것이다. 투쟁과 건설이 함께 나아가고 살벌과 화평이 동무하여 살고 근심과 희망이 한구덩이에서 오고가고 해야 할 이 단계이다. 거두기는 뉘 하려나? 심기는 우선 내가 해놓고 볼일이다.

적산(敵産), 적산(敵産)! 적산(敵産)의 산림은 어찌해서 다 깎아 내었는가? 적산(敵産)이라 깎는다고 하니 그 무슨 생각 없는 짓이런가? 적(敵) 일찍이 산야를 떠메어다 놓은 적 없었고 적 일찍이 산야를 떠메어 간다는 일 없었다. 내 나라 내 강산 산림은 언제나 내 산림이어서 나의 때에 가꾸어 놓으면 다음 때에 많은 사람 그 공덕 입을 것이다. 산림애호만이 구국과업 아니지만 황폐해가는 조국의 산하 무엇보담도 애 쓰이는 일이기에 이에 또 이 글월로 외쳐 보낸다. 내 민족의 흥분된 마음결을 산림애호에서 본연의 평화에로 돌이키자! 내 민족의 지치고 헐떡이는 넋을 해마다 싹터가고 움돋아 가고 퍼져가는, 푸르고 파래어가는 생명의 나무에서 걸음걸음 길러내기로 하자! 오! 신생구국운동!

자율성의 붕괴 평해호(平海號) 참변 소감

《한성일보》, 1949. 10. 11.

1. 지난 5일 정오 지나 인천 항구에서 떠나 강화도로 건너가는 길에 항구에서 멀지 않은 작약섬 남쪽 90미터 되는 자리에서 배가 가라앉아 배탄 손님 100여 인이 빠져 죽은 참변 생겼다. 이 문제되는 배 평해호는 어느 개인의 소유요 부피 17톤밖에 아니 되는 조그만 배이어서 정원 47명을 싣게 된 것이었다. 그런데 뱃사람 외에 승객 200여 명을 실어 배가 필경 가라앉은 때에 죽은 자 32명 간 곳 모를 자 70명 살아 돌아온 자 112명이다. 깊은 바닷물에 빠져버린 것만은 틀림없는데 건져낸 일 없고 온데간데 알 수 없은즉 시체를 찾아내지만 못하였다 뿐이지 빠져죽은 것만은 의심 못할 바이매 70명 아울러 102명 죽은 것이 분명하다.

뱃사람까지 모두 214명을 태웠던 것이니 47명 정원에 벗승 5배나 태웠던 것으로, 여객선으로는 적당치 않다는 평해호의 선주 선장과 관계감독자까지가 너무나 무책임하고 무책임의 한도가 지나 비도부덕(非道不德)이 심한 자라 하겠다.

2. 10월 5일은 구력(舊曆) 8월 14일로 추석명절 전날이다. 강화도의 사람들이 고향에 돌아가서 이 명절을 지키려고 선객(船客) 쏟아져왔을 것은 짐작할 수 있다. 선객 쏟아져올 때 얼마큼 더 태운다는 것은 선박업자의 있을 듯한 일이나 그것도 한도가 있지 5배나 되는 사람을 마구 태워

이 참변을 저질렀다는 것은 언어도단이다.

당시의 상황을 듣건대 선주와 선장이란 자들은 마침 술이 만취하여 곤드레만드레 하면서 초초만원(超超滿員)의 승객을 태우게 되었고 감찰의 수상서원(水上署員)은 그 부당성을 지적은 하였으나 어쩐지 명령 철저치 못했다 하니 문자 그대로 그 출발부터 매우 비리의 일이어서 참변의 씨를 싣고 떠난 것이다. 배가 작약섬 앞에 와서 풍랑(風浪)에 흔들릴 때 승객들은 엄벙덤벙 한편으로 몰려섰다. 작은 배가 흔들릴 때 가장 조심할 것은 승객들이 한편에 치우치지 않아야 하는 것은 안전을 찾는 비결이고 상식이다. 이것을 못하는 것은 사람의 지각과 자율성이 온으로 없다는 것을 알 수 있다.

3. 선주 선장부터가 오직 뱃삯을 음폭히 벌어들이는 눈앞의 이욕의 외(外)에 삼척의 바깥을 못 보는 저급(低級)의 것이요 배를 탄 뒤에도 승객들조차 자율적 자활의 방법도 마련하지 못한 것은 무엇이라고 형용할 수 없다. 낮술을 금단하는 것은 서울시만의 일이지만 남의 생명을 책임지는 선장조차 대낮부터 술이 침취(沈醉)하였다면 다만 한 시민으로서도 인생을 부정(不精)하고 불근실(不勤實)하게 살고 있는 파락호적(破落戶的) 바탈이다. 100여 인의 아까운 생명을 삽시간에 물속에 넣어 고기밥을 만든다는 것은 이 무슨 괴악(怪惡)한 짓일까? 생민록(生民祿)이 없어 또 다시 이 참화 있는가? 마땅히 명정(明正)한 조사로써 준엄한 처단 있어야 할 일이다. 책임이 어려운 것을 알아야 하고 민생의 생명이 지중(至重)하다는 것을 깨달아야 할 것이다. 저 스스로 깨닫지 못한 자에게는 각가의 법권(法權)으로써 알고 깨닫게 할 것이다.

만일 전부가 배표를 산 것도 아니고 제멋대로 함부로 배에 오른 것이라면 민인(民人)부터가 결코 교양 있는 민주국민의 자격을 결한 여전한 우맹(愚氓)들이라고 하겠다. 조선사람 된 자 또 한 번 정신 차릴 때이다.

4. 통조림을 만들면 통 속에 맹물 만들어서 해외에서 국가적 신용을 떨어뜨리는 일 있고, 악질(惡疾)에 사람이 막 죽는 때 D.D.T 대신 밀가루 섞어 파는 의약업사 있는가 하면, 이 닦는 가루에 백토(白土)가 들어있고, 봉투는 위아래 종이 맞붙었거나 혼솔이 터져서 쓸 수 없는 것이 항다반(恒茶飯) 있는 일이요, 전화 걸고 번호 부르면 5분 10분 기다려서 나온다는 교환양이 통화정지요 고장이요 심한 때는 "그러한 전화번호는 없소." 하고 현하 정부대관의 전화번호를 빤빤히 부인하고 벋서는 조선의 딸들도 자주가 너무 지나 자율성 없고 훈련 부족한 백성임을 걱정할 밖에 없던 것이다.

한번 서울의 거리를 걸어보면 인도도 차도도 좌우도 없어 오리떼같이 웅성거려 몰려다니는 군중은 그 마음이 들떴고, 계획도 의도도 아무것도 없이 오직 짜증과 방자스러움만이 벅차 흐르고 있음을 알 것이다. 시국 안 좋은 때 군중은 들뜨는 것이지만 이런 때일수록 자율자제가 참다운 자주와 자유를 가져오는 것이고 그러한 다음에야 참된 독립이 완성될 것이다. 민중을 계몽 훈련시킬 필요 간절하다.

사설-산아조정문제

《한성일보》, 1949. 10. 20 전후.

1. 산아제한문제가 머리를 들고 일어난다. 이 문제는 세계의 한 공안(公案)처럼 되었는데 이즈음 패전일본의 8천만에 가까운 전 국민이 넓지 못한 자국 본토에 몰려들어와 들끓고 있음에서 그를 산아제한안을 올려놓았고, 우리와 바짝 다가있는 일본에서 이 산아제한의 소리 높은 탓으로 우리에게도 이 안이 떠오르게 되었다. 그런데 우리 한국에도 바야흐로 이 산아제한론에 귀가 솔깃하게 된 조건 적지 않다. 첫째 해외의 전재동포(戰災同胞)와 북한에서의 월남동포가 남한에 모여들어 2천 수십만의 인구가 붐비도록 웅성대고 있음이요, 둘째 강토양단(疆土兩斷)과 정치적 불안정으로 산업경제의 재건설이 뜻같이 못 이루어 가뜩이나 생활난이 호되어가는 것이요, 셋째는 일반 부인들의 개성적 자각에 따라다니는 자신의 안락안일(安樂安逸)의 요망 있어 산아제한의 공명감이 부르터난 것이다.

2. 아기가 많이 낳고 많이 자라나는 것은 인류사회 기뻐할 현상인 것이고 국가민족 성쇠를 저울질하는 데도 이 인구의 붇고 줄음으로써 결정되는 것이다. 프랑스인은 전 세계 인류 중에 가장 문화적인 민족의 하나이지마는 이미 쇠경(衰境)에 들어 인구는 점감(漸減)되는 비탈이다. '두 아이'주의라고 해서 일부러 산아를 제한하고 한 부부가 두 아이만 길러내

는 것을 부부생활 한 목표로 한 것이 그들의 과거이었다. 두 사람 부부가 두 아이를 길러내면 인구는 언제나 제 수를 채우고 있으려니 하였으나 세상일 그토록 단순치 못하여서 산아제한 때문에 자꾸만 줄어가는 것이 프랑스의 인구동태이었고, 평시에나 전시에나 인적 자원 너무 모자라는 데서 그 나라의 앞날에는 찬바람만 돌고 있는 것이다. 2차 대전 이전 간신히 4,100여 만의 인구를 갖고 있는 프랑스 본국은 이제는 4천만인대(臺)에서 훨씬 떨어져 있다. 생물학적 쇠퇴경향은 온갖 쇠퇴경향의 밑동인 것이다.

3. 한국은 인구문제를 둘러싸고 여러 가지 요건 있다. 결핵병·성병·폐디스토마, 갖가지 기생충 따위에 관한 국가적 보건과업이 시급 요청된다. 영양부족·주택난 기타 일반의 생활난·의료난 등 한두 가지 아닌 악조건이 또 붙어있다. 정치적 근본쇄신 외에 국토개간·축산장려·수산진흥 등 산업 경제재건 촉진, 사회시설의 강화, 해외 이민 진출의 실현 등 허다한 안건 있으나 도의상의 문제는 셋째인 부녀들의 생활이념 경향 그것이다. 즉 아이를 배어서 낳아서 기르기가 성가시다는 일종의 안일 추구욕에서나 또는 직장에 나가기 바쁜 때에 아이가 많으면 거치적거린다는 편리관(便利觀)에서 함부로의 산아 제한은 깊고 큰 고려를 요하는 것이다. 산아일련(産兒一聯)의 성능은 여성의 천직인 채 비상한 위난성(危難性)이 동무하는 것으로 생명이 관계 되어 있는 것이라 나라와 집안과 자기 스스로가 함께 가장 큰 관심과 대책을 써야할 바이나 오직 향락과 안일 때문에 현실도피의 태도로서의 산명제한(産名制限)은 단연 불가한 것이다.

그것은 그 폐해 산아제한에 그치지 않아 일층 안일과 기피와 개인향락적인 폐풍(弊風)을 열어놓는 결과로 될 것이니 국가 백년 장책(長策)으로 보아 옳다고 할 수 없다. 오직 산아에도 어머니와 아이의 건강 기타의 조건에 비추어 보아 이것을 조정할 필요 꼭 있으니 덮어놓고 다산(多産)으로 병아(病兒)와 발육불량과 교육상의 지장 등 없도록 알맞게 조정하여 씩씩하고도 우량한 아이를 재건조국에 흠씬 보내도록 할 것이요, 직업여성의 산아 조정도 많은 시각에서 그 타당 건전성을 발휘할 수 있을 것이다. 모든 곤란을 극복하면서 억세고 부지런한 생활투쟁을 통하여서 도피적인 산아제한을 초극(超克)함이 건전한 민족생존의 이념인 것이다.

【편자 주】 자료에는 신문명과 일자가 없으나, 지령(紙齡) 959호로 표시되어 있어 게재지는 《한성일보》로, 일자는 1949년 10월 20일 전후로 추정했다. 국회도서관의 《한성일보》 마이크로필름에는 이 무렵 신문들이 누락되어 확인할 수 없었다.

노동강조와 건설의욕

—진영(進永) 인문중학의 일례—

《한성일보》 1949. 10. 26.

1. 노동강조주간이 진행 도중에 있다. 경복궁 안 과학전람회 열리었고 거리에는 노동강조의 아치 섰으나 국민일반도 어즈버 홍감(興感)됨 있을 것이다. 이 일을 고립시켜 생각할 수 없나니, 우리가 지금 세계적 변국(變局)에 처하여 있는 것, 반도(叛徒) 움직이어 국정 아직 불안한 것, 식량 넉넉지 못하고 일용물자 결핍한 것, 동포 해외에서 바야흐로 수난이 심한 것, 따라서 민인(民人) 대체로 들떠있어 안정되지 못하였다는 것 등을 열거할 수 있다. 이러한 분위기 속에는 저절로 과학적인 탐구와 진지한 건설의욕이 헤식어지고 오직 자포적 □종(□縱)과 투기적 모리(謀利)가 넝쿨 벗을 수 있는 것이기 때문에 과학에의 지향과 노동의 강조는 필요한 과업이 된다.

오인 일찍이 본란에서 신념·협조·작위(作爲)가 신생구국운동의 3대 목표됨을 역설하였지만 이 노동강조로 그 이념에 딸리어야 할 바이다.

2. 노동강조 즉 노동수호인 것이요, 노동수호 즉 건설 의욕인 것이니, 건설의욕의 나타남은 자유로운 국민적 생존을 염원하는 뜨거운 신념에서 복받쳐 나오는 것이요, 그는 반드시 협동호조의 정신이 동무하여 앙양되는 바이요, 협조와 근로(動勞)는 생명의 창작 충동으로서의 작위(作爲)의 실천으로 되는 것이다. 이 노동강조 또는 근로애호의 보람나는 것은

국정의 총체세(總體勢)에서 재정과 자재(資材)와 기획과 기동으로써 국민을 동원 조업(操業)케 하는데 있지만은 국민자신의 자율적 능동에 말미암아 더욱더 효과적으로 될 수 있다.

이러한 신생운동적인 과업의 길꾼의 하나로서 오인은 경남 김해군 진영에 있는 한얼 인문중학교와 그 사업을 지적할 수 있다.

3. 한얼 인문중학은 동일정신 혹은 대일(大一)이념의 인문중학임을 의미한다. 그들은 '노동하자, 일하자'로부터 출발하여 당연의 길매인 '건설하자, 창작하자'에까지 갔었고 또다시 '실천하자'의 의도로써 총괄하게 되었는데, 이러한 의도는 또 반드시 '협동하자'의 도덕률이 따라 일어나는 것이다. 결국은 창작과 발전으로써 구현되는 생존의욕이 인류의 생명의욕 또는 민족생존의 의욕으로써 나타남인 것이다.

혁명기이나 조국재건시기에 있어 이러한 창작의욕은 반드시 약동적으로 발양(發揚)되는 것인데, 오늘날 우리에게 허다한 마장곤고(魔障困苦) 있어 이 창작과 건설의 의도를 마비시켜 해질식(害窒息)케 한 것은 통탄할 일이나, 그럴수록 이 의욕의 강조를 하나의 국민신생운동으로서 추켜올림을 요청한다. 한편에서 피비린내 나는 국민적 참극이 우리 국토 안에서 끊임없을 새 도리어 이따위 백열(白熱) 엄준(嚴峻)한 신생구국적인 운동이 없지 못할 일이다.

4. 착안(着眼) 높을수록 좋고 실천 비근(卑近)한데서 시작함을 요하나니, 그들의 근로와 작위와 협동과 실천과는 먼저 우리 향촌을 잘 세우자로 되고, 우리 동리를 좋게 만들자로 되고, 좋은 것을 그저 동경만 한다는 것보담 '안 좋은 것을 좋게 만들다'로 되고, 만일 우리의 고향인 농촌이 문화에서 제(除)된다면 그는 조국 없는 것이나 다름없는 바요, 문화와 자재(資材)로써 협동호조하여 보다 낳은 생활을 창작함 아니고서는 참스러

운 민족□의 고마움을 체득할 수 없는 것이매, 그들은 현지현물(現地現物)에 즉한 근로와 건설에는 매진하게 되는 것이다.

그들은 국토 즉 향토를 개발하자에서[원문은 '개발된 자에서'로 되어 있다-편자] 집을 짓자로 되었다. 그리고 우리가 사는 뒷산에 바윗돌 있으니 그 돌 깨어 집을 짓자, 돌만으로 집 될 수 없을 새 벽돌과 기와를 굽자로 되었다. 또 벽돌만으로는 허다한 수요에 두루 이바지할 수 없을 새 진흙을 밟아 메조벽돌을 만들어 향토적 제 조건에 들어맞는 주택과 건물을 짓기로 되었다. 그들은 나아가 도로와 시가도 깨끗이 쓸고 공동우물과 공동변소를 치고 다듬어 자기의 근로가 공공한 복리에 이바지됨을 만족키로 하였다.

그들은 민족성패가 달려있는 국가정치에 관심 크지 않음 아니었지만 정치에만 열중하여 근로역작으로써 산업적 건설에 정진할 줄을 잊어버리고 있는 들뜬 민인들에게 실천으로써 외치고 있는 것이었다. 그들 아직도 시련기중(試鍊期中)에 굽일고 있으며 크게 추들음을 아끼나 그 전도 웅성굳다고 하겠다. 노동강조는 그 취지 좋으나 반드시 이러한 파악 있어야 하겠기에 우선 일필추장(一筆推奬)하여 둔다.

설문응답: 안재홍(安在鴻)

《삼천리》, 1949년 10월호.

<설문>

1. 사상 우리 대한의 전성시대는 어느 때였다고 보십니까?
2. 지금에 추앙되는 민족지도자의 면모와 위업(偉業)은?
3. 해방 5년간의 상황으로 보아 금후 우리가 재기(再起)할 수 있는 제(諸) 기초조건은?

1. 사상(史上) 불행히 우리 한민족의 전성시대는 없었다고 규정한다. 있다고 하면 서력(西歷) 6, 7세기 고구려, 백제, 신라 정립(鼎立)과 고구려의 전성시대가 그 때일 것이다. 그러나 삼국 정립하여 만한통일(滿韓統一) 대민족국가를 완성하지 못하고 말은 까닭에 위와 같은 규정을 한 것이다.

가. 그러나 이 시기에는 고구려가 요동반도까지 완전 회복하였고 동(東)몽고의 일부로부터 흑룡강 외까지 그 정령(政令)이 미쳐 아마 단군조선 당년(當年)의 구강(舊疆)을 대부분 영유하고 있었고 발해, 황해의 해상권이 거의 그 수중에 있었을 뿐더러 육상으로는 분명 천산남북로(天山南北路)의 중간을 걸어 서역[중아(中亞)]과 인도에까지 문물교통 있었던 것이니 그 성세(聲勢)로 그러하였고

나. 수(隋), 당(唐) 양조(兩朝) 5군(君) 70년 동안 전후 15회의 대침입을 상대하여 맹렬한 국민전쟁을 계속한 것을 보면 그 강토·인민·문물·역량이 아울러 전성시대였다고 할 것이다. 고구려는 단군조선 이래의 고유한 법속인 5부(部) 군국(軍國)의 조직으로써 그 주위의 모든 강적이 둘러 있는 국제조건에 투□(投□)하여 언제나 수십만의 강병이 국방선에 출동하게 되었던 것이다. 예의 고운(孤雲) 최치원이 당나라 태사시중(太師侍中)에게 보낸 서장(書狀)[〈上太師侍中狀〉를 말함-편자] 중에 "고려(高麗) 백제(百濟) 전성지시(全盛之時) 강병백만(强兵百萬) 남침오월(南侵吳越) 북요(北撓) 유연제노(幽燕齊魯) 위중국거두(爲中國巨蠹)"라고 한 것은 그 성강(盛强)하던 형세를 도파(道破)한 것이요, 수당(隋唐) 양조(兩朝)에 걸쳐 기어코 승패를 결정하는 천하의 병력을 기울여온 것이 그 까닭 있는 것이다. 오월(吳越)은 지금 강소(江蘇) 절강(折江) 지방이요 유연제노(幽燕齊魯)는 하북(河北), 산동(山東) 일대이다.

다. 문화예술이 우내(宇內)에 관절(冠絶)하게 탁월하던 시대는 아직 없었다고 보는 것이 가(可)하다. 신라의 통일기, 고려문화의 성시(盛時), 한양조의 초기 약 백여 년 등은 모두 문화 빛나던 시대이다. 상대관계에서 우내(宇內)에 탁월하였다고는 할 수 없다. 그것은 금후 민족통일 자유독립국가 완성의 뒤의 우리들의 최대 과업으로 남기어 두고 민족의 의기를 고무 진작키로 할 것이다.

2. 설문과 같은 그러한 민족지도자는 들기 어렵다.

그리고 현대적인 인물들은 예외로 둔다. 그러나 내 일찍이 민족의 은인(恩人)·수인(讐人)을 열론(列論)한 바 있었는데 그렇게는 개론할 수 있다.

가. 조선민족은 서기 제7세기 말까지 서방대륙의 한(漢)종족을 상대로 2천 수백 년간 대립투쟁이 단속(斷續)되었다. 그런데 7세기의 처음 수 양

제(楊帝)의 120만 5천의 대침입군을 철저 격파하여 대진(大震)민족의 기백을 천하 후세에 베푼 을지문덕이 제1등 은인이다. 《수서(隋書)》에 "고구려(高句麗) 대신(大臣) 을지문덕(乙支文德) 심지유대도(沈鷙有大度)"라고 찬(讚)하였으니 그 위인(爲人)을 알만하다. 을지(乙支)는 상경(上卿) 즉 대신(大臣)의 어의(語義)요 문덕(文德)은 그 이름일 것이다. 상대(上代)의 인물이라 그 상세를 알 길 없다.

나. 제7세기 말로부터 제14세기 말까지 약 7백 년 동안은 조선민족이 북방 제 민족과 항쟁하던 시기이다. 대진국(大震國: 발해국)이 거란에게 복몰(覆沒)(서기 926년)되고 고려 국민이 몽고인의 대침략에 백년항쟁을 계속한 것은 그 중에도 특기할 일이다. 그런데 태사(太師) 강감찬이 거란의 40만 대군을 귀주에서 통격(痛擊) 대파한 것은 북방민족과의 항쟁사상 대표적인 대기록이요 강(姜) 태사(太師)는[강감찬-편자] 또 대표적인 대은인이다. 지금 관악산 하에 낙성대(落星臺)라는 그 탄생 유적지 남아 있고 그 인물인즉 안상(安詳)하고 영명(英明)한 대위인이었다. 신이화(神異化)한 허다한 설화 남아 있다.

다. 동남 해양민족 일본인과의 대립항쟁은 2천 년래(來)의 일이지만 제14세기 고려조 말부터 우심(尤甚)해져서 최근 일제 40년 침략에 미쳤다. 일본인을 반격 통타(痛打)한 인물은 물을 것 없이 임진란 당시의 충무공 이순신이다. 그 인물은 이에서 논술함이 군더더기이다.

라. 여기 따로이 적어둘 것은 몽고 백년의 침략에 박서(朴犀) 같은 전승의 수성장(守城將) 있었으나 대국(大局)에서 패세를 어찌할 수 없었고, 서기 1270년 고려 원종 11년에 40년 항전의 끝에 우리가 오히려 굴욕적 강화를 하는 것은 반대하고 불굴의 제왕(帝王) 종실(宗室) 승화왕(承化王) 온(溫)을 추대하여 강화도의 낙향정부로부터 다시 좌우 별초군(別抄軍)과 신의군(神義軍) 등 삼별초의 정병(精兵)을 거느리고 해로(海路) 멀리 국민을 끌고 전남의 진도에 가서 용장산성(龍藏山城)에 망명정부를

두어 남부 조선 열읍(列邑)의 지지를 받아 가면서 장렬한 항전을 하였고 나중에 제주도에 망명천도할 때까지 4년 혈전의 기업(基業)을 만든 배중손(裵仲孫) 노영희(盧永禧) 양(兩) 장군의 업적은 비록 패망하고 말았으나 그 광휘 천고에 빛나는 바로 민족사상 특서 대서할 바이다. 이 배중손·노영희 양(兩) 장군이야말로 민족투혼을 그 광휘 있는 자유혼을 단적으로 대표하는 보배로운 인물이다.

현대의 청년들은 이러한 사상(史上)의 제 인물의 다각적인 특색을 현대적 견지에서 즉 국제무대에 등장하여 있는 민족지도자의 입장에서 종합회통(綜合會通)하야 하나의 구전원융(具全圓融)한 대인물을 구성함을 요한다.

3. 항(項)의 설문은 잘 되었으나 가, 나, 다의 3관(款)은 자못 정명(精明)을 결한 것 같다.

민족재기의 제 기본조건은

(1) 위정자 자신과 상층부 인물들 자신이 정직 순정(純正)한 애국공도(愛國公道)에 따라서 스스로 그 산 모범을 보여야 할 것이다.

(2) 협동호조(協同互助)의 구호 아래 가정과 학교와 사회에서 어린이로부터 청년 및 성년에까지 신생교육운동을 대대적 전개할 것이다.

즉 가정에서부터 일동(一同)이 협력호조(協力互助)하는 실천생활 이를테면 청소와 침가구(寢家具)의 정리 보관과 오예물(汚穢物)의 처분, 시가통행도덕의 실천연습, 시가수(市街樹)·공원·일반산림 기타 시설에 대한 애호교육과 국토계획 수화(水火) 방호 기타 협동생활의 제 과업을 면밀진지하게 실천 궁행(躬行)함으로써 협동호조(協同互助)의 국민도덕을 앙양 비약케 할 것이다.

(3) 근로입국운동과 관련시켜 국민체육운동을 대대적으로 일으킬 것이다. 한민족(韓民族)의 역사적 대과업은 반드시 근로입국의 정신이어야

하나니 73%의 산악지대를 입체농업적으로 개척[차설(此說) 주세중(朱世中) 씨의 명명]하는 일과 허다한 자산(赭山)지대의 녹화호림(綠化護林)운동, 유축(有畜)농업의 개발건설, 풍부한 지하자원의 개발, 수산자원의 개발활용 외타(外他) 일반 국토경영의 대규모적 공작 등등 이외에 과학과 고등공예 방면에 일류 문명국가 수준에 도달할 만큼 학창(學窓)에서 연구실에서 직장에서 열의에 넘치는 정진을 요하는 근로입국정신을 발휘함을 요한다.

이것은 실제의 근로공작의 외에 체육부면에서 일대 국민체육운동을 일으키고 매년 11월 즉 음(陰) 10월 상달 개천절 때를 기하여 일대 국민체육제전을 각 과목에 걸쳐 전국적 및 지방적으로 대대적 거행함으로 써 이 협동호조 그리고 독립자활의 정신을 연성(鍊成)할 수 있을 것이다.

가. 우리나라는 단일민족이지마는 조선민족을 근간으로 한(漢), 거란, 여진, 몽고, 일본 기타 남양적 요소까지의 혼혈이 되어 있어 이것이 민족의 생물적 노쇠를 방지하였고 수천 년 격심한 국제항쟁 나머지 오히려 쇠약을 아니 본 과학적 이유이다. 금후에도 저절로 일정한 혼혈 있을 것인데 그것은 필연이요 또 주요한 사태일 것이다. 그러나 그로써 복수민족이라고는 말할 수 없다. 복수민족은 영토 확장에 따라 이민족을 포용하는 경우에만 있을 일이니 그는 말할 수 없다.

나. 나는 지금 말할 겨를 없다.

단기 4282년 9월 신생회(新生會) 본부에서

한국여성의 진로

《부인(婦人)》, 1949. 11.

1. 남녀협동은 사회성립의 기본

조선여성의 나아갈 길이 무엇인가? 여성으로서 또 후진민족인 조선사람으로서 나아갈 길이 마땅히 있는 것이다. 첫째 이 사회는 협동호조(協同互助)하는 것으로써 이루어져 있다. 협동은 사람 사람끼리 서로 돕고 어울려 한 사람의 힘만으로는 어찌할 수 없는 것을 여러 사람의 뭉친 힘으로써 모든 일에 이겨 나아가고 이룩해 나아감을 이름이다. "이룩"이란 말은 건설이란 말과 같이 풀이(解釋)해도 좋다. 그런데 여성들은 남성과의 상대되는 처지에서 먼저 협동이란 마음으로써 그 목표를 세울 것이다. 협동은 줄잡아서 둘의 똑같은 존재가 자유롭고 평등한 형태로써 서로 각각 필요한 힘을 다하여 돕고 어울림을 가르치는 것이니, 사람 하나가 다른 하나에게 매어 지내면서 그저 하라는 대로 꾸벅꾸벅 섬기고 있는 것은 협동이 아닌 것이다. 그렇기 때문에 협동은 자유와 평등한 남녀의 관계에서 부부가 되고 부모가 되고 그리고 그를 핵심으로 한 가정이 단위로 사회국가에까지 뻗어 나아가서 현대 인류문명의 도의적 동력으로 되는 것이다. 여기에서 남녀평등의 논리관이 뚜렷이 성립되는 것이다. 협동을 기축(機軸)으로 삼는 자유요 평등이요는 다만 빽빽하고 어색스러운 기계적 평등도 아니요 우정적 이해를 결(缺)한 홍두깨식의 자유가 아니어서 이해와 신뢰와 동정 즉 알아주고 믿어주고 또 서로 아껴주고 굴신

자재(屈伸自在)한 자유로 되는 것이다. 여기에서 독선적 지배 앞에 반항적인 싸움도 있어서 안 될 일이고 또는 권리와 평등을 찾는다고 해서 맛없고 사랑도 없는 대립관계만이 연장되고 있는 일도 없어야 할 것이다.

2. 신시대의 여성으로서의 굳은 각성

조선의 여성들은 상류사회의 공식의 규범에서 상당한 예우를 받아 온 것이 사실이다. 그러나 실제에서 무던히 그 권위가 짓밟히고 있었다. 또는 사회의 직업부면(部面)이나 사회부면에 나섰던 일이 없이 도장(闥) 속 살림에만 익어왔던 판에 비록 자기 당대에 상당한 새 교육을 받고 새 시대의 세련을 치른 분일지라도 하나의 생활전사로서의 여성으로서는 아직도 숫보기요 어설픈 맛을 벗지 못한 분이 퍽도 많다. 이성관계에서 그렇고 일반생활에 쪼들려 부대끼는 편에서도 서투른 점도 많다. 연애를 통하여 배우자를 골라잡는 데도 가장 이지적이고 또 다부지고 똑똑하게 유능유위(有能有爲)한 인물을 찾아낸다는 것보다는 그 허울과 마음씨를 보고 반하고 도취하여 그 결과 나중에는 인생행로에서 저 혼자 허덕허덕하는 수가 퍽도 많다. 이를테면 키 크고 얼굴 번번하여 특장(特長)도 아무것도 없는 남성에게 우선 매혹되어 그야말로 눈이 어두운 연애에 빠져 들어가는 분을 얼마든지 볼 수 있다. 그 반면에 조국재건 도중 민족 천년의 운명을 생명 걸고 개척하며 확립하여야 할 이 단계에 있어 이미 푹 익어 썩으려는 듯한 선진국가 여성들의 향락의 일면만 본뜨려고 하는 경향은 여간 아닌 속도로 번져 들어오는 사태이다. 선진사회의 여성들이 그 책임감 그 현대여성으로서의 지견(智見)·경험·기량 등이 있어야 할 다각적인 조건을 갖춰 갖고서 때를 타서 향락하는 그 진상은 잘 파악도 못하는 주제에 오직 그 피상만을 본받고 난봉식의 방종으로 내달으려는 지각 잘 못 차린 여성들도 각 계층에서 드물지 않다. 그야말로 묵은 질서로부터 새로운 질서로 옮겨가는 길매에 그런 일쯤 아주 없을 수도 없는 일이지만 이 점 역시 조선의 어머니, 아내 및 따님들이 깊고 큰 주의를 함을 요한다. 나의 생각은 결코 봉건적인 것이 아닌 것이고 그 실제에서 여성의 생활상의 실수가 그 온 생애에 미치는 호된 영향은 의연히 남성의 그것보담 그 상처가 크다는 것을 잊어서는 안 될 일이다.

3. 정조문제와 여성의 인격미

정조는 첫째 자신의 인격상의 존엄문제이고 둘째는 부부를 주축으로 가문혈통의 바른 것을 목표로 삼고서 객관적으로 요청된 도의율(道義律)이다. 여성이 남성에게 받은 생리적 영향은 자녀에게 유전학적으로 실질적 영향이 미치는 것이매 정조의 과학적 특히 생물학적 논거가 성립되는 것이다. 미국의 어느 조그만 시의 시장이 그 애처와 사이에 첫아들을 낳았는데 의외에도 그 아이는 검둥이였다. 시장은 놀라워서 그 처가 "실행(失行)"이 있었는가 의심하였더니 그런 일도 없었고, 나중에 알고본즉 실은 남편인 자기의 조상에 검둥이의 피가 섞인 일이 있어 격세유전(隔世遺傳)으로 그리된 데는 다시 할 말 없었다. 프랑스의 어느 청년은 어여쁘고도 총명한 묘령의 미망인을 보고 그 위에 아기 한번 낳아 본 일도 없이 결혼, 미구(未久)에 혼자되었다는 말을 들었다. 그는 정열을 움직여 처녀와 미망인에게 무슨 차별 있는가? 현재만의 정조와 신의가 제일이 아닌가? 나는 그대를 뜨겁게 사랑하노라고 하면서 즐거운 결혼으로 달콤한 집안을 이루었는데 다행 첫 아기를 가져서 당삭(當朔)되어 옥동자를 낳은 것은 기뻤으나 아차! 갓난아기는 언청이였다. 이것이 웬일인가? 고 꼬치꼬치 캐어본즉 그 여자의 먼저 신랑은 풍채와 인물이 다 좋았으나 다만 언청이였는데 발달된 정형외과의술로써 얼없이 입술을 때운 청년이었다. 깨끗한 처녀인 그가 초혼적 신랑에게 생리적 영향을 받은 일이 몸에 스며 젖어 있었던 까닭에 재혼 신랑의 아들이면서도 몸에 숨었든 정기가 작용을 미쳐온 것이었다. 여자에게 일층의 정조가 요청되는 것은 이러한 객관조건에서 출발한 것이다. 남자의 재혼은 타당한 것처럼 여자의 재혼도 재혼으로서는 타당하다. 그러나 정조문제가 이러한 생물학적 근거에서 출발하였다는 것은 명심을 요하는 것이요, 첫째의 존엄문제를 떼어놓고서는 둘째의 조건은 협동도덕상의 하나의 자율적인 신의로서 가치 있는 것이다. 이 신의문제는 마땅히 부부남녀 동일하게 책임질 바이다. 이것은 항쟁적인 남녀평등보담도 자율우애적인 남녀동권(男女同權)이 성립됨을 요하는 바이다. 그러나 나는 현대 조선여성에게 기품 높고 예절 넉넉한 숙녀로서 되도록은 남편인 남성을 자기에게 경복(敬服)시키는 길을 걸어 나아가도록 진력하기를 깊이 바란다. 결코 희담(戱談)이 아니지만 남편의 멱을 잡고 호(呼) 놈하면서 귀쌈을 후리는 한부(悍婦)식의 평등관은 두어둠이 좋을 것이다.

4. 여성으로서 가져야 할 책무와 기량

조선의 여성은 예술과 오락에서 대체로 제외되었다. 창가(唱歌)로부터 민요·속요 혹은 야비(野卑)치 아니한 유행가나 무용·댄스 등 현대적인 취미 오락과 서화·기예 따위에 친애(親愛)함이 좋으며, 등산임수(登山臨水) 등 하이킹 취미와 품위 있는 연회에 부부 기타 남녀동반하는 풍(風)을 많이 열어놓을 것이다. 주인은 화려한 자리 미식(美食)에 참례하고 주부 홀로 적막(寂寞)과 조식(粗食)에 잠겨 있다는 것은 정리(情理) 아울러 아름답지 않다. 그러나 노래하고 춤을 추면 반드시 방종이 따라다니는 줄로 여겨져서는 안 될 일이요, 이 점 여성 자신은 물론이어니와 남성들도 일층 유의할 일이다. 그리고 지금부터 이후 사회는 점점 부부단위로 가정이 분화되어 시부모를 며느님이 뫼시어 공괴하는 일이 적겠지만, 현대의 며느님된 자들이 너무 저희들 부부와 저의 자식들만 알고 시부모는 남보듯 한다고 해서 물의(物議) 높다. 현대의 며느리도 며느리 나름이나 물의 높은 이유는 확실히 있을 것이다. 어려서 부모에게 양육되었으니 양육도 무조건인 것이지만 늙어서 부양 받는 것도 실은 무조건인 것이다. 그리고 또 그 위에 인생협동생활상의 이 보은의 미덕은 없을 수 없다. 부모가 자녀를 벌어들여 살리는 그 공구현(工具現)함도 안 된 일이지만 아들 며느리가 부모를 모르는 체 하는 것은 매우 좋지 않은 일이다. 여성들은 만일의 경우 자신 부엌의 일이나 바느질이나 기타 여공(女工)의 묘(妙)를 다할 수 있는 근로애호의 정신을 길러 무엇이고 자력으로 살아갈 수 있는 의지와 기량을 갖추어야 할 것이다. 현대의 여성이 상당한 전문교육을 받아 강단에 나서면 남의 자녀를 가르치는 지식은 가졌으면서도 자기들의 자녀를 교도양육(教導養育)할 훈육상 보건상의 견식(見識)은 자못 결여도 하고 또 등한히 내던져두어 깊은 관심 아니 갖는 편도 없지 않으니 여간 큰 폐풍(弊風)이 아니다. 서적상의 지식이나 기억력으로 받아들인 지식이 아무리 많더라도 참으로 인생으로서 보람나는 사실상의 견식기량이 없으면 "책버러지"라고도 하는 것이다. 아무쪼록 도의상 기술상 쓸모 있는 여성이 되도록 몸을 가질 것이다.

5. 우량자녀 생육문제

마지막으로 이즈음 이야깃거리 되는 산아제한에 관하여 몇 말 해두기로 한다. 산아제한 즉 아기를 많이 안 낳도록 아이수를 줄이도록 필요한 방법을 한다는 것은 인생으로서는 패배주의라고도 보겠다. 아이를 많이 낳기만 하더라도 모두 다 먹여 기르고 가르쳐 내세울 수 없으니 미리부터 아이를 적게 낳도록 방법을 하자는 것이다. 미국의 쌍가[마거릿 생어; Margaret Sanger-편자] 여사가 이 이론을 먼저 주창한 까닭에 "쌍가니즘"[생어리즘; Sangerism-편자]이라고 한다. 덮어놓고 산아제한은 안 좋은 일이니 나라의 인구가 줄어들고 민족이 소약(小弱)해지는 것은 매우 안 좋은 일인 까닭이요 국제적으로도 남에게 눌리고 지게 되는 길을 일부러 터놓는 셈으로도 되니까 옳지 않다. 프랑스 나라는 이 산아제한에도 탈이 붙고 또 민족의 정력이 이울은 탓인지 저절로도 산아율이 떨어져 내려가서 어쩐지 그들 사이에는 찬바람이 돌고 있는 사정이다. 그런 까닭에 한 몸의 편한 것, 거치적거림 없이 마음대로 향락할 수 있는 것 따위 오직 개인주관의 처지에서 산아제한을 마구하는 것은 아니 되었다. 다만 어머니의 건강과 직업관계도 보고 또는 아기의 양육상의 조건 쉽게 말하자면 꼭 튼튼한 아기를 낳아서 잘 기르고 가르쳐낼 수 있는 조건을 충성스러이 생각하여 터울 너무 잦지 않고 우량아동을 알맞게 내이도록 할 것이다. 어머니 된 책임감에서 선량한 가정을 통하여 선량 충직한 국민 된 직분을 다할 만큼 산아를 적당히 조정하여 알맞은 생육을 하게 마련하는 것은 좋을 일이다. 한 부부 5남매 혹 7남매까지는 많지 않은 편이다. 많이 일하고 많이 벌고 많이 낳아 건강하고 명랑하고 쓸모 있는 제2국민을 많이 국가에 보내는 것은 한국여성-모성의 갸륵한 천직이다. 총총히 펜을 잡아 《부인》 잡지를 통하여 우리 여성께 보내는 말씀이다. 요컨대 첫째 건강과 둘째 인생으로서, 국민으로서, 또 여성으로서 의의 있게 살아가는 신념과 셋째 남편과의 사이 즉 부부를 주축으로 삼는 참된 협동의 실천, 이 협동을 기본으로 삼는 평권호애(平權互愛)의 생활과 그리고 근로애호를 지도이념으로 늘 일하고 늘 생각하고 늘 배우면서 늘 향상쇄신과 건설의 길을 걸어 올라간다는 것은 현대 한국여성, 대한민국을 진정한 민주주의민족독립국가 완성의 코스로 줄곧 추진시키는 원진미선(圓眞美善)한 여성들의 하나의 움직일 수 없는 염원이요, 의도로 되어야 할 것이다. 이런 것은 근로입국정신이라고 하는 것이고 우리에게는 이 정신이 꼭 필요하다.

4282년 10월 27일 신생회 본부 누상(樓上)에서

본보(本報) 1천 호(號) 됨에 임하여

《한성일보》, 1949. 12.

1. 한성일보 오늘로써 그 나이 1천 호를 헤이게 되었다. 8·15 해방으로 말미암아 세국(世局) 크게 변하고 조국재건의 대의 때문에 한민족의 의도 □참 벅차오른 때에 본보(本報)는 창간 첫걸음을 내어 디딘 것이니 때는 단기 4279년 2월 하순이었었다. 이제 창간 4주년도 그다지 멀지 않은 오늘 □□ 1천을 채우게 된 것은 공사(公私)의 감□(感□) 얕을 수 없다. 4278년 넉 달 보름 동안에도 우리 민족은 □□ 두세 해에 견줄만한 곡절을 겪었나니 8·15 직시(直時) 민공협동(民共協同) 첫 시험의 실패, 38선 확정에 대한 분노와 실망, 현 대통령이신 이승만 박사의 입국을 맞이하여 중앙협의회에 의한 민공(民共) 각파 합력(合力)으로 □간(□艱)을 극복하는 독립촉성기획의 실패, 중경임정(重慶臨政) 귀국과 민공협동 절망시(絶望視) 형세까지의 발전 등이 그 대모□ 시말이었고 동세말(同歲末)에 와서 모스크바 삼상협정으로 저질러진 조선탁치안이 드러남에 미쳐 삼천만의 홍분과 수탄(愁嘆) 가장 컸던 것이다.

4279년 2월에는 반탁투쟁 한 고개를 넘어 이미 장기항전화한 도중에서 민공(民共)의 분열, □점 결정적으로 되고 민족진영의 공세 한창 드세던 한편 제1차 미소공위 열리려 하는 전야이었던 것이다. 이때를 당(當)하여 본보(本報)의 창간은 민중의 커다란 기대를 떠메고 자못 씩씩하게 출발하였던 것이다.

2. 본보 창간된 이후 시국과 함께 허다한 파란을 박차며 또 파란에 부대끼면서 오늘에 왔다. (1) 1차 미소공위의 파열과 민중의 재흥분 및 국제적 시위의 되풀이 (2) 8·15 1주년 기념을 계기 삼아 민중의 연합우호국에 향한 불만의 발로 (3) 그것을 이용한 10·1 폭동의 참변 등을 헤일 것이다.

이 동안에 남조선국민대표민주의원의 발두(發頭)로 인한 좌우합작과 한미회담과 남조선과도입법의원의 설립으로 남조선과도정부시대의 과정을 보게 되어 남북대립 강토분할이 영구화함과 같은 형세를 나타나게 되었다.

이것은 4280년을 맞이한 이후에서 더욱 명백해진 사태이었고 그 5월에서 제2차 미소공위 열림은 있었으나 최후적인 희망이 결국 물거품 같이 스러진 것이다. 미·소 협조는 옛이야기로 돌아가고 제2차 국련(國聯)총회에서부터는 사실에서 미·소 털어놓은 각축이었고 우리 국내에서도 좌방(左方)과의 협조 혹은 그의 포섭은 단념하게 되는 단계에 뛰어들었던 것이니, 4281년 5·10선거를 앞에 놓고 북방에서의 남북협상의 주최는 그들의 모략성은 충분 이를 인정할 바이었고 평화통일 한 오라기 희망으로 그에 참가한 지도자들의 일부는 마음감이 인(仁)하다고도 하겠으나 한편에서 가능 지역의 총선거를 반대거부한 데서는 정치적 소루(疎漏)와 과오 마땅히 현실무시의 나무람을 벗을 수 없게 된 것이었다.

이것이 대한민국 성립되기까지의 대세이었고 본보(本報) 항상 중정(中正)한 견지에서 민족주의진영 기본이념을 견지하면서 자못 기동적인 책응(策應)을 일삼아 왔던 것이다.

3. 대한민국이 성립되어 다시 16개월 되었다. 여순폭동(麗順暴動) 있어온 후 38선상에서와 기타 산악지대를 매개지로 반도(叛徒)의 출몰 등상(常)치 않았고 그 국정상에 미치는 몹쓸 영향 또한 컸었다. 이러한 치안 엉클어지는 현실은 재건조국 발전 때문에는 암과 같은 해악으로 하루

바쁜 근본적 해결이 요청되는 터인데, 그 뿌리 멀리 국제적으로 뻗어 있어 남한에 치우쳐 있는 대한민국만에 국한되어 해결하기에는 막대한 지장이 병존하는 바이다. 그럼에 불계(不計)하고 작년 오늘인 4281년 12월 12일 국련(國聯)총회에서 48개국의 공동승인 및 그 지지의 가결 있은 후 이제까지 동서 25개국의 개별적 승인을 얻게 되어 대한민국에의 국제적 적법한 지지는 자못 장관을 이룬 현세(現勢)인 것이요 이 공적을 일관유치(一貫誘致)한 이 대통령의 견식역량(見識力量)은 예찬하여 서슴지 않을 바이다.

다만 중국의 국민정부 항일전승을 최후로 부패전락의 비운에 들어 공산군 그 천하를 멍석말이함과 같은 변국(變局)을 유치하였고 아시아의 제 국민 가끔 그 파동에 들먹거리는 기미이니, 국민 스스로 □□확립(□□確立) 써 부동의 태세를 지켜야 할 때이다. 본보 이 다난한 시조(時潮)의 중류(中流)에 서서 적지 않게 그 표탕(漂蕩)함을 받고 아직도 풍랑을 차헤트리면서 광명의 저 기슭에까지 일로(一路) 매진함을 요한다. 세간에 쉬운 일 없나니 도무지 진심인(盡心人)을 찾는다.

【편자 주】 게재지와 발행연월일은 나와 있지 않으며 《한성일보》의 지령(紙齡)을 대조해 추정한 일자이다.

재일한교(在日韓僑)의 교육문제

《한성일보》 1949. 12. 17.

1. 일본에 있는 한국 국민 아마 백만을 헤일 것이다. 백만인의 휴척(休戚)은 관계 매우 크거든 하물며 국욕적(國辱的)인 침해를 받고 민족자존의 정신을 마비시키는 일을 눈멀거니 뜨고 바라만 보아야 한다고는 생각할 수 없다. 조련(朝聯) 그것이 적색단체의 혐의 뚜렷하다면 조련에 대한 행정적 처분은 그들의 국법 국책을 좇아야 할 것을 용인할 바이다. 그러나 수백의 학교를 모조리 닫아걸고 그의 기본재산 막대한 액(額)을 몰수하고 또 관계인물까지 대부 구금하여 자못 일제(日帝) 당년 폭만무도(暴慢無道)하던 버릇 그대로를 내거는 것은 이 무슨 실태(失態)이냐? 일본에 있는 한인을 일본인으로 다룬다는 것은 언어도단이 아니고 무엇이냐?

2. 이 문제 이미 수년 전에 싹터 움직였던 것이나 당시 과정 문득 군정(軍政)으로 외교의 주재권이 없어 결정적인 대책이 관철되지 못하였던 것이다. 이제 대한민국이 성립된 지 이미 일주년 반이 되고 25개 열국의 승인지지 있고 국민상하 만난을 극복하면서 민주자유조국의 확립과 강토통일로써 국제평화수립의 한 모퉁이 질끈되려 하는 이때, 재일 한인의 교육권을 전연 내던지고 일제 옛날의 폭학하던 조치에 밀어 맡길 밖에 없는 이유는 매우 이해하기 어려운 조건이다. 일본에 있어 그 나라의 평화와 질서에 평행하는 그들 기본국책에 순응하여야 한다는 것은 상식적인 문

제이지만, 일본은 미주(美洲)가 아니고 한인은 영구이주민으로서 일본에 귀화를 염원한 것이 아니었다. 미국에 재류하여 즉시 시민권을 얻어갖고 또 미국민으로서 충성한 생활을 하려는 '이민군'과 일률로 따진다면 그는 인식부족도 분수가 없는 일이다. 이 일 반드시 지급 시정함을 요한다.

3. 일본 우리 한인학교들 닫아걸고 그 기본재산을 몰수해버리고 할 때 일언반구 우리 동경주재 한국대표단에게 통고 또는 조회한 바도 없었으니, 그는 온통 자행자지(恣行恣止) 한국사절의 존재조차 무시함과 같은 무례로서 이 일본의 용심작풍(用心作風) 매우 화근을 품고 있는 것임이 명백하다. 주일대표단으로서도 너무나 무위한 느낌 깊게 하는 바이다. 일본의 주권을 침해하고 질서 어지러울 일은 해서 아니될 바지만 (1) 일본의 주권 또는 국책에 배치되지 않는 점에서 한인의 교육권을 회수확립할 것이다 (2) 교재교육 등은 일본에 거주하느니만치 일본의 연구이해와 정상(正常)한 우호의 토대가 될 것을 주(主)로 삼아 무용한 배일적 교육을 하는 것을 수정하고 따로 우리 역사, 국어 또는 한국적 취미 정서를 유지 배양시키기에 필요한 특수(特殊)한 국민교육적 과목을 베풀기로 할 것이다. 이 점 1947년도에서부터 일본의 문교부는 이미 그 타당성을 표명승인까지 하였던 것이다. (3) 교장, 교원 등을 일본인으로 임명하고 그 일본화 교육을 덮어놓고 강행하는 것은 부당하다. 한인으로서 그 사상견식 및 교양 아울러 가합(可合)한 사람을 골라 주일한국대표단에서 임명키로 할 것이다. 이에 따라 필요하면 교육행정관과 같은 것을 주재시키고 특별한 교섭 절충 있어 이들 원만해결키로 할 것이다. 다만 일본인임을 요(要)하거나 일본인이라도 무방한 과목에서 일본인 교원을 적정 임명하여도 좋을 것이다. (4) 이러한 확호(確乎)한 방침을 세워 몰수된 재산은 빨리 한국인의 손에 귀속되도록 즉시 추진시켜야 할 것이다.

4. 듣는 바에 의하면 일본 측으로는 벌써부터 한국 측이 일정적정(一定適正)한 안을 확정하여 교섭함 있으면 자기들은 이에 응할 용의 있다고 하고 또 되도록 신속히 단행해 달라고 주장하고 있다는 것이다. 그러함에 불계(不計)하고 우물쭈물 오늘에 와서 일본의 처사 더욱 궤도에 벗어가게 함은 자못 궁금에 겨운 바이다. 교권문제에 그치지 않아 재일한교 여러 해 신고(辛苦)의 산물인 산업경제의 기초는 일본 측으로부터 금융의 길 아주 끊겼음에 인하여 모처럼의 기반 날로 무너져가는 사태에 돌아보아 이 또한 단순치들 못한 문제이나 시급광구(時急匡救)의 길을 열지 않으면 안 될 것이다. 한국정세 허다한 내우외환들이 닥쳐 대일외교를 마음껏 전개하지 못하는 근심 크다고 하겠으나, 이 문제 자못 국운휴척(國運休戚)에 관계되는 바이니 따로 국책적인 노력을 요한다. 정부 만일 이면고심(裡面苦心)의 애로 있으면 기밀에 관한 일 아닌 한에 이를 공개하여 국민과 함께 협력을 요청할 것이다. 오인은 영항(永恒)한 배일(排日)을 생각한 때 없다. (그러나 한·일 진정한) 복리는 호양협력의 길에 있다.

아아! 민족의 영웅 가신 지 351주기(週期)

《한성일보》, 1949. 12. 20.

1. 오늘은 11월 19일이다. 삼백오십일주년 옛적 충무공(忠武公) 이순신(李舜臣) 남해도(南海島) 노들바다 관음포(觀音浦)에서 전몰(戰歿)하신 날이다. 워낙은 태음력으로 동짓달 열아흐레 날이었는데 태양력으로 국가정령(政令)을 시행하는 대한민국에서 오늘이 그 주기이다. 위대한 국민적 영웅이 돌아가신 것은 지극 비통한 일이지만 인생 살음 있어 반드시 죽는 것이요, 죽음 가장 빛나서 길이길이 국민에게 해와 별같이 그 마음과 넋을 밝혀주시니 성화(聖化)해 보이는 성웅 이충무공의 죽음은 하나의 국민적 □행(□幸)으로 영광을 나타내는 것이다.

한민족의 국제적 처경(處境)은 대단 매웁고 쓰라린 바이어서 삼백년이면 한차례씩 주기적 대화란이 맞닥뜨리었나니 그는 아시아대륙의 동남뿌리에 있어 태평양 넓은 바다 제 민족 몰아치는 얼추 가장 추요(樞要)한 길목을 눌러 있는 나라인 까닭이다. 이충무공의 업적과 정신이 가장 뚜렷이 인식되는 것은 그 사실 가장 현대에 가깝고 그 위에도 당년에 한반도를 짓밟던 일본의 침략적 세력 아직도 동해바다에서 쉴 새 없이 우리들을 위협하고 있는 까닭이다.

2. 그는 스스로 철함(鐵艦)을 만들고 화포를 불려내고 군량군수(軍糧軍需)를 마련하고 하면서 당항(唐項)에서 싸우고 옥포(玉浦)에서 싸우고

한산도(閑山島) 앞바다에서 싸우고 부산(釜山) 굽이에서 싸우고 그리고 벽파정(碧波亭)에서 명랑(鳴梁) 즉 울돌목에서 싸우며 망망한 남해 이르는 곳곳마다 부딪치면 깨트리고 만나면 족쳐대어 백전필승 국가민족을 옹호하는 만인장성(萬仞長城) 노릇을 하였을 뿐 아니라 그 정충(精忠) 대략 면밀웅위(綿密雄偉)와 과학과 주판(籌辦)과 명상(明詳)과 진지함은 만에도 소루(疏漏)없는 천인적(天人的) 세간인(世間人)이던 것이다.

그 스스로가 자유혼이요, 투혼이요, 생명력의 아름다운 전당이요, 그대로 민족자주 영항(永恒)독립의 권화(權化)인 것이다. 부산굽이 뛰노는 물결 저절로 현해(玄海)의 저 건너를 제압하는 듯 한산도 앞의 거울 같은 바다 이기고서 오히려 여유 있는 그의 가슴 같고 고금도(古今島) 해맑은 가을 달은 근심 속에 둥싯대어 잠 못 이루는 그때의 일을 지금에 속삭이는 듯 울돌의 우레같이 부르짖는 엄청나게 울려 지나닫는 음성은 정유(丁酉) 9월 16일의 사명기(司命旗) 밑에서의 웅성궂은 질타가 천지간에 의연히 녹음되어있는 듯 이락파(李落坡)의 푸른 솔과 숲 사이로 널브러진 고요한 물은 한갖 목메임과 함께 영원한 민족발전의 희망의 눈웃음을 곱게 보내주고 있는 것이다.

3. 아아 두(肚)하도다, 우리의 국민정신의 수호자 삼남수군통제사(三南水軍統制使) 성장(聖將) 이충무공이시여. 당신 가셨으되 간 것은 형체요, 그 넋 그 독립정신 그 투혼 그 민족수호의 대원력(大願力)은 구름같이 뭉게뭉게 해와 같이 번듯이 밝게 무지개같이 찬란하게 줄기차게 내뿜어서 천하만중(天下萬衆) 당신을 우러르고 바라보고 사랑하고 사모하여 만져보고 절하고 기대보고 매어달리고 하는 것이다. “어이[어버이]께 효(孝)하려하였으되 어이 먼저 가셨고 나라에 충(忠)을 다하였으되 죄 먼저 닥쳐왔고나.” 그가 원균(元均)에 참소 받아 하늘에다 홋는 공으로 묶이어 옥에 갔었고 놓임을 입어 철문을 나올 적에 집에서는 늙은 어머니 하필

돌아가셨고 적병은 이미 원균을 목 베어 우리 수군 거의 전멸된 상태이었었다.

그가 비록 하늘을 싸고 돌이질 칠 기백 있었다고 치더라도 어찌하여 여상(如上)한 비통 없었으랴? 공 비통한 곳에 백세(百世)의 아래 오히려 한줌의 뜨거운 눈물을 막을 수 없다. 그가 마지막의 숨을 내시던 이락파의 새벽별을 바라보면서 "아아 이 강산 불행하여 다시는 이러한 위대한 인물을 낳기 어렵겠구나?"의 긴 한숨을 내쉬지 아니할 수 없었던 것이다. 그러나 이제 조국(祖國) 실로 재건되고 민인(民人) 백난(百難)과 싸워 그것을 물리치려 하며 심신 가다듬어 창□(創□)와 통□(通□)에 달겨들고 있어 4천여 년 물려내린 민족혼을 이때부터야 크게 펼쳐보려고 벼르고 서두르나니, 충무공의 그 웅장 숭□(崇□)한 정신이 바라건대 현대적으로 되살아나야 할 것이다. 오! 이충무공 이충무공 당신 아니더면 내 누구를 따라갈까? 보아라 조국은 청년을 부른다. 청년은 모두 충무공을 현대에서 따르라!

1950년

사설-국공조정포기(國共調停拋棄)의 신국면

《한성일보》, 1950. 2. 1.

1. 금번 미국정부는 중국의 국공조정을 위하여 설치되었던 삼인위원회(三人委員會) 급(及) 정전집행본부(停戰執行本部)와의 관련을 끊고 화북(華北)주둔의 미해병대도 불원(不遠) 이를 철수하여 조정역할을 포기한다고 주목할 만한 발표를 하였다.

원래 중국의 내분은 장구한 시일과 광대한 사회경제적 지반 위에 양성(釀成)된 국제적인 규모의 대립관계로 어느 일개국의 조정과 압력으로 간단히 해결되지 못할 성격을 가진 난(難)문제인 것이니, 마샬(George Catlett Marshall) 씨가 금월 초순 중국을 떠나면서 미국의 대중정책은 이미 그 전환기에 들어섰던 것이다.

2. 만 1년 이상을 중국에 체류하여 백방으로 거중(居中)역할을 하였던 마샬 씨가 유종의 미를 얻지 못한 종래의 수법을 일단 청산함은 당연히 있음직한 일이요, 이로써 곧 중국문제에 대한 관심과 집착을 버린 것으로 속단할 바 아니라, 현지 해결에서 국제적인 무대로 그 장소와 대상을 바꾸는 기선적(機先的) 조처로 보아야 할 것이다. 3월 10일에 개최될 4상회의(四相會議)가 불과 월여(月餘) 앞으로 박두한 금일 중국문제의 상정을 예상하면서 미국이 중국내분의 일부의 책임일지언정 이를 부하(負荷)치 않으려 할 것은 당연한 일이요, 또 근일 자칫하면 비우의적(非友誼的)인

사단(事端)의 재료가 되는 소수의 해병대를 철병코자 함도 발목을 잡히지 않으려는 심산으로 보아야 할 것이다.

3. 여하간 현지 해결방법을 단념한 미 측의 태도는 금후의 마샬외교의 방향을 시사하는 점으로 중대한 의의를 갖는다. 이를 곧 공화당의 제승(制勝)과 군인 출신의 집정(執政)과 부합하여 노골(露骨)한 강경정책의 전초전으로 보는 것은 아직 위험한 관측이다. 좀 더 이익을 느낄 수 있는 현지조정을 포기치 않을 수 없는 또 하[이하 원문 없음-편자]

미신박멸운동에 기(奇)함

《한성일보》 1950. 2. 10.

1. 대한민국 재건 도상에 있어 대중은 사상적으로 헤매며 도의적으로 갈팡대고 있다. 미신 벅차흐르고 투기심만이 넝쿨 뻗고 있다. 이때에 있어 미신박멸운동이 일어나고 있는 것은 당연한 일이요, 또 필요한 과업이다. 사람은 윤리의 동물이다. 모든 것을 목적의식에 따라 계획성 있는 생활을 하는 데에 인류다운 또 문화민족다운 가치 및 면목이 나타나는 것이다. 다만 도도한 시류에 맡기어 들떠 돌아다니는 자연 그대로의 생활만으로는 진보도 쇄신도 혁명도 아무것도 없는 것이다. 현대의 한국민은 분명 그러한 근심되는 사태에 빠져 있다. 자기반성 또는 자아검토와 함께 의식적인 약진운동 때문에 미신박멸운동 크게 가(可)한 바이다. 다만 그의 교정을 지향하면서도 그 병폐의 좇아온 까닭을 밝히 인식함을 요한다.

2. 미신은 다만 하층사회 교양빈곤한 사람 혹은 부녀자라고 지칭되는 부분에 국한됨 아니어서 상층부의 위대한 인물로부터 문화인 전부에까지도 어느 정도 물 젖어있어 미신타파를 입에 올리면서 생각은 미신의 나라에서 상당 굽일고 있는 사태이다. 풍수와 지리를 부인하는 고급의 문화인이 내면에서 명풍수관(名風水官)을 시켜 답산행각(踏山行脚)으로 천리행룡일석지지(千里行龍一席之地)로써 명당에 복지(卜地)를 함으로써 만대번영 또는 현시발복(現時發福)의 땅을 고르고 있으며, 관상사주를

비웃고는 있지마는 가난뱅이 거리의 사주장이에게 푼돈을 던지는데 대가(大家)는 명관상사(名觀相師)와 유년사주(流年四柱)에 후폐(厚幣)를 베풀어 고관대위(高官大位) 돌아올 가부를 그윽히 판정시키고 거□(巨□)을 주무르는 대상호신황금(大商豪紳黃金)의 섬에를 헤쳐 들어갈 것인가? 때때로 따져보는 사태이다. 문제 다만 우부우부(愚夫愚婦)라고 해서 낮잡아볼 곳에만 있지 않고 매우 광범한 사회층에 있는 것이다. 그 병폐 다만 과학교육의 갖추지 못함이나 일반의사(一般意思) 박약에만 있지 않고 그 시대의 세위(勢威) 이를 촉성 조장함에 있는 것이다. 그 원유(原由) 불안과 미확실(未確實)과 비정상한 현실 정태(情態)에서 반영 귀납된바 많을 것이다.

3. 중국 상대(上代)에서 왕조혁명 이루어진 때 초택(草澤) 영웅이란 자 떼지어 일어나 웅위(雄偉)한 수령을 중심으로 제업(帝業)을 만들어 남의 무덤을 헐고 관을 빼개던 자, 왕작(王爵)의 부귀를 얻는 원훈(元勳)되는 자 드물지 않음으로 볼 때에 만 명을 휘동(揮動)할만한 풍력을 가진 자이면 덩달아서 반란을 짓고 깜냥 없이 공사(公俟)를 바라던 것이니, 혁명의 기대 엊그제까지 궁항에서 빈곤에 시달리던 자 갑자기 □도(□導)의 상층부에 나타남을 볼 때 부질없는 망상을 일으키고 자기 또한 용봉(龍鳳)의 꼬리라도 움켜잡으려고 요행을 바라는 허망 생기는 것은 사람의 상정(常情)이라고도 하겠고 미신 퍼져 일어나는 하나의 이유이다. 자자 근근(勤勤) 생계에 노력하되 조석의식의 거리 오히려 어렵거늘, 능란한 방책을 부리는 자 며칠 안에 거억(巨億)의 부를 일구어 더불어 한번 회담에도 어림없는 신고(辛苦)를 닦아야 하게 된즉 정상한 방법 이외에 따로 불가사의의 힘의 □□을 절하고 빌밖에 없이 되는 것이다. 비상시기는 피의 □□ 비킬 수 없어 생명의 이변 많지 않을[판독불능-편자] 이미 고인되고 생애가 승평(昇平)한 상도(常道)를 안심하고 걸어갈 수 없을 새

길흉생사불가지계(吉凶生死不可知界)의 지배를 돈을 놓고 알아보게 되는 것이니 그야말로 우부우부(愚夫愚婦) 점쳐서 그 의혹을 풀려고 할밖에 딴 길을 잡기 어려운 것이다.

4. 삼팔선이 고정한 국경처럼 되고 온갖 화액 거기로서 빚어지는 사태 일세 인□(人□) 최대한 공작 또한 통쾌한 보람도 없어 또다시 숙명적인 회의감이 싹터서 가지 치나니 미신타파 심각한 정치적 일 과업 될 수 있다. 묵고 묵은 여러 해 전에 어떠한 어설픈 반항투쟁자 철창 찬 밤 병 깊은 자기의 몸은 사나운 일제의 탄압에서 회생치 못하여 죽을 것이고 민족의 운명은 모른 체하기 안타깝다고 해서 빌고 또 빌어 여명(餘命) 길게 늘이어 종생(終生)의 구국운동을 얻고자 비통절절하였다. 그러나 4, 50일의 기원 보람도 안 낫고 생명(生命) 곧 시들려 할 때 만사를 참으로 깨닫고 '오! 대우주의 커다란 섭리자시여 모든 일을 나의 사정에 듣지 말고 오직 당신의 탕탕(蕩蕩)한 대도에 좇아서 나로 하여금 그 큰 섭리에 따르게 하소서. 생사성패 그 대운에 맡기리이다' 하는 때에 기원자는 또한 참된 자유로운 경지에 해방되었던 것이다. 미신타파 첫째 시국광구됨에 있고 둘째 이 임운자연(任運自然)하는 대각(大覺)한 경지에 있는 것이다.

우보(牛步) 민태원(閔泰瑗) 씨의 추억

우리 언론계의 중진이던 고(故) 우보(牛步) 민태원(閔泰瑗) 씨 때문에 추도회가 열린다. 적정한 일을 국제문화사가 발기하였다. 나로 하여금 항상 추억하게 하는 민우보(閔牛步) 때문에 일필을 잡을 기회를 만들어 준 것을 충심으로 감사한다. 우보(牛步)는[고인(故人)에게 소홀한 것 같으나 나의 주관에서 꼭 이것이 우정(友情)상에 요청된다] 내가 사회에 나선 후의 사귀어진 벗으로서 그러나 회심(會心)의 벗이던 한 사람이다. 내가 1915년 중앙중학의 학감(學監)이라고 교편을 잡았을 때 우보(牛步)는 당시 유일의 한자(韓字)신문인 매일신보 기자로서 방문 왔던 일 있어 과묵한 가운데 어딘지 범상치 않은 점을 보았고 기미운동 있은 후 우보(牛步) 동아일보에서 정치부장을 맡아 무거움을 보였다. 당시 다시 2, 3 한자(韓字)신문뿐이었고 인사비중은 상당 중난(重難)한 조건이던 까닭에 정치부장이 쉬운 직임(職任) 아니었다.

내가 월남 이(李) 선생을 모시어 수표정(水標町)에서 조선일보사의 주필로 정열을 기울일 때 우보(牛步) 그 편집국장이었다. 실없는 농담을 함부로 하지는 않는 나의 성질이지만 이 우보(牛步)와는 조금 고급이고 유머한 농담을 거는 것이 하나의 정취이었었다. 우보(牛步)는 다기다식(多技多識)한 편이어서 언론기관에서 우리 두 사람이 주필이요 편집국장하기에는 그때의 연령 질록(秩祿) 등으로 좋은 맞잡이라고 나는 만족을 느겼다. 월봉(月峰) 한기악(韓基岳) 씨 다음 시기에 편집국장이었으나 우보(牛步)는 더욱 나와 상적(相適)한 연배로서 마음 가는 대로 터놓고 놀 만한 사이였다. 그 시대의 나는 퍽은 정열적이고 또 다심(多心)한 편이어서 마음의 빈 구석을 무슨 유흥으로라도 채우고 싶었고 그렇지 않으면 홀로 하늘을 우러러 탄식한다는 상태이었다. 그리고 나는 가끔 스스로 자부어(自負語)를 토(吐)하고 짐짓 우보(牛步)를 빈정대어 보는 것이 하나의 취미이었다.

고백할 것은 나는 상대자를 상당 외경허여(畏敬許與)하지 않은 한에 결코 이러한 태도를 부리지 않는 것이다. 그런데 우보(牛步) 또한 그 빈정대는 나의 말을 자부심(自負心)에서 잘 응수하는 것이었다. 나에게는 우보(牛步)가 참으로 좋은 인생의 반려이었다. 어느 날 저녁때 조선일보 석간의 시평(時評)까지 회심의 열평(熱評)을 써 내던지고 나 볼일이 다된 때에 아직도 집에 갈 생각은 없이 예(例)에 의하여 테이블 앞에 걸터앉아 잠자코 심통한 얼굴을 들고 있었다. 우보(牛步) 또한 웃지도 않고 나에게 "어째 그러한가?" 나는 천천히 "만고(萬古)를 통하여 적막(寂寞)을 느끼노라!" 그는 더 캐묻지 않고 말았다. 그 후 몇 해 동안 우보(牛步)는 시대일보에 이하몽(李何夢)과 함께 역시 편집방면을 주관하고 있었는데 어느 날 나와 만나 만담을 주고받고 하는 동안 그는 휘- 긴 한숨 쉬면서 "민세의 그 만고(萬古)를 통하여 적막하다는 심경을 이즈음에야 체득하였노라"고 몇 해를 격(隔)하여 대답을 하던 것이다. 그것으로써 우보(牛步)와 나는 말로 다 표현할 수 없는 감회, 동아(東亞) 수천 년 반항투쟁으로 연속하여온 실의(失意)민족으로서의 정감, 가슴속 깊이 아니 영혼 속 깊이 잠기어 있는 민족의 정감을 표현한 것이라고 해석하고 있다.

우보(牛步)와 나는 각 사(社)에 떨어져 있게 된 후 해서(海西)기자대회의 초빙으로 재령행(載寧行)을 함께 하였고 1927년 신간회 운동 당시 재만동포옹호동맹의 사무를 띠고 폭력의 발생지대이던 전북 수삼(數三) 부군(府郡)을 공동 순회한 것이 가장 인상 깊은데 그 중에도 후자 가장 추억 깊다. 다음 우보(牛步)는 불행 상배(喪配)하고 진명여교 교유(敎諭) 전지자(全智子) 양과 계현(재혼)의 혼의(婚儀) 있을 때 장소는 동아일보사의 대강당이었고 주례는 동배(同輩)인 나였다. 우보(牛步) 빙그레 웃으면서 그를 요구하였고 나도 빙그레 웃으면서 쾌락(快諾)하였다. 내가 조선일보사 사장으로 경영권 문제에 지우(知友)들과 격쟁(激爭)하는 한참판에 궁금한 생각나서 저녁에 우보(牛步)를 궁정동(宮井洞) 사제(私第)를 찾아 전(全) 부인이 권하는 차를 마시면서 유유히 수 시간 만담하였다. 역시 고급의 농담으로부터 역사를 말하고 민족성을 말하고 혹 시국만담을 하는데 우보(牛步)는 차 이외에 내올 것이 없었고 나는 조선일보안(案)을 입에 낸 일조차 없었다.

밤 이슥하여지는 때 나는 "아! 인저 가야겠군" 하고 일어서니 우보(牛步)는 만류도 아니 하고 픽! 한번 웃으면서 "신문사 문제가 여간 아닌 판에 아-주 유유히 만담하러 다닐 여유가 있거든…"하면서 문 앞에 나를 보내주는 것이었다. 나는 또한 빙그레 웃고 대답 없는 대답을 남기고 돌아왔던 것이다. 이러는 곳에 나와 우보(牛步)는 남모르는 회심(會心)의 경계가 있는 것이고 작금에도 이해를 떠나서 만담하는 동안 위안과 정취를 얻어오는 고(故) 우인(友人) 우보(牛步)가 때때로 그리웁다.

우보(牛步)는 산뜻한 재주는 눈에 아니 띄는데 깊고 넓은 이지(理智)와 견식(見識) 있어 나로 하여금 어느덧 서로 허심의 벗이 되었더니 그가 간 후의 나는 적막을 느끼는 한 조건이 된다. 생존하여 있더라면 현하에서 여러 모로 유위(有爲)한 국가의 인재임이 가석(可惜)하다. 그는 갑오년생으로 나보담 3년 젊다. 오래 와병 중이던 우보(牛步)가 마침내 서거하였다는 기별 듣고 바쁘게 달려가서 궁정동(宮井洞) 그 집을 찾으니 미망인 전(全) 여사는 마침 백의(白衣)로 쫓아 나와 문간에서 마주섰는데 그분도 말이 없고 나도 말문이 막히어 우두커니 마주서서 걸음을 옮기지 못하였다. 결혼의 주례자가 찾아온 마당이 그러한 변사(變事)의 마당이었었다. 그 미망인 또한 건강 안 좋은 것을 보고 하몽(何夢)의 발언도 먼저 있어 미망인 때때의 애곡을 막도록 영연(靈筵)을 베푸는 것부터 폐지하도록 권고하였더니 영연은 안 베풀었으나 미망인도 머지않아 별세하였다. 그 때는 나도 사고 있어 못 가보고 말았다. 그 유애(遺愛)인 영양(令孃) 있는 줄을 아는데 때로 그 신상을 생각은 하나 그 소식조차 모르는 것이 비도(非道)인 것 같은 감(感)조차 깊다. 끝으로 고인의 명복을 빌고 용언(冗言)을 덜기로 한다.

【편자 주】소설가이자 언론인인 우보 민태원의 추도식은 1950년 2월 11일 서울의 중앙기독교청년회관에서 국제문화협회 주최로 거행되었다. 이 추도회에 안재홍도 참석하였다. 이 무렵 민세가 신문에 기고한 글이다.

한국여성도덕의 재인식

《한성일보》 1950. 2. 22.

1. 한국의 여성은 고정(固貞)한 인생들이고 또 선량 근면한 여성들이었다. 신라건국의 초기에서도 혁거세 임검과 아리영(알영) 왕후는 함께 국내를 순시하여 이성(二聖)의 일컬음 있었던 것은 그때 아직 남녀의 평등과 자유로운 행동이 허여되어 여성 반드시 안방 속에 깊이 들어앉지 않으면 아니 되는 습관 도덕의 제약을 그다지 받지 않고 있었던 것을 잘 알 것이며, 여자 두 떼로 나누이어 길쌈을 다루고 가무도 시새웠던 내력에 돌아보면 생활협동의 고(古)형태와 함께 사교적인 회동(會同) 드물지 않았음을 엿볼 수 있는 일이다.

만일 남부(南部) 그것에 견주어 일층 자유롭고 까다로운 제약 적었던 북방의 일층 자유스럽고 까다로운 제약 적었던 북방의 부여조선 본거지의 법속은 신라의 그것보담도 일층 여성의 자유와 협동생활면이 넓어져 있었던 것을 추단(推斷)할 수 있는 것이다. 중세기 이래 여성의 피예속상태 점진적 강화된 유래는 일반 인류사에서 골고루 그 자취를 찾을 수 있는 바이지만, 그러한 생활의 부자연한 제약 속에서도 한민족의 여성은 그 경건과 선량과 근면과 또 자기희생적인 도의적 우수성은 이것을 두둔하여보는 편벽된 눈에 의함 아니고서도 넉넉히 이를 증언할 수 있는 것이다.

2. 이렇게 자기희생적인 한국여성에게 한 가지 너무 무거운 부담은 이

른바 일부종사(一夫從死)의 국한된 세계의 강요이던 것이다. 인생만사 모두 합리한 비판성에 비추어 처단함을 요하나니 일부종사를 요청하는 도의적 근거인 여성정조에 관하여 짤막한 검토가 요청된다. 정조는 부부관계에서 결론되는 것이니 우선 상대적인 것이다.

여성의 정조는 상대자인 배우(配偶) 있고 없음에 불계(不計)하고 자기 자신의 품성과 인격의 존엄 때문에 있는 일이매, 그러한 견지에서는 절대적이기도 하나 부부사이에서 비로소 엄숙한 그 책임 발생되는 것일 새, 정조는 하나의 인생생활 상호공동의 처경(處境)에서 결국 상대적으로 발생된 조건이다. 정조의 남녀상부 상호책임론은 이를 더욱 부연할 필요도 없는 바이나, 여성정조가 그 이성과의 접교에서 생리적으로 받는 그 영향이 심각하고 또 후일까지 미치게 됨으로 인하여 그 과학적 논거 이루는 것이며, 남계중심으로 혈통과 가문이 백대(百代)에 계승되는 현대까지의 문명인의 사회가 그 혈통의 순수와 가문의 순정(純正)한 계승 때문에 특히 포태(胞胎)와 산육(産育)의 천직을 떠메고 있는 여성에게 하나의 아내로서 또 어머니로서 순결한 정조 요청되고 있는 것이다. 이 점에서 정조 의연히 존귀한 덕목인 것이고 난교잡행(亂交雜行) 이를 용허할 수 없는 것이다.

3. 그러나 오인은 구시대의 미덕으로 되었던 일부종사의 여성의 도덕관은 이것을 정상하게 수정 실천함을 요한다. 여성의 과부됨은 전생의 몹쓸 죄과 있어 금생에서 그 불행한 보과(報果)로 받는 것이라는 인도적(印度的)인 윤회관에 인한 그릇된 습속은 이를 근본부터 배제해야 할 일이지만, 거기까지 안 갈지라도 여성정조와 개가 또는 재혼안(再婚案)은 이를 냉철수정하지 아니하면 아니 된다. 즉 일개의 여성이 일개의 남성과 결혼하여 한 쌍의 부부로서 생활함에서 상대적인 정조고수의 의무 성립된 것이고 부부사별됨에 인하여 위 설이 의무해제된 것이다.

남편과 사별된 과부는 지금 자유로운 경지에서 그 정조와 부가사수(夫家死守)의 가부론(可否論)이 하나의 고정 추상관에 말미암아 구속됨이 아니고 모름지기 비판적인 선택에 귀착될 것이다. (1) 자녀 있어 양육의 책임 있고 또 자기 남아있음에 말미암아서만 망부(亡夫)의 가문이 유지되어야 할 경우 인생백년 서로 운명을 공동으로 할 약속 굳었던 신의관(信義觀)에 의하여 최종까지 또는 적정시기까지 부가인 자기의 가문을 고수할 것이다. (2) 자녀 없는 경우일지라도 시부모 이미 늙고 미망인 된 자기 떠남으로 부모 의지할 곳 없어 자기의 부양(扶養)이 객관적 요청되는 경우 그는 또 (1)의 신의관의 연장으로서 자기희생적인 부가의 고수 있어야 할 것이다.

이러한 종류의 신의 및 책임 아울러 요청되지 않아 자녀 없고 또는 기타의 사정 고고(孤苦)한 생애 계속할 수 없는 자는 그는 정상한 재결혼으로써 가정과 국가 아울러 새로운 화기를 얻고 민물(民物) 또한 더욱 번영함을 얻을 것이다. 현하 남한 10개 도(道)와 시(市)에 오히려 66만 수천의 과부 있어 국가와 사회 그 부양에 책임을 지나니 자력일문(自力一門)을 붙들기로 하되 그 역량 미치지 못하는 자는 국가와 사회 그 원호 있어야 할 것이고 편벽된 속습도덕은 한편에서 활발 시정함을 요한다.

제2부

기 타

연대미상

불란서 혁명에 대하여

불란서의 혁명은 지금부터 159년 전인 1789년 7월 14일에 바스티유 감옥을 파괴한 것으로써 폭발되었습니다. 그것은 신권제왕(神權帝王)이라고 하는 전제왕권과 그 왕권을 둘러싸고 있는 귀족 및 승려와 위관, 영관 이상의 군인 즉 장교단과 또는 그들 특권계급의 인물들로 독점되어 있던 관리들에 대한 평민의 반항으로 된 것입니다. 마치 조선의 동학당 난리와 그 본질만은 같은 것입니다. 이와 같이 전제왕권과 봉건적 특권층인 귀족계급에 대한 평민의 반항으로 된 혁명인 고로 이것을 민권혁명이라고 하고 또는 짓밟히는 인권을 옹호하는 의미로도 되는 고로 이것을 인권혁명이라고도 하는 것은 여러분이 잘 아시는 터이고, 만민평등의 역사 페이지가 시작된 인류사상 그 의미가 큰 것입니다.

그 당시의 표어로 부르짖은 것은 자유, 평등, 박애이었습니다. 지금 자유니 평등이니 하면 말로만은 귀에 매우 익어져서 듣기에 시들한 터이나, 지나친 자유 평등이 있어 방종과 파괴에만 흐르는가 하면 한편에서는 아직도 참된 자유와 평등, 즉 민권이나 인권이 옹호되어야 할 여지가 대단히 많지마는 박애라는 것은 귀에 듣기에 그 말뜻이 자못 희박합니다.

그것은 그때까지 특권계급인 귀족층에서 상민이나 농민, 노동자들에 대하여는 “그것 뭐 상것들이 그러지”하는 쯤의 생각으로 여간하여서는 동등이나 평등이라는 생각, 즉 다 같은 인생이란 생각이 매우 적었던 것입니다. 꼭 그렇지는 않아도 좀 굶어도, 헐벗어도 "그런 것들은 그렇지" 하는 그야말로 무자비한 생각이 있었던 까닭에 "사람은 다 마찬가지 동포이다, 줄잡아서 같은 민족, 서로 사이에는 똑 같은 애정을 가지자"고 하는 것이 박애인 것입니다. 이것이 한 걸음 더 나아가면 사해동포주의라고 세계주의까지 가고 만 것입니다. 그러나 불란서혁명 당시에는 자유, 평등, 박애를 표어로 삼아 사상부터 혁명하기로 한 것입니다.

그런데 당시 일반 상태를 말한다면 중세기 이래 봉건적 폐습으로 말미암아 절대로 군주존제(君主尊制)가 되었던 것입니다. 부르봉 왕실의 루이 14세가 말하기를 "짐은 즉 국가"라고 주장하였던 만큼 '임금은 곧 나라'라는 생각에서 임금의 생각은 곧 법률이던 것이고, 임금의 욕심은 그대로 국가의 행동으로 나타났던 것입니다.

이를 테면 임금이 호화로운 생활을 하기 위하여 세계에서도 유명한 베르사유 궁전과 그 이외에 모두 거의 같은, 열두 이궁(離宮)을 지어 놓고 한 이궁에서만 오래 있는 것은 재미가 없다고 생각해서, 연해 연방 딴 이궁으로 옮겨다녔습니다. 그런데, 그 한 번 거동에 1천 5백명씩 거느리고 다니는데 그 사람들이 맨 밑에 병졸들까지도 상당히 호화로운 차림차림을 하는 고로, 저절로 재정이 부족하여서 백성에게 구실돈을 막 거둬들이게 된 것입니다. 다만 임금만이 그렇게 호강스럽게 지내는 것이 아니라, 그 임금을 둘러싸고 있는 귀족과 승려들도 마찬가지로 백성을 못 견디게 굴었던 것입니다.

귀족이라고 하면 한양 조선조 시대의 양반과도 그 성질이 다른 것이어서, 그들은 공(公), 후(侯), 백(伯), 자(子), 남(男) 등을 따라 자기 고향에 가면 큰 영토, 작은 영토를 가졌습니다. 쉽게 말하면 큰 나라 안에 다시 조그만 제후국들을 가져서 거기에서는 제대로 또 임금이 있는데, 그것을 영주님이라고 해서 그 토지와 농민은 모두 귀족인 영주님의 소유이던 고로, 농민이나 노동자는 아무런 사람다운 권리가 없었던 것입니다. 승려라고 하면 조선의 예전 불교의 '중'들의 지위를 생각하여서는 아니 됩니다.

조선에 양반인 유생과 방불하면서도 영토를 가진 점에서 대단히 다릅니다. 그 때 불란서의 천주교 신부와 승정(僧正)들은 즉 승려인데, 그들은 교회에 소속된 영지가 있었고, 그것도 조그만 나라의 형태로 되어 그 땅의 백성을 다스리는 권리가 있을 뿐 아니라, 사법권까지 있어서 사람을 죽이고 살리는 권력을 가지고 있었습니다.

그런데, 이 귀족과 승려가 수로는 모두 합하여 15만 명밖에 아니 되는데, 이 15만 명의 소수가 전 불란서 2천 5백만의 농민과 노동자가 가지고 있는 토지와 거의 같은 면적, 즉 전국 토지의 반분을 차지하고 있었습니다. 2천 5백만에 15만이면 2천명에 한 사람 폭이 못되는데 그래도 토지는 반분을 차지하고 있었고, 거기에다가 귀족과 승려가 소유한 토지에는 구실돈도 물지 않고, 평민인 농민들만 구실돈을 물렸습니다.

그 구실돈은 대모(大模)한 것만 토지 소출의 81%나 되고, 나머지 19%, 가지고도 또 잡세를 물어야 한다는 상태이고 그런데다가 위관, 영관부터 그 이상의 장교는 귀족만이 차지하고, 평민과 농민은 병정이나 되어 가지고 갖은 천대 학대를 받은 까닭에, 이와 같이 정치적, 사회적으로도 천대와 압박만 당하고 경제적으로는 착취만 당하여, 미처 그 명령에 순종치 아니하면 잡혀서 옥에 들어가는데, 사법관에게는 역시 봉물(封物)이나 돈을 바치지 아니하면 억울한 재판을 받게 되니까, 이러한 사태 밑에서는 안심하고 살길이 없어서 평민, 천민, 빈민들이 일어나서 원수의 바스티유 옥을 때려 부순 것이 불란서 혁명의 시초이었습니다.

백성이 일어나서 감옥을 때려 부수고 갇힌 사람을 마구 내놓되, 나라에서 어찌하지 못하는 것을 보니까 정부의 위신이 보잘 것이 없이 되어서, 사방에서 민중이 들고 일어난 까닭에, 드디어 불란서 대혁명이 되고만 것입니다. 이 때 루이 16세 임금은 마음이 나약하던 분인데, 백성과 잘 양해하려 하다가 그것도 안 되었고, 라파이예트(Lafayette), 미라보

(Mirabeau)같은 온건하고도 유능한 정치가들이 인민과 임금 사이에 서서 혁명을 헌법적으로 잘 유도하려고 하였으나 성공치 못하고, 형세는 점점 과격하게 변하여 가서 1791년경부터는 입헌당 외에 온건공화당과 쟈코뱅당이라고 하는 과격공화당들이 나왔습니다. 그 과격파 중에는 당통(Danton), 마라(Marat), 로베르스피에르(Robespierre) 등 인물이 나왔던 것입니다.

혁명의 처음에는 입헌군주제로 한 후 귀족의 물권을 깎고, 주요한 관리를 민선으로 하고, 일반에게 선거와 피선거권을 확장시켜 주고, 재판관도 민선으로 하여 법의 공평을 도모하고, 신앙의 자유를 주어 승려의 발호를 막고, 도량형을 표준으로 세워서 국민의 이익을 보장하고, 출판의 자유를 주는 등으로 국면을 수습하려 하였으나, 묵은 세력이 한번 넘어지고 새 질서가 고쳐 서려는 혁명 시기에 들어가면 일이 그렇게 얌전스럽게만 되기 어려운 것이어서, 나중에는 혁명파가 루이 16세와 그 왕족들을 잡아 가두고 국정을 마구잡이로 휘두르게 됨에 이르러서, 오스트리아, 프러시아 등 열국에서는 이것을 가만 놔두고 있다가는 자기 나라에도 큰일이 나겠구나 하고, 연합군을 일으켜 쳐들어오는 까닭에 당통, 마라 등이 지도하는 과격파에서는 또 이것 잘못하다가는 혁명도 깨어지고 불란서도 망하겠다고 해서, 루이 16세를 단두대에 올려 머리를 잘라 죽이고, 왕실에 동정하던 입헌파는 몇 만 명을 모든 방법으로 마구 죽여 치우고, 혁명군을 일으켜 열국의 침입군을 막아내기에 전력한 것입니다.

원래 불란서인은 열정적인 국민성이 있는데다가 또다시 혁명 정신이 불일듯하는 판에 드디어 전 구파라를 상대로 싸우게 되었고, 나중에는 대나폴레옹이 나타남에 인하여 거의 전 구주(歐洲)를 말굽 아래 밟아 터치려는 지경에까지 가서 불란서의 민권혁명과 공화정치는 우선 확호(確乎)한 지반을 세웠던 것입니다. 이것과 나폴레옹의 제정 수립으로 말미암아 공화정치가 일시 둘러엎어진 것은 별문제입니다.

그런데, 불란서의 인권혁명은 제왕신권을 깨뜨리고, 귀족전권을 둘러엎고, 평민을 정치적, 사회적 평등의 지위에까지 앙양시켰으나, 그 역사적 단계가 아주 경제적 평등의 원칙을 세우는 것을 몰랐던 까닭에, 자본주의의 발전에 따라서 부력의 불평등은 더욱 심하여졌으므로 불란서로 보아도 산업자본, 금융자본, 토지자본은 제2차대전 직전 대략 200 가족의 손에 독점되는 전권정치(全權政治)[금권정치金權政治의 오식인 듯-편자]에 타락되게 되었던 것입니다.

불란서의 혁명이 1783년으로 완성된 북미합중국의 독립에서 많이 자극된 것은 식자가 잘 아는 바이지마는, 미국, 불란서의 민주주의는 대체로 그 성격이 유사한 것입니다. 이것은 신조선을 건설하는데 특별한 관심으로서 조선의 역사와 국정(國定)에 맞는 경제적 민주주의를 건설하여서 극좌에 유혹을 방지하고, 민족의 자유와 독립을 확보하는 근본 요점으로 되는 바입니다. 이것은 따로 논의할 바이므로 오늘은 이에 그칩니다.

* 이 글은 5월 14일 프랑스 혁명 기념일을 맞이하여 13일 오후 8시 30분부터 15분 동안 서울 중앙방송국에서 방송한 것임.

【편자 주】《안재홍 문선(文選)》(발행처, 간행연도 미상). 상술 원고 집필 연도는 1948년 5월 초로 추정된다.

일주일문(一週一文):
번신사투(翻身死鬪)는 요청되건만

스물두어 해 전의 일이다. 내가 아직 서른여섯 적에 좋은 벗 두 사람과 하동의 쌍계사에서 동무하여 떠나 지리산 천만 첩(疊)을 샅샅이 돌아다니기로 하고 도시락 들어 메고 거뜬하게 나선 때였었다. 칠불암(七佛岩)에 올라 하룻밤 자면서 아자방(亞字房) 어루만지어 옛이야기 듣고 아침 일찍 떠나 세이암(洗耳岩) 찾아갈 때 넓고도 시원스러운 시냇가 바위를 틈에 푸른 버들이 피어올라 물오른 껍질이 누으런히 불어보였었다.

일행은 시내속 반석 위에 앉아 되솟아 오르는 동심에 버들가지 꺾어 피리 만들어 불면서 스스로 간오(看奧) 속에 잠겼다. 이윽고 일어서서 길 떠날 때에 꺾어진 버들가지 주워 홀로 여울에 던지어 가로되 뒷사람 본받으면 버들가지 다 잘라질 것이다. 서로 보며 웃음 띠며 갔었다. 남이 본받아 좋은 일을 할 것이고 본받아서 안 될 일은 애당초에 안할 것이다. 그 대신 백만 명이 천만 가지 소리 지껄이더라도 자기의 소신 있거든 줄곧 꾸준히 하고 볼 것이다. 깊은 산 먼 골 신선이 놀 듯한 상화(想華)조차 일으키면서 버들피리 어울려 불던 끝에 그러한 청고(淸高)한 생각조차 떠올랐던 것이다. 사람은 세속의 동물이라, 세상에 사는 법이 부지런하고 억척스럽고 검질긴 의도로서 온갖 기회를 자기에게 유용하도록 활용하는 것이 생활의 극치일 것이요, 세속적 성공을 스스로 보장하는 탄탄한 수법일 것이다. 그러나 내 일찍 그 지혜 그 역량 없이 항상 기 쓰고 벗어

보면서도 결국은 이 세상 험한 풍파 속에는 휩쓸려지며 내려왔다.

인생은 어리석어 백년 살 줄만 알고 순간에 죽을 줄은 모르고 있다고 개탄한 옛사람 있나니 백 년 사는 것도 인생이요 순간에 죽는 것도 인생이다. 꾸준히 사는 것으로 보면 꾸준한 것도 인생이요 여지없이 죽는 것으로 보면 여린 것도 인생이다. 꾸준하고 여린 것은 천연의 현실이요 옳게 살고 그르게 사는 것은 인생의 이로(理路)이다. 내 일찍 세국(世局)이 어렵고 민생이 슬퍼함을 볼 때 느꺼운 마음이 한 백 년 늘여 살고 일백 번 고쳐 살면서라도 이 나라 인(人) 민생 때문에 힘껏 정성껏 일해보고 싶었으며, 세국의 험하고 막다름이 움치고 뛸 수 없음에 맞닥뜨렸을 적에는 언제든지 죽어 망설이지 말도록 곧 죽어도 거리낌 없는 깨달음 있어야 할 것을 마음속에 헤아리고 가다듬어 보았다. 죽고 살고 기쁘고 슬픈 것이 백 년 인생 다 지난 다음날을 생각할 때 한번 웃음에도 차지 못하는 환상의 세계라고도 할 것이니, 스스로 범속에 벗어나서 초연히 독존(獨存)하는 기풍을 세워볼지언정 졌다 이겼다 쾌(快)하다 억울하다의 잣다른 성패감에 구태여 들어붙을 맛도 없는 것이다.

이해를 따져보고 염량(炎凉)을 따라 드나드는 것은 인생의 상태이다. 그러나 국제풍진에 많이 부대끼고 염량이 바뀌는 속에 오래 시달린 민중일수록 숫스러운 맛이 적고 간휼(奸譎)한 티가 눈에 뜨이나니 유럽 사람들의 속담에서 유태 사람 열 명이 희랍 사람 하나를 못 당하고 희랍 사람 열 명이 아르메니아 사람 하나를 못 당한다고 하는 것이다. 이 논법으로 말한다면 예의동방군자국이라고 자랑되는 조선 사람이야말로 냉엄하게 자기비판할 때 참으로 얼마나 성스럽고 진솔미가 있을까? 그 돈후함은 중국인만 같지 못하고 진솔함은 일본인만도 못한 편이라고 아니할 수 없다. 개인으로써 영리한 것 보면 본받고 흉내 내지 못하는 짓 없는 것 어디다가 갖다 놓아두던지 저 혼자의 살길을 찾아 나아가는 것 등은 미상비(未嘗非) 조선 사람의 특별한 기능을 발 벗고 따를 민족 적다고 하겠으나 한번 그것이 민족적 협동이나 국민적 공동노력으로 볼 때에 어찌 그렇게 분열 파쟁 중상 알력이 격심하던지 헤아릴 수 없는 일이다. 개인으로서 지혜롭고 국민으로서 어리석으며 개개로서는 영악스럽고 전체로서는 헤식다고도 걱정할 만하다. 이 버릇 교정된 후에야 우리에게 참된 광명이 올 것이다. 경술년 합병이란 통에 전 국민 노예의 멍에를 메우자 십년 만에 터져 나온 기미년 독립운동에는 해내의 방방곡곡은 물론하고 해외 이르는 곳마다 무릇 조선 사람 살고 있는 고장이면 이른바 천기자발(天機自發)이라고 하였을 만치 이천만인이 한마음 한뜻으로 항일투쟁에 와짝 일어섰던 것은 얼마나 민족성의 위대함을 나타내었던 것이언마는 무심코 일어섰을 때의 그러한 진솔미가 유심코 서두르는 계획적인 때에 열 갈래 스무 갈래 찢어지고 쪼개지는 것은 결코 소박도 진솔도 혼후(渾厚)도 총명도 아무것도 아니었고 오직 아욕(我慾)과 아집과 파벌과 어떠한 국제적 마수에 저도 모르게 놀림감 되고마는 민족적 비극조차 생각할 바이다. 똑똑한 그들이 모두 겉똑똑이요 일신지계(一身之計) 잘한다는 그들이 모두 제 살 깎아서 배불리는 따위이다. 내 일찍 사람 지나간 자취를 생각해 볼 때에 잠깐 앉았던 자리에도 어질러 놓기 원치 않게 되었으니 어질러서 남에게 누끼침이 안 좋은 일인 까닭이요 한번 왔다가는 이 세상에 구태여 북데기를 남기고 가고 싶지 않노니 한번 앉았던 자리 이상으로 오고가는 길에 거리낌 더 큰 까닭이다. 내 언젠가 설레고 악착스러운 세상이 성가신 때 이 세상 어떻게 떠날 것인고 생각하여 보았다. 이 몸뚱이는 월(月)세계에 가지고 가서 만년 녹지 않는 얼음산 속에 남몰래 깊이 묻어두고 나의 넋은 훨훨 막힐 데 없이 날아 달아나서 장식(葬式)일세 문조(問弔)일세 세상사람 하나의 관심도 안 건들어 주려니 꾀하여 보았었다. 그리하여 볼 법 있으면 작히 좋으랴마는 나는 속물이라 그 재조(才操) 덕도 없고 더 갈 길 없는 현대 조국이니 몸을 돌이켜 죽도록 싸워나 볼까? 싸울 수 하도 없으면 어디로 갈고?

【편자 주】 원본은 《주간 □□》 제58호 일주일문(一週一文) 난(欄)에 실린 글이다. 아마 《주간서울》이 아닐까 추정되는데, 《주간서울》은 1947년 9월 말에서 10월 초에 창간된 합동통신사 발행의 《주간서울》과 1947년 9, 10월 초 창간된 서울신문사 발행의 《주간서울》이 있다. 본문 내용을 보아 1948년 무렵인 듯하다.

애국애족하는 견지에서 경찰관 제씨는 인고 자중하라

《민주경찰》 제3권 제5호.

경찰은 의연히 문제에 오르고 있다. 민주경찰의 소리 높은 것은 아직 철저한 민주화에 못 가졌다는 것을 반증하다. 문제의 초점 여기에 있다. 첫째 경찰은 민중을 단속하고 감독하고 필요한 경우 대상되는 인물을 상당히 구속 제약하는 일면의 권력 있다. 권력이 허여된 사람은 그를 자칫하면 남용할 수 있나니 이것이 폐단인 것이다. 하물며 한인(韓人)은 오랫동안 스스로 권력을 갖지 못하였던 터이라 오랜만에 허여된 권력은 함부로 행사하려는 경향 생기는 것이 인정의 약점이다. 둘째 경찰은 현하 전국제정세 하에서나 국내의 혼란한 사회상에서나 자못 악조건 밑에 그 직무를 떼어 맡고 있다. 성적이 좀체로 안 나타나게 되었고 또 그 본질적으로 미움 받기 쉬운 노릇이다. 그런데다가 경찰은 또 경(境)과 물(物) 즉 상대편에 격(激)한 바 되어 과오를 저지르기 마치 좋은 조건하에 놓여 있다. 셋째는 그 일반적인 대우조건이 미흡하다. 현하의 물가 비싼 때에 순경급 3천 5, 6백 원 내지 4천 원 미만의 월급인즉 미상불 생활에 억지가 있다. 그 조건이 심리상으로도 자중하기 어렵게 만들고 다시 과오를 격성(激成)할 소지를 만들어 주고 있다. 넷째 인물난과 교육난이 있을 것이다. 해방이 되고 독립정부가 되고 하면서 인재의 수용(需用) 자못 격심하여 비록 한편에서 각각 인재유휴(人材遊休)의 걱정 있지마는 적이나 유용한 인재이면 타 방면에 전출자 많음으로 경찰계에서는 그 말단부에 갈수록 더욱 인재난 있고 또는 단시일에 갑작스럽게 훈련해 냄으로 그 경관으로서의 교육이 실은 빈곤하다. 이러한 견지에서 민경일체(民警一體)는 많은 경우 말뿐이고 실은 민경이반(民警離叛) 경향이 상당히 근심되는 정태(情態)이다. 나는 8·15 이후 우연과 같이 경찰의 호위를 입는 적이 많다. 더구나 지방에 여행하는 경우 가끔 사퇴도 하였으나 사회사정 불안한 점에서 경찰의 숙사호위(宿舍護衛)는 항례(恒例)와 같이 되었다. 춥고 덥고 간에 철야하여 경위(警衛)하고 있는 경찰 제군의 순직(淳直)해 보이는 동작은 어디에서 문제가 일어날 것인가 의문시될 쯤이다. 그러나 경찰에 관하여는 아직도 많은 문제가 제시되고 있다. 문제 제시되는 반면 허다한 일반적인 공로 있음을 결코 간과함은 아니겠지마는 표창되는 바는 눈에 덜 뜨이고 비난받는 편이 항용 돋보이는 것이 또 세정(世情)의 상태(常態)이다. 이제 그 대책을 강구하건대 그 실행 비록 용이치는 못하나 국책상의 관계 매우 크니 범연히 간과할 바 못된다고 본다.

1. 비록 인재난이라도 줄잡아서 각층 간부급에 그 견식(見識)과 품격이 지도적 인물 될 자를 골라내기에 진력할 것이요, 그 교양훈련에 자별(自別)한 유의를 가할 것이다. 이에는 당연 보수문제가 따라다닌다. 상층부 고관들에게 교제비 없고 말단부 이원(吏員)들도 박봉이어서 생활이 말 못 되나니 책선(責善)을 하기에 말이 서지 않는다. 그 위에 인사가 되도록 공명하기에 진력하여야 하겠다. 내가 근자 지방순회를 가끔 하고 최근 소위 전투지구를 방문하여 신망 있는 경찰관들과도 마주 대해서 그 정경을 보고 들었는데 밤낮없이 고심하는 그들에게 너무 박봉이요 또 몸을 바쳐 분투하는 그들의 눈에는 엉뚱한 인물이 그 지위가 올라간다고 혼잣말과 같이 개탄하는 것을 보았다. 현하의 국가재정난을 알고 남은 바이나 그러나 결국은 후원회비 기타 각종 형태로써 소비될 양은 소비되고야마는 형편이다.

2. 각급 지도자를 적당히 인선 교육한 후에 그들로 하여금 말단 제일선

에 나서는 이원(吏員)들에게 평소 부단한 교육훈련을 베풀 것이다. 이는 이미 실행 중에 있는 방침이나 일층 여행(勵行)하기로 할 것이다. 지리산 방면 국방군 유격대나 전투부대 등도 경찰과 국군의 차이는 있으나 그 통솔자와 평시 및 현지에서의 지도훈련에 따라 매우 동떨어지게 국민의 신뢰와 여망을 지고 있는 부대를 내 눈으로 보고 왔다. 그런데 국군 편에는 부족한 중에도 우선 검소하게 자봉(自奉)할 만한 국가로서의 보급이 보장되고 있는 점에서 착안되는 점이 있다. 이 군경의 최저수준의 자족한 보급이 군경을 주축으로 하고 본 국가위신상으로나 군민합심 민경상신(民警相信)케 하는 점으로 보나 절대 필요하다. 국민에게 먼저 안심 신의(信倚)할 길을 열어주고 그 뒤에 그들의 건과(愆過)를 규명함이 우국애족의 필연한 순서인 것이다. 경찰 제군 딱하고 국민대중 또한 딱한 것이요 국가의 전도는 관심 매우 큰 것이다. 그래서 경관의 도의적 향상이 긴급요건이고 그들의 생활확보가 또 실천요항이다.

3. 경관 제군은 새로이 우국애족의 지정(至情)을 일으키어 그 일동일정(一動一靜)이 얼마큼이나 국가민족의 장래에 영향 미치는가를 정신을 가다듬어 생각하고 스스로 곤고(困苦)와 결핍에 견디면서 그야말로 멸사위공(滅私爲公)의 길을 정진키로 할 것이다. ① 자신이 곤핍(困乏) 중에 있는 것 ② 상대자가 밉살스러운 것 ③ 자기가 방금 홍분 중에 있는 것 ④ 자기의 동료 때문에 복수적인 정염(情炎)이 움직이고 있는 것 ⑤ 국가의 치안과 질서 때문에 그 대상되는 인물 혹 집단이 괘씸스럽다는 것 ⑥ 중난(重難)한 시국 광정(匡正) 때문에는 상당한 비상조치로 아니할 수 없다는 것 ⑦ 갑이 그른 인물이었으니 을이나 병이나도 아마 같은 인물일 것이라고 추단된다는 것 ⑧ 혹은 을과 병이 불량불온한 인물이라고 갑과 정이 증언하는 것(기타 분명히 자기의 과오인 점으로 되는 부분은 이에 열거치 않음) 등등은 경관으로서 권력을 행사하고 직권을 행사하는 데에 흔히 큰 과오를 저지를 수 있는 점이다. 그러나 그것이 국가독립 완수 도

중에 있어 조국의 성격과 민주역량 집결 여부에 인한 민족성패의 장래에 관계 중대한 바이니 직접 민중과 마주치는 경관들은 그 일동일어(一動一語) 실로 소홀소야(疎忽疎野)함을 허(許)치 않는 바이다. 자기들의 행동이 국민대중 사이에 있어 일정한 반향으로 작용되고 그것이 쌓이고 쌓이어 좋지 못한 방향으로 쏠리어 갈 때 그 결과 자못 비상하다는 것을 돌아보면 모든 곤고(困苦)와 불만과 자극을 받는 그 때마다 도리어 일층의 자경자성(自警自省) 있어 인고자중의 순국적 경건에 돌아가야 할 것이다.

필자는 스스로 돌아보아 불초(不尙)한 존재이다. 그러나 일제 40년 동안에 오히려 불굴의 의기(意氣)를 지키어 온 것은 자신의 경지호황(境地好況)임에 인(因)함보담은 도리어 곤고(困苦) 중에서 울어나온 바이었다. 8·15 이후에는 다소 소위 지도층의 반열에 끼어서 [생애 조금 바뀌었다.] 자동차를 타고서 혹은 고급 열차의 차창 앞에 앉아서 [나는] 산천이 황폐함을 근심하고 도시 조잔(凋殘)해감을 걱정하고 서울의 거리를 달리는 경우 남북악(南北岳)의 수목이 갈수록 엷어감을 개탄하고 "로터리"를 밟아터지는 행인들을 개탄하고 하수도를 북데기로 메우고 개천을 쓰레기로 덮어올라오는 시민들을 나무라고 하면서 다심(多心)한 우국자라고 측근 우인(友人)에게 조소 겸 위유(慰喩)를 받았다. 그러나 자동차 위의 우국자로서는 [그 심사(心事)] 차라리 겉틀이었다. 작금에 와서 자동차를 늘 타기에 지장도 가끔 생기고 전차를 타기에는 행렬에 참예하기 시간도 걸리고 함으로 뚜벅뚜벅 서울의 거리를 멀리 걸어[가면서 눈에 마주치고 마음에 찔리는 바는 더욱 심각하였다.] 혹 헐벗은 아이들이 닭 싸우듯이 어우러져 싸우다가 어른의 금지 만나 울면서 떨어져 감을 볼 때 이기고 지고 울부짖고 웃고 함은 얼마의 인생성패의 우열이 있는지 까닭 없이 비한(悲恨)도 솟아났다. 혹은 내가 먼저 우울한 시국에 눈살을 찡그리며 번뇌한 가슴을 안고서 걸어갈 때 보호자도 없는 6, 7세 아동이 성큼성큼 허둥지둥 바쁜 길을 앞질러 달아남을 마주쳐 보낼 적에 눈물도 어릴 듯이 터무니없는 자비심을 일으키어 바야흐로 퇴□(退□)할 뻔하던 나의 심혼(心魂)이 이 동포 이 후생(後生) 때문에 다시금 나에게 채질하게 하였다. 오냐 일생을 뽐내어 민족의 자유와 그 안전한 생존 때문에 나의 운명을 바치리라고 하는 발원(發願)이 새잡이로 일어나는 것이었다. 나는 헐벗고도 싸우고 우는 아이들과 보호자도 없이 차마(車馬) 붐비는 서울의 거리를 허둥지둥 달아나는 어린아이들의 몰골에서 우리 민족의 앞길을 다시 한 번 상상해 보고 인식하고 그리고 자기의 심혼(心魂)을 가다듬었던 것이다. 참된 우국애족하는 마음과 정신맹투(挺身猛鬪)의 순진한 지정(至情)은 난경(難境)에서 더욱 빛나는 것이다. 경찰계의 제씨(諸氏)도 조금 범속(凡俗)을 초월하여서 인고자애하는 멸사적인 애국자가 되기로 하라. 우리 당면한 시국은 매우 곤고(困苦)하다.

4월 28일 야(夜)

【편자 주】 민세 자신이 원문에 가필(加筆) 수정한 것에 따라 내용을 입력하였기에, 《민주경찰》에 실린 내용과는 다소 차이가 있다. 본문 가운데 [ ] 부분은 민세가 자필로 추가한 부분이다. 이외 사소한 수정·가필은 따로 표기하지 않았다. 《민주경찰》은 경찰부 교육국에서 1947년 9월 1일자로 창간하였다. 원 잡지를 찾지 못해 게재 연도는 알 수 없다.

강토통일과 남한정치문제

1. 국련한위(國聯韓委)와 그 직능

강토통일·민족귀합(民族歸合)은 우리 민족 자신의 문제뿐 아니고 세계적 문제의 하나이다.

서(西)에서 전범국이요 또 전패국인 나치스 도이치에 이 문제가 걸려 있고 동(東)에서 해방 지역이라는 우리에게 이 문제가 들씌워져 있다. 이 문제를 잘 해결하는 것이 한국의 행운인 것은 두말할 바 없고 나아가 인류화복에 관계가 크다. 한국 하나만이 고사꺼리로 될 수 없고 잘못 가면 3차전을 겪어서의 해결을 기다릴 수밖에 없는 까닭이다. 이제 국련한위가 들어온 지 날이 거듭되어 나에게는 때마침 몇 개의 협의안건이 걸리어 왔다.

그 제1분과위원회의 문목(問目)은

1. 통일문제에 관한 그대의 의견은 무엇인가?
2. 대한민국 정부 수립 이후 통일을 추진하기 위하여 어떠한 방책을 취하였으며 이 방향에 어떠한 방책을 취하여야 되겠는가?
3. 어느 정도로 한국에서 경제 사회 및 기타의 장애를 제거할 수 있겠는가?

등 3항목이 제시되어 있다. 나는 먼저 신한위(新韓委) 제씨(諸氏)가 우리 통일독립의 완수 때문에 열의와 고심으로 매진하고 있는데 경의를 표한다.

그런데 (2)항의 설문인 통일문제에 관하여 나로서는 화평통일의 원칙 아래에서 1947년 11월 14일 레이크 썩세스(Lake Success) 총회 결의의 원칙을 관철키에 노력하기를 요청할 밖에 없다. 즉 대한민국 국회에서 이북 일천만 한인동포의 대표로서 일백 의원의 의석을 남겨둔 것을 이번의 국련한위 감시 하에 추가 선출하여 적법적인 통일귀합(統一歸合)을 성취시킬 것을 주장한다. 그 이유로는 (1) 그것이 남아 있는 화평통일의 실천방법으로 가장 적법적인 것이다. (2) 또 국제원조에 의한 화평해결의 최후의 기회를 잃지 말라는 것이다. (3) 이북 백 명 의원의 선거는 이북에서 생각할 수 있는 통일조국의 소위 반동정치화의 우려가 없어지게 될 것이요 (4) 그 반면에 이북 백 명에 의하여 통일조국이 공산정권화할 근심도 없다고 보는 까닭이다. 다만 이 문제의 성부(成否)는 북한민중 다수의 의견 여하에 있지도 않고 주로 소련 국책에 달려 있다. 소련은 미소공위와 1947년 11월 총회 이래 항상 반대의 태도를 고집하여 왔다. 소련이 양보치 않는 한 북한에서 이에 독자적 태도를 가질 수 없겠고 미·소 대립은 작금 격화의 일로를 내닫고 있으니 좀체로 소측(蘇側)의 급각도의 전동(轉動)을 기할 길이 없다.

2. 실력통일의 구체안은?

실력통일을 논(論)하는 편이 상당히 많다. 실력통일은 말부터 자못 통쾌하다. 무엇이라고 했든 세상은 실력제일주의다. 그러나 실력도 갖가지이니 민중여론의 힘도 실력이요 그의 적법적 표현방법인 국민투표에 의함도 실력이요 또 가장 직접적인 무력통일도 실력통일인 것이다. 여론의 힘 투표의 힘이 모두 절망적일 경우를 전제로 하고서의 실력통일론인 것인 즉 그는 당연 무력통일로 볼 수 있다. 무력통일론은 이론에서 단순하고 실천에서 중난(重難)하다. 왜 “화평통일은 영영 아니 되고 통일을 안 하고서는 안 되겠은즉 화평통일은 이상론이고 결국은 무력통일일 뿐이다.” 이렇게 실력통일론은 하나의 순수이론으로서는 지극 명백하다. 그러나 실천은 어떠할까?

남북분단됨이 우리 국내문제의 불행한 발로가 아니요 그 각자가 미·소 양국 전 세계적 대립의 첨단부로 되어 있는 국제세력의 연장체인 것이다. 그러므로 ‘게릴라’의 잠행적 책동은 별개문제로 던져두고 공식적인 전투행위는 북벌남정(北伐南征) 아울러 국제의 주동세력이 그 결전체세(體勢)에 들어가게 되어 합법적인 공동작전에 나아오지 않는 한 단독 부분적인 전쟁이 우리 국토 안에서만 진전되지 않게 되어 있는 것이다. 즉 3차전의 준열한 서막으로서만 거대한 실력의 발동이 있을 것으로 보아 타당한 것이요, 실력의 문제됨이 이 점에서 실로 지극 신중을 요하는 바이니 책임 있는 정사가(政事家)들은 먼저 이 사유를 명확히 인식함을 요한다. 소련의 750억을 돌파하는 군사비 예산도 미증유의 일이어니와 미합중국이 종래의 전통을 깨트려 서유럽 5국 동맹을 적극 원조하고 게다가 다시 북대서양방위동맹을 주도적으로 추진함은 천하의 형세 지극 비태평임을 알아차리겠다. 미·소 필전 준비가 엄준(嚴峻) 촉진됨으로 최후에 가서 도리어 급회전되어 혹은 화평의 해결이 있을 것인가?

근대의 역사상에 그러한 실례가 거의 없었으니 못내 호탄(浩嘆)할 것이다. 만일 3차전을 기다려 바야흐로 통일을 기할 밖에 없다고 하면 민족의 참화요 인류의 대환(大患)이니 이는 반드시 실력통일이라고만 규정하기 어렵다.

3. 관심되는 남한정치체세

여상(如上)한 사태이므로 “대한민국 정부 수립 이후 통일을 추진하기 위한 어떠한 방안”은 그 직접적인 방편인 한에 취하여 지지 못하고 있었던 것이다. 그는 민족자주의 의념(意念)이 비록 뜨거웠다고 치더라도 통일의 공작은 그다지 자주적인 진전을 기(期)키 어려운데 그 대부분의 이

유가 있는 것이다. 그러함에도 인위(人爲)의 최선(最善)도 있었다고 볼 수 없으니 첫째 정부 당로(當路)는 그 최고의 지위와 최대의 권력이 있음에서 주동적인 겸허와 포섭의 공작이 추진될 수 있는 것이다. 그러나 불행하게 정부 측에서는 그 방침에 나오지 않았다. 혹은 아직 그 서막에까지 나아갈 여유가 없었는지도 모를 일이다.

둘째 민간의 지도자 측에서는 너무나 아집불굴의 태도에 경화(硬化)만 하고 말았다. 정부 측에서 초유(招誘)의 손을 내밀지 않았음이 하나의 반발심리를 더욱 조장하기도 하였을 것이다.

셋째 모처럼 정부 측과 민간 측의 사이에 분주하는 자는 그 열의가 인정되지 않고 세간에 많은 이기적 책동자와 혼효(混淆)됨도 있어 조야(朝野)협동으로 민족주의 민주역량의 집결을 이루지 못하고 말았다.

넷째 민간에서의 민족진영협동체안은 그 취지가 좋지 않음이 아니나 지도자 측의 영웅주의적 통솔욕과 우익 일부의 정부여당연(政府與黨然)한 전천(專擅) 의도의 발로 등이 화근이 되고 또 이념의 불일치도 있어 민간자주적인 민족주의 민주역량의 집결도 좀체로 성취되지 못하는 사태이다.

남북분단이라는 악조건 밑에 정사(政事)의 책임을 지는 것은 실은 숙명적 난사(難事)인 것인데 그 외에 여상(如上)한 총체적 협력도 있지 못하고, 재정·경제 등 악조건이 민생고를 갈수록 조장함에서 관기숙정(官紀肅正)의 요청은 의연히 높고 민중의 실망과 이반의 경향은 급속히 극복되지 못하는데, 사상적 공작과 모략이 틈을 타서 크게 움직임이 있어 남한의 정치체세는 왕왕의 사고와 함께 의연 안정 일원화를 기하기 어려운 사태이다.

청년기자들은 나에게 설문하는 일이 있다. "남한의 이러한 조건 하에 남북통일이 급속히 되는 경우 도리어 큰 혼란이 있지 않을 것인가?"고 개탄하는 것이다. 어느 시대 어떤 사회에서든지 결코 전 민중이 일체 설복하고 합치되기는 거의 불가능한 것이고 오직 다대수(多大數) 민중의 협동호조(協同互助)가 있어 구국의 대업은 순조로이 추진되는 것이다. 이제 강토통일의 과업은 결코 순조롭게 되리라고 낙관할 수 없는데 남한의 정치태세는 반(反)일원적 정세가 자못 과소시(過小視)할 수 없다. 이러한 상태에서는 소위 실력통일이 국제세력의 전동(轉動)에 호응하여 성취된다고 치더라도 아직은 안심할 수 없는 바이다. 정부가 일층 대담한 견지에서 그 정치역량을 강화할 방법을 강구 실행함이 한 방법이요, 정부 및 재야의 민주역량을 총동원시키고 우호국의 원조가 기획적이요 또 효과적일 만큼 산업경제 등의 민중의 생활토대를 쌓아올림으로부터 정치 문화적 상층구조에서도 특별한 선전 조직 및 진지협동의 적극공작이 없어서는 안 될 일이다.

적극건설에 있어 만일 재정상의 애로가 있을진대 '양입계출(量入計出)'의 평상적 재정관을 타파하고 '양출계입(量出計入)'의 적극책으로 전환함도 일 방안인 것이다. 경제적 건설의 성패는 일반 성패의 기로이다. 이점 심상(尋常)한 만담이 아니어서 실로 경세적 대관심을 재촉하는 바이다.

4. 조국의 도의적 재건문제

최종으로 일필을 보탤 것은 8·15 후 움직여 그치지 않는 정계 동태로 보아 나는 정사가(政事家), 지도자, 일반청년 제군(諸君)에게 새로운 반성을 요청하고 싶다. 그는 8·15 후 모든 사태가 태반이 정쟁 즉 정권쟁탈의 내의(內意)에서 표면의 명분이 이용되는 경향이 너무 많은 점에 대해서이다.

민족 공산 양 부문 간의 문제는 처음부터 결정적인지라 거론치 말고 민족주의 진영 자체 내의 대부(大部)의 반탁 찬탁의 훤소(喧騷)한 싸움이 정적을 넘어뜨리려는 공구로 악용된바 퍽은 많았다. 소위 영수(領袖)급에 향한 모략적 공격이나 반공의 목표 하에 부가(賦加)한 공격도 또한 일

당일파의 토지정책 또는 반민자 처단 등에 관련된 정쟁 방략으로서 노현(露顯)되는바 하나 둘 뿐이 아니었다. (차호(次號)에 속(續))

【편자 주】 게재지와 연도 미상. 1949년 2월 이후 발표된 글로 판단된다. 후속 글을 찾지 못했으나, 민세의 통일문제에 관한 의견이 들어 있어 이번 선집에 일부분이나마 게재했다.

특별기고

농촌문화앙양론

1. 농토자연과 민족문화

한국은 농업국이다. 금후 공업입국의 방향으로 크게 진력하여 할 것은 긴 말할 바 아니나, 농업국으로서 가지고 있는 성격을 현대적으로 잘 발휘시켜야 할 것이다. 농업은 기본산업이니만큼 농업의 홍왕(興旺)은 국가민족의 홍왕을 기초 짓는 것이고 농업은 또 자연력의 활용을 기본조건으로 삼느니만치 향토자연에 대한 친애감과 한가지로 자연과 인생 또는 우주와 인생에 대한 관조와 감수(感受)가 인생본연의 우애적 성능인 생명의 애호성을 조장 촉성하는 것이다.

인생에 대한 자연력은 흙으로써 근반(根盤)을 삼나니 흙은 대지의 살이다. 대지를 밟으면서 흙을 친하여 갈고 쓸고 파 젖히고 북돋아 덮어가고 하며 씨앗을 뿌리고 새싹을 길러내고 모종하고 김매어 가꾸고 하는 동안 천지조화의 공을 무럭무럭 깨달을 수 있다. 따뜻한 바람 더운 볕 푸근하게 내리는 비와 이슬에 어떻게 자라나고 퍼져가고 이삭 패어 올라오고 꽃피어 꼬투리 돋히고 열매 맺혀 굵어가고 하는 꼴을 나날이 보는데도 우주자연 속에 벅차도록 잠겨있는 생명의 힘을 알 것이오, 이 벅차서 넘치려는 크나큰 생명의 힘이 온갖 씨앗으로 되고 살은 짐승으로 되어 일정한 기틀을 만나면 낳아 자라서 익어 여물고 다시 이울어 떨어져 다음의 생명이 또 시작되고 하는 자취를 글이 아닌 글에 읽고 설법 아닌 설법에 들어 깨닫고 알고 믿고 함을 얻을 것이니 이는 흙과 친하고 자연으로 더불어 일하면서 사는 농업민인 연후에야 비로소 가질 수 있는 으늑하고도 푸근한 별개의 경지요 행복된 세계인 것이다.

우리말에 춘절은 봄이니 봄은 봄(見) 으로 '보암'즉 하도록 자연계가 아름다워지는데서 착상된 말이라고 하겠다. 온갖 풀 움돋아나고 온갖 꽃 시새어 피고 잔새 노래하며 날아드는 봄은 아닌 게 아니라 기쁘고 아름다운 봄직한 경광(景光)의 시절이다. 그러나 그 보담은 겨웁도록 춥고 온 세상 얼어 웅크렸던 대지 위에 훗훗한 바람 불어 예고 따뜻한 볕이 날마다 높아가서 온갖 생명의 인소(因素)가 '배음'(孕胎)하여 출발하는 것을 가리킨 말일시 분명할 것이다. 하절(夏節)의 여름은 전개를 일컫는 것이 의심 없으니 봄에 배음한 생명의 인소가 여름의 더운 기후를 만나 흠씬 자라 벌어져 닫히고 막힘이 없이 열릴 대로 한껏 열려짐을 일컬음인 것이다. 추절(秋節)의 가을은 갈어짐을 일컬음이니 샛바람 솔솔 불어 찌든 더위 다 달아난 때 서리치고 찬바람 지나 지는 잎 우수수 흐트러져 가고 나무열매와 논밭의 곡식 고개 숙여 익고 모든 꼬투리 단풍 들어 여물어 가며 아람 벌어 밤 쏟아지고 도토리나 잣이냐 솔방울의 씨앗이나, 툭 터져 부풀어 오르는 면화송이 따위에서도 결실의 가을을 알아본다는 것이다. 다만 싱싱하고 오직 더부룩 덮어 누르는 무성한 여름에 견주어 천지숙살(天地肅殺)한 기운이 열흘 보름 다 못 된 동안에 어떻게 갈리고 바뀌어 다시 저즘께의 그 모양을 찾을 나위 없는 것을 찬찬스러운 듯이 보고 느낀 것이 여름 다음의 가을이라는 절기인 것이다. 그야말로 달 떨어지자 까마귀 짖고 썰물이 빠져 바다 비고, 구름 스러져 산 얼굴 고요하고 숲이 앙상히 가지만 남자 낭떠러지 오직 앙당함을 볼 때 땀 흘려 농사지은 백곡 익어서 걷어 들이기를 기다림은 그 절물이 변해진 자취가 너무 또렷한데, 그는 대지와 함께 뺨을 부비고 하늘로 더불어 일하고 쉬는 농업민인 후에야 비로소 잘 살펴 알고 느껴 깨달을 바이다. 가을 가을, 가을은 그 갈어들음이다.

동절(冬節)은 '겨욹'[맞춤법상으로 겨울이 맞으나 민세 특유의 우리말 풀이와 관련이 있어 원문 그대로 표기함-편자]이니 봄부터 시작하여 여름 지나고 가을 지나와서 눈 쌓이고 얼음 잠그는 겨욹 해는 바짝 짧아지고 만물의 생명력은 잠든 듯 닫혀져서 변함이 겨웁도록 끝의 끝까지 왔다함을 이름이다.

이 춘하추동 사시절을 두고 부르는 말에서도 우리 민족문화의 깊숙한 한 구석을 들여다볼 수 있거니와 여기서도 농업문화 아니고서는 민족문화가 마땅히 있어야 할 형태와 성격대로 갈 수 없다는 것을 인식할 것이다. 그리고 이는 지구의 북반구에도 마치 좋은 온대 안에 살고 있는 우리 민족의 자연과의 역사를 말함이다.

2. 조국애는 농토개발에서

갈고 심고 김매고 거름 주어 인력의 할 수 있는 바를 다하였으되 비 오고 볕 쪼이어 풍성한 수확을 얻는 것은 사람만의 힘으로 어찌할 수 없는 일(현대까지는 꼭 그렇다)이어서 저절로 천지조화의 힘을 깨닫고 고마워하게 만드나니, 이는 농민이 항상 경건(敬虔)한 마음의 소유자 되는 까닭이다. 천지조화의 자취를 무시할 수 없거니 산 항상 푸르고 물 항상 곱게 흘러 살찐 들, 기름진 밭, 나의 호흡을 불어넣어주는 내 시골 내 나라와 거기서 함께 사는 나의 동포가 그립지 아니할 수 없고 내 부모 내 조상 땀 흘려 갈고 가꾸어오던 정든 전원이 사랑스럽지 않을 수 없을 것이다. 푸른 산 그 너머에 또 푸른 산 있어 바라볼수록 아득하되 닭 울고 개 짖는 고장에 흰 옷자락 펄쩍 "그 누구요" 하는 우리 말소리 들려오는 내 민족의 공동한 정서와 그 생존의 노력이 그대로 각 사람의 가슴 속에 감격을 통겨 울려주지 아니할 수 없다. 이것은 서울, 평양, 부산, 광주 또는 함흥, 춘천, 혜산진, 신의주 하는 수도(首都)·항도(港都)·목재도시·공업도시

등의 현대문명 집적의 책원지(策源地)가 국제문화 교향(交響)의 활(活)무대로서 빛나야 할 것 마찬가지로 하고많은 농촌과 장터와 기타 조그만 전원도시가 모두 농민문화 또는 농촌문명의 근거지 되고 배양소 되도록 기획, 설시(設施), 계발, 선양시켜야 할 일이다.

8·15 일제의 붕괴를 따라 한국의 각 지방에 국민학교·공민학교 퍽은 많이 설립되었고 각 군 거의 각개의 중등학교를 설립한 중이며 대학의 명칭으로 개교된 학원 열손가락만으로는 이루다 헤일 수 없는 사정이다. 조국재건 민족자주독립의 씩씩한 길 매여 있어 국민일반의 생활의욕과 향상의 열의 퍽은 앙양되고 있는 증좌(證左)이다. 이때에 있어 정치적 중난성(重難性)을 직각(直刻)에 박차 물리치지 못하는 것은 전 세계적인 대규모에서 우리에게 부과된 연관성에 말미암은 바이지만 그럼에 불계(不計)하고 국민각층의 창작적인 열의는 아주 꺾여짐이 없이 모든 부면에서 싹터 움직이고 있다. 정치, 경제, 교육 등 문화의 온 부면에 있어서는 마땅히 민족자주 인류대동의 번듯한 대도(大道)에서 이 시대의 사명을 굳건히 떠메고 나설만한 근로대중의 문화, 농업 한국의 문화를 북돋아 올려야 할 것이다. 그런데 농민문화는 농촌경제의 역량을 보담 더 증강시키는 것으로부터 출발하여야 한다. 농지개혁은 다만 경제를 골고루 한다는 데 그치는 것이 아니고 농민의 생활을 보담 더 넉넉하게 만들자는 데서 나오는 것이니 농토를 골고루 나누어주었지만 나눈 농토가 넉넉지 못하면 결국은 가난을 나눈 것 같은 결과가 된다. 그 까닭에 좁은 땅에서도 더 많은 생산을 얻도록 경작법을 개량하고 종자를 개량하고 비료를 넉넉히 쓰게 하고 수리를 일으키고 배수설비도 할 뿐더러 개울 옆, 산기슭, 큰길가 방축의 비탈 모든 놀고 있는 땅은 한 평의 넓이라도 거저 버리지 않고 마땅한 작물을 골라서 심으며 할 수 없으면 포플러 닥나무 목초(牧草) 혹은 차나무를 심는 따위 할 수 있는 모든 일을 다하여 볼 것이다. 입체농업을 부지런히 전국적으로 실천키로 하여 각종 과원을 평야로부터 낮은

비탈에 옮겨놓고 그 위에도 감·호두·밤·잣·개염·도토리 또는 은행·벽오[동유(桐油) 원료]와 약초 각종을 재배 혹은 조성할 것이오, 소·말·양·산양·돼지·닭·오리 등 가축 가금(家禽)과 양봉·양토(養兎)와 수리사업에 동무하는 저수지의 담수어 양식 등은 한편에서 국민개로 근로입국의 새 민족정신을 전면적으로 강조시켜 국민경제 배양에 커다란 동력을 만들 것이다. 바다를 막아 전답을 푸는 것과 염전을 이룩하여 식염공급을 확보하는 것은 수산업에의 매진(邁進)과 함께 깊게는 바다 속으로부터, 높게는 4, 5천 척 또는 7, 8천 척의 뫼 봉우리까지 국토 이르는 곳마다 손 아니 닿고 발 아니 가는 데 없고 그 부원(富源)이 이룩해지지 않음 없이 되어야 할 것이다. 농작물에 있어서도 미·맥·두태·조·피·수수 등에 국한함보담 근자 감자·고구마·토란 등으로부터 땅감·당근·도라지·우방·머귀풀·취·파·가지·연근 등 원예작물로서 영양가치 많은 것과 참깨·들깨·율무 따위 자양분과 칼로리 함유량 많은 작물을 지도 작성케 하고 주식물을 다만 밥에 그치는 것을 고쳐 밀·감자·고구마·밤 등 같은 것을 떡 혹 국수 등으로 개량 연구하여 편식에 인한 빈곤성을 극복케 할 것이요, 양어(養魚)·가금(家禽) 가축업의 발전과 함께 농민수입의 증강은 물론 영양과 보건에 결정적 약진을 가져올 것이다.

현하 일반 국민대중의 보건상태는 호흡기계통의 결핵성적인 모든 병과 소화기계통 또는 기생충에 인한 병 등 퍽은 불량한 터이다. 문화향상이 부력증진에 인한 생활확보로부터 비롯해야 될 것은 내 말을 기다릴 바 아니다.

3. 민족자본은 근로에서 창작된다

다만 희망론을 늘어놓아 꿈같은 '유토피아'를 그린댔자 그것만으로는 대단한 의미를 이루지 못한다. 만사는 자금 즉 재정문제이다. 불생산적인 제 경비를 줄이고 재건 국토건설에 전력을 기울이면 좋지 아니한가 하고 발론(發論)할 수 있다. 그러나 평화와 질서가 확보되지 않고서는 아무런 건설도 있을 수 없나니 불생산적 비용도 결국은 생산적인 것이다. 그러면 외국의 원조 혹은 바로 차관을 우러르는가? 그것도 한도가 있다. 그렇기 때문에 나는 대한민국의 부흥과 재건은 국민개로·근로입국 정신의 작홍에서 그 민족자본이 축적되는 것이라고 단언한다. 재일한교(在日韓僑)의 천여 억의 자본을 어떻게 끌어 들여오는가도 하나의 안이기는 하나 그것이 성취된다고 치더라도 유한한 자금일 것이다. 한국민은 미국을 전적으로 배우기는 그 국정 불가능한 것이고 모름지기 스칸디나비아를 배울 것이다. 덴마크를 배우고 스웨덴을 배우고 노르웨이를 배울 것이다. 평야와 구릉에서 덴마크이요, 산악지대에서 스웨덴이요, 해양에 나아가는 데서 노르웨이를 각각 본받을 것이다.

【편자 주】 본문에 농지개혁을 언급하고 있으나 농지개혁 실시 과정이 복잡다난하기 때문에 이 글의 정확한 발표 연도는 알 수 없다. 1949년에서 1950년 초에 발표한 글로 추정된다. 참고로 당시 남한에서 농지개혁은 미군정의 남조선과도정부법령 제173호 공포(1948. 3. 10), 신한공사 해체와 중앙토지행정처 설립(1948. 3. 22), 귀속농지 매각, 대한민국 수립 후 이승만 정부가 마련한 농지개혁안 국회 제출(1949. 2. 5), 제헌국회 독자 농지개혁안 마련, 정부안과 국회안을 절충한 농지개혁법 국회 통과(1949. 4. 28), 공포(1949. 6. 21), 개정법 통과(1950. 3. 1) 등을 거쳐 1950년 4월 4일 시행되었으나, 곧 6·25가 일어났다.

지각을 찾자

나에게 새해의 포부를 묻지마는 나는 말로 포부를 말하기에는 도리어 싱거운 느낌 깊다. 나는 금년 부끄러운 나이 예순 살 되어 반세기 넘어 한국민(韓國民)으로 살아왔다. 네 살 때에는 갑오년 동학난리 이어서 일청전쟁난리를 맞았는데 그 해 일은 똑똑히 생각지 못하나 이듬해 다섯 살 때부터는 대원군, 민(閔) 중전, 독니페페 하면서 어른들이 숙덕대고 눈둥그레지고 또 난리 나겠다고 하는 바람에 어려서부터 퍽은 불안과 흥분 중에 자라났다. 독니페페는 독립협회(獨立協會)란 말로 한편에서 독립을 완성하려는 민중운동 일어났고 외국의 힘은 한걸음씩 우리에게 먹어들어 오던 것이다. 나는 원다인, 섭다인, 화방의질(花房義質), 목하전(目賀田)이, 가오실 대신(大臣), 구룡동(九龍洞) 대신(大臣) 하는 소리를 익히 들으면서 어린 나이를 한 살씩 더 먹었겠다. 원다인은 원세개(袁世凱), 섭다인은 섭지초(葉志超), 일청전쟁 때까지 등장하였던 중국 인물들인데 후자는 바로 내가 생장한 평택군의 남쪽 성환(成歡)들에서 패전한 청장(淸將)이다.

그 다음에는 대황제폐하, 이용익(李容翊), 강석호(姜錫鎬), 이등박문(伊藤博文), 임권조(林權助), 장곡천호도(長谷川好道), 최면암(崔勉菴), 곽종석(郭鍾錫), 유인석(柳麟錫), 그리고 민영환(閔泳煥) 충정공(忠正公), 한규설(韓圭卨) 누구누구 하는 소리를 들으면서 근심걱정 많은 세상을 지

나왔다. 그 다음은 독자 제씨(諸氏)의 양해로 주워섬기지 말기로 하고 몇 해 전(前)부터는 "하-지", "러-취", "맥아-더", "쭈레-퍼", "호프만", "메논", "뽕쿠르" 하면서 이번엔 자동차를 달리어 김포벌판을 부지런히 오고 가는 시대로 되었다. 짧은 인생에 기다란 역사이고 조급(懆急)한 가슴에 덧없는 변천이다. 조이는 가슴은 염통이 두근대고 겪어본 쓰라린 경험들 아니면 눈물은 인생을 정화시켜서 이때쯤은 아늑하게 합심(合心)도 잘되고 구슨하게 단결도 잘되련마는 우졸(愚拙)의 평생이 오직 때때로 깊은 은우(隱憂)에 애끓게 한다.

이야기만 한 일 다 되었다고 하기, 얽어만 놓고 대성(大成)하였다고 하기, 대동단결되고 보면 정권은 그 작자가 쥐지 않나 하고 지레부터 방해하기, 그 인물을 어느 분에게 접근케 하면 내 쪽에 틈이 벌지 않을까고 중상모략하기, 한국의 사회는 진실성이 적다. 옛적에 명(明) 태조 주원장(朱元璋)은 황태손(皇太孫) 건문제(建文帝) 잔약(殘弱)한 것을 보고 자기를 따라서 함께 천하를 다투던 남아있는 무장을 모두 조처한 후 그만하면 건문제(建文帝)도 안전(安全)하려니 하였더니 북방에 있는 연왕예(燕王隸) 중병(重兵) 거느리고 밀고 들어 올 때 건문제(建文帝)의 좌우 다시 맹장정병(猛將精兵) 남은 것이 없어 건문제는 승복으로 변장하고 수구문(水口門)으로 빠져 영원히 도망하고 말았다. 난국에 빠진 조국은 대중과 함께 지킬 방법을 마련하여야 한다. 나에게는 신년의 포부 아무것도 없으니 지난 자취를 똑똑히 돌아보고 오늘날의 형편 찬찬스럽게 살피어 잘못되면 올 것이 무엇인가 지각을 좀들 차리면 좋겠다.

(1) 민족주의 진영에서는 재조재야(在朝在野) 가릴 것 없이 시국 만일 그르치는 때 있으면 성패가 한 종파에 국한되지 않고 전 민족 성원에 미친다는 것을 다시 한 번 알아차려야 할 것이다.

(2) 민족주의 진영 지도층의 협동단결(비록 수개 분야로 되더라도)은 안으로 민중에게 얼마큼 안도감을 주고 헤맴이 없는 한결같은 지향을 찾

게 하고 국제적으로도 우호원조가 보람 있으리라고 인식시켜 그 변함없는 추진을 보장할 것이다.

(3) 중공군의 승리와 모택동의 모스크바 방문은 그의 직시(直時) '티토화'를 만연(漫然)히 기다림을 허(許)치 않고 동아시아 및 한국에도 다소의 영향 있을 것으로 보아 조야 각계 만전(萬全)한 대책이 있어야 할 것이다. 신년은 3차전 전야(前夜)로서 화전(和戰)간에 최후단계에 바짝 다가드는 해이다. 이 점에서 만사를 생각하여야 한다.

(4) 명년(明年)['금년'이라고 자필로 수정되어 있다–편자] 중에는 대일강화가 반드시 성취될 것으로 보아야 한다. 소련을 제외하고서라도 꼭 될 것이고 한중 양국은 불리한 정세에 미끄러져 가고 있다. 한중친선은 공식 외교적 교언영색이 아니어야 하는 것이고 그 대중처사(對中處事)에는 소루(疎漏) 있다고 하겠다. 이 점도 일반 유의할 일이다.

(5) 안정을 바삐 서둘러서 도리어 안정을 저해하는 조처 없도록 극히 유의할 일이다. 군민(軍民), □민(□民) 더욱 합치의 길을 열 것이다.

【편자 주】 본문에 민세 자신이 60세 되는 해라고 밝힌 것으로 보아 1950년 1월 초인 듯하다. 신문에 기고한 글이다.

3·1소년단 선언

우리들 순결하고 용감하고 근면한 배달겨레의 소년들은 한데 뭉치어 삼일소년단을 만들었다. 지혜와 정성과 힘을 아울러 줄곧 웅성굳고[雄遠] 너그럽고[寬弘] 검줅인[勇堅] 협동하는 생활을 함으로써 우리민족과 조국에 끊임없는 정화와 활력을 줄 것이요, 새로운 광명과 희망과 그 씩씩한 발전이 우리들의 운동에 말미암아 보장될 것을 의도하고 서로 서두르면서 나아가기로 한다.

삼일투쟁은 우리 겨레 건국 사천 년의 단련된 민족정신이 덩어리 되어 나타난 세계적인 운동이었다. 조국과 민족과 그들의 자유로운 생존과 영원한 발전이 무엇으로도 바꿀 수 없는 우리들 스스로의 목표이었고 우리 배달겨레가 함께 참열(參列)한 국제의 평화와 정의와 인류의 평등한 행복이 그 염원이었다. 사천 년 빛나는 우리의 역사가 침략국가 일제의 야욕 밑에 40년 눌리어 있어 씻기 어려운 더럽힘을 입었으나 오직 이 숭고하고 용감스러운 삼일정신에 기대어 다시 동서만국에 번듯이 빛나게 된 것이다. 우리들 소년단은 삼가 이 성스럽고 웅대한 삼일정신을 몸받아 꾸준히 나아가기로 한다.

1. 우리들은 오직 자유로운 조국과 민족의 영원한 발전 때문에 몸과 마음을 바친다.

1. 건강과 용감, 순결과 정직, 웅원(雄遠)과 면밀(綿密)은 우리들 생활

의 공동한 이념이다.

1. 근로와 과학과 실천의 봉사로써 조국과 향토와 나의 가정을 항상 청신한 생장과 발전이 있도록 한다.

1. 독립자활 협동호애!

1. 근로입국 구원성취!

【편자 주】 원고지 필사원고. "민족소년단체"인 대한3·1소년단이 서울시 각 구에 구단부를 조직하면서 1950년 5월 21일 동대문구단 결단식을 거행했다는 기사(《동아일보》 1950년 5월 21일자)를 참고하자면, 1950년 5월 21일을 전후해 이 글이 씌어진 것으로 추정된다.

소년문화협회의 취지

소년은 인생의 새순이요 민족의 원대요 장래 운명의 질꾼이다. 소년의 적정한 교양 연찬(硏鑽) 훈련은 국가민족 앞날 때문에 커다란 과업으로 되어 있거니와 소년들 스스로가 그 사명의 큰 것을 깨달아 서로 겨웃고 짜이어 이 사업을 추진키에 몸과 마음을 가다듬어야 할 것이다.

건강과 용감, 순결과 정직, 웅원과 면밀, 이것은 소년에게 있어야 할 삼덕이라고 하겠다. 인류사회가 번영하는 동력이 되며 국민성패가 말미암아서는 기본으로 되며 이로써 소년운동의 도의적 주축이 되어야 할 바이다. 이 삼덕 선후에야 신의·절의·예의도 따라서 발양될 것이요, 온갖 지식·학식·기술·간능(幹能)이 비로소 국가와 민족과 인류 때문에 그 복리를 가져올 것이다.

도의 그 근간이로되 지식 기능이 반드시 그 쓸모 있는 사람됨을 요청하나니 이것은 소년운동이 덕성함양 외에 모든 학술·예술·기술·간능의 연찬과 정서의 연마와 의지의 단련 등 그 빼지 못할 일상실성(日常實成)의 과제로 되는 이유이다. 이리하여 각 사람은 바야흐로 구전(苟全)하고도 정명(精明)한 문화국민의 자격을 갖출 것이다. 원(圓), 진(眞), 미(美), 선(善)의 큰 표식 있으니 소년의 지향 이리로 가야 하겠다.

이제 조국재건 독립완수의 멀고도 넓다란 길매에 있어 우리는 전 국제문화를 골고루 받아들이되 그로써 우리 민족문화를 앙양순화(醇化)함에 이르러서야 이에 큰 보람 나타나나니 그는 소년운동에서 출발해야 한다. 우리나라의 소년소녀들은 함께 뭉쳐서 나라와 나를 위대하게 만들자!

(1) 조국과 (2) 자연인 풍토와 (3) 과감한 싸움으로 지켜온 운명공동의 민족생존의 역사와 (4) 현대에서 국내와 국제의 움직이고 있는 모든 통계적인 사회정세와 (5) 그에 맞추어 나와 나라가 마땅히 또 알맞게 일하고 살아가고 자라가고 책임져야 할 독립자활 협동호애와 국민개로 대중공생의 실천 이념은 우리들의 목표이거라!

【편자 주】 원고지 필사본. 조선소년문화협회는 "해방조선의 제2세 국민인 소년 소녀들은 참다운 민주주의 원칙 밑에서 종교교육을 비롯하여 계몽운동·원호지도 등을 적극 실시"코자 강붕동(姜朋東) 등이 1947년 2월 초순 창립하였다. 민세의 이 글도 이 무렵(1947년 2월) 씌어진 것으로 추정된다.

해방 후 민세 인물평

인상 깊은 영도자 민세 안재홍 선생
—외유내강, 겸허로 일관—

양우조(楊宇朝)

《한성일보》, 1946. 5. 31.

민세 안재홍 선생론을 쓸 적임자가 국내에 허다함에 불구하고 해외에서 돌아와 국내 정형(情形)에 생소할 뿐더러 아직 선생과 그리 많이 접촉하지 못한 나에게 청탁함은 한성일보 편집자의 의도가 해외인사로서 선생에 대한 감회를 말하라 함인 듯하니 불초한 나로써 심히 외경되는 일이다. 내가 평소에 회포(懷抱)하고 있던 바를 솔직히 토로하여 문필을 다할까 한다.

과거의 독립운동을 국내운동과 해외운동의 둘로 논할 수 있나니 독립운동을 해외에서 독단한 것처럼 잘못 인식하는 사람들은 국내투쟁을 약소평가하기가 쉬우며 또한 일본 관헌의 가혹한 탄압 하에서 초지를 굽히지 아니하고 꾸준한 반항을 지도하여 온 국내혁명지사의 그 처참한 □난(□難)과 그 고고한 독립정신을 망각하기가 일쑤이나, 이는 과오의 심한 자라 할 것이다. 우리들이 해외에서 언제나 깊은 감명과 함께 머리를 숙여 사모하여 온 바는 국내혁명동지의 그침 없는 피비린내 나는 반일항쟁이었으니 이를 지도하여온 혁명선배 여러분의 초인적인 순난(殉難)에 대하여서는 일일이 다 말할 수가 없는 것이다.

더욱이 외경하는 선배 민세 선생께서 전후 9회에 걸쳐 10년에 가까운 영어(囹圄)생활을 겪으시며 경유자재(硬柔自在)로 일제와 전면대항적인 투쟁을 해 오신 그 □□한 생애야 말로 우리 독립운동사상 영구히 빛날

기록으로써 지금 평양에서 천여만 서북동포의 절대한 신의(信倚)로 고군분투하시는 조만식 선생과 함께 우리들이 언제나 사모하여 마지않은 혁명진선(革命陣線)의 중진(重鎭)이신 것이다.

선생을 처음으로 면대한 것은 1929년 겨울이었으니 그 때 나는 미주에서 중국으로 건너가는 도중에 잠시 고국에 들렀던 것이다. 당시 선생께서는 조선일보를 주재하시며 일세(一世)에 탁월한 문필로써 민족운동을 영도하시고 계신 때였다.

8·15 해방 직후 중경에서 국내소식을 들을 때 선생께서 여운형 씨와 손을 마주 잡으시고 '건준'을 발회(發會)하여서 감격적인 '해방선언'을 서울방송국을 통하여 중외에 발표하신 것은 아직도 기억에 새롭거니와 다시 선생께서 소회(所懷)한 소신대로 건준과 결별하시어 따로이 가장 진보적인 민족주의 정당인 국민당을 조직하여 수십만 당원을 옹(擁)하는 대당(大黨)으로 활발한 정치활동을 영도하여 해외에서 돌아온 한국독립당과 합체하기까지 일관된 정치의식은 다사다난한 오늘의 정계에 있어 전 민족이 갈구하는 민족영도자로서 가장 정당한 노선을 파악하였다고 할 것이다.

재외 수십 년 언제나 흠모하여 마지않은 혁명선배이신 선생과 귀국 후 비로소 일실(一室)에서 대좌(對坐)한 나는 고난에 찬 형자(荊刺)의 노정을 걸어오신 선생의 그 추상과 같으신 풍모와 내강외유 시종 겸허하신 태도에 가슴이 벅차오르는 정회(情懷)를 금할 수 없었던 것이다.

국내 정국은 복잡다기하여 심상치 아니한 양상을 정(呈)하고 있는 오늘에 있어서 선생의 신민주주의의 이념은 항용 이론의 빈곤을 말하는 민족진영의 가장 올바른 투쟁원리로써 그것은 또한 한국독립당의 정견과 혼연일치 되어 우리 독립운동의 성전(聖典)으로 전 민족을 향도할 수 있을 것이다. 끝으로 나는 우리 민족국가의 유원(悠遠)한 장래를 반석 위에 창건할 이 성업(聖業)을 완수함에 있어 불멸의 정열과 투지의 정화인 선생의 앞길을 충심으로 축복하고 졸필을 멈추려고 한다.

(필자 소개: 호(號)는 소벽(少碧). 일찍이 미국 MIT 공과대학을 졸업하고 혁명운동에 참가하여 고(故) 안도산(安島山) 선생과 함께 중국에서 활약. 재외 33년 만에 최근 중경에서 환국. 중국 국민당의 위촉으로 《손문학설(孫文學說)》, 《삼민주의(三民主義)》 등을 한역(韓譯).)

조사(弔辭)·회상(回想)

곡(哭) 민세 선생

유엽(柳葉)

사람이 이 세상에 태어나면 누구나 반드시 가게 되는 것은 하나의 숙명이라 살았다고 좋아하고 죽었다고 슬퍼할 것이 없다. 그러나 그 타고난 자질이 특수하고 그 태어난 환경이 불우하면 여기에서 비로소 슬픔이 있고 여기에 바야흐로 탄식이 있기 마련이다.

민세 선생께서는 그 뛰어난 자질과 굳은 정의감을 가진 분으로서 일생을 통하여 그 포부와 그 뜻을 펴보지 못하시고 억울한 처지와 어긋난 환경에서 그 일생을 마치고 가신 분이시다. 뜻있는 자 어찌 슬프지 아니하며 아는 자 어찌 홍분함을 느끼지 아니할 수 있으랴. 나는 일찍이 해방직후 반탁국민총동원중앙위원회 당시 민세 선생을 모신 적이 있었다.

백범 선생께서 위원장이요 부위원장에 민세 선생과 창랑(滄浪) 선생[장택상-편자]이셨고 오세창 선생이 비서장이요 내가 그 차장으로 있었다. 매일같이 선생은 사무실에 나오시어 모든 일을 친히 지도하시고 계획하시는 데에 몰두하시었다. 침묵하신 가운데에서도 의지가 굳으셨고 반대와 공격을 받으셔도 흔들림이 없으셨다.

한 분의 지도자로서 우리에게 좋은 모범이 되실 분이셨는데 어찌하여 북한에 납치가 되어 가실 운명이 그 분에게 있어 억울한 만년을 그곳에서 지내시게 되었을까하고 생각할 때 운명의 작희를 한탄하지 아니할 수 없다.

그분이 반탁운동할 때에 우리를 지도하시던 태도가 아직도 기억에 생생하거니와 그 아량과 그 포용력은 우리로서 헤아릴 수 없을 정도로 컸었다. 만일 선생께서 이 땅에 계시어 그 역량을 마음껏 펴셨다면 이곳이 그 얼마나 혜택을 입었을까 하고 생각할 때에 북한에서 쓸쓸히 최후를 마치신 비극은 선생의 비극이 아니라 우리 민족의 비극이다. 어찌 통분치 아니하며 어찌 통곡하지 아니하랴.

우리의 현실을 바라보고 선생의 부음을 듣게 되자 새삼스럽게 호읍(號泣)의 눈물이 가슴 속에 흐름을 금할 길 없다.

선생의 별세를 곡함보다 선생의 기구한 운명과 아울러 우리 민족의 야릇한 운명을 또한 곡하여 마지아니한다.

그러나 선생은 안심하시고 눈을 감으시라.

우리들의 희망은 아직도 꺼지지 않고 있음을 다시 한 번 영전에 알리는 바이다.

을사년 경칩일에 삼가 곡만 한다.

1965. 3. 8

오호! 민세 안재홍 선생

강원룡(목사, 크리스찬 아카데미 회장)

이제는 유명을 달리한 선생님께 꽃 한 송이나 흙 한 줌도 드릴 길 없는 이 슬픈 현실은 그대로 조국의 슬픈 오늘의 현실입니다.

선생님의 총애를 받던 젊은 시절의 나의 눈동자에 지금까지 뚜렷하게 남아 있는 모습은 건드리면 금방 눈물이 쏟아져 나올듯한 비극적인 모습입니다. 조국이 일제의 추잡한 발굽에 짓밟히던 날부터 해방의 날까지 선생님은 대부분의 생애를 감옥에서 사셨고 겨우 찾은 해방의 기쁨도 국토의 양단과 혼란을 거듭하는 정국 속에 뛰어들어 많은 오해와 모략중상으로 상처투성이가 된 선생님의 얼굴이 그처럼 비극적일 수밖에 없었던 것입니다. 선생님은 결국 그 비극적인 모습에 큰 웃음 한번 못 웃어 보시고 세상을 떠나셨습니다. 선생님이 놈들에게 잡혀가신 후 우리는 선생님을 몹시 그리워했습니다.

그것은 인간 민세에 대한 그리움도 컸으려니와 지도자에 대한 그리움이 더 컸기 때문입니다. 나는 선생님이 결코 난국을 시원시원하게 척척 타개할 강력한 지도자라고는 생각지 않습니다. 다만 지성과 도덕의 에네르기로 몸을 이룬 지도자였습니다. 한국민족의 고유한 얼을 찾아 고전의 구석구석까지 찾아 거기서 찾은 민족의 얼은 지식에 그친 것이 아니고 선생님의 몸이 되고 뼈가 되었습니다. 그러나 선생님이 그 해박한 지식을 통해 얻은 우리민족의 얼은 결코 배타적인 민족주의는 아니었습니다.

그것은 자유민주주의를 꽃피게 하며 자유와 질서의 균형 잡힌 열매를 맺게 할 훌륭한 흙이었습니다. 제가 기억하는 선생님은 그뿐 아니라 온몸에서 도덕적 에네르기가 풍겨 나오는 지도자였습니다. 해방 후 분단된 국토에서 정권을 독점하기 위해 전개된 그 추잡한 정략, 음모, 중상이 빗발치는 정쟁의 틈바구니 속에서 나는 선생님께서 그런 방식의 정치가는 될래야 될 수 없는 체질을 가진 분인 것을 알았습니다. 정략을 정략으로 대항할 줄 모르는 선생님은 오해도 많이 받았습니다. 그러나 지금은 우리 국민들도 눈이 떴습니다. 정말 그이 말이라면 보증수표같이 믿을 수 있는 지도자를 찾고 있고 전 국민의 신뢰와 사랑을 받을 지도자를 안타까이 찾고 있습니다. 통일을 완수하는 날 지금은 그 장소조차 알 길 없는 선생님의 무덤을 기어이 찾아내어 우리의 정성으로 엮은 꽃다발을 드리고자 합니다.

1965. 3. 10

근엄(謹嚴)하신 민족주의자(民族主義者)

—민세 안재홍 선생의 추억—

이정상(李貞相)

나는 어린 시절부터 민세(民世) 선생님을 종종 뵈었고, 철들어서는 측근에서 여러 해 동안 보좌했었다. 선생은 매우 근엄했었지만 나에게는 아버지같이 자상한 어른이셨다.

선생은 선친의 은사(恩師). 함께 독립운동, 상해(上海) 망명 때 거액의 자금을 주선

내 어린 시절. 아버님은 서울 종로(鐘路) 재동(齋洞)에서 의원을 경영하셨다. 철들어서 안 일이지만 아버님은 3·1독립만세운동에 가담했다가 일본 경찰에 쫓겨 의친왕(義親王) 이강(李堈) 공의 근친 김명자(金明子; 후일 우리 어머니) 규수의 도움으로 인사동(仁寺洞) 궁궐에서 숨어 지냈다 한다. 이때 중앙학교(中央學校) 동창인 일석(一石) 이희승(李熙昇) 선생과 연락하여 그 학교 은사인 안재홍(安在鴻) 선생의 주선으로 선생의 백씨(伯氏) 되시는 안재봉(安在鳳) 선생이 희사한 독립운동자금 거금 150원을 지니고 상해로 탈출했다 한다. 이 해 11월에 민세 선생은 청년외교단(靑年外交團)사건으로 투옥되시고 아버님은 상해 임시정부 요인으로 활동하다가 중대 사명을 띠고 국내에 잠입했다 한다. 그 후 아버님은 공인당(共仁堂) 의원을 경영하면서 애국지사 안재홍, 여운형(呂運亨), 한용운(韓龍雲) 선생 등과 밀회 장소로 이용하고 내외 독립운동가들과 연락을 취했다 한다. 어릴 적에 집에 오시던 민세 선생에 대한 기억은 근엄하신 학교선생님 같았다. 내가 배화여고(培花女高)에 재학하고 있었던 당시 이른바 창씨개명(創氏改名)이 시작됐는데 전교 학생 중에서 창씨개명하지 아니한 학생은 안재홍 선생 따님인 안서용(安瑞鏞), 여운형 선생 따님, 그리고 나 3명뿐이었다.

그런데 내가 배화여고 2학년 때 즉 1941년 12월 8일 일본이 태평양전쟁을 일으키자 다음날 9일 밤 아버님은 여운형, 양근환(梁槿煥), 김벽산(金碧山) 스님, 김관호(金觀鎬) 선생 등과 조국 독립이 임박했다며 밤새 독립운동 방략(方略)을 의논하다가 졸도하셨다. 그때 아버님의 의식은 또렷했으나 언어장애로 말을 못하시고 지필묵(紙筆墨)을 찾기에 드리니 "我死無惜, 但恨事未成, 諸君勉之"(나 죽는 것은 서럽지 않다마는 큰일을 이루지 못하니 한스럽다. 동지들이여 힘써 달라)는 유묵(遺墨)을 남기고 다음날 10일 망국(亡國)의 한(恨)을 품은 채 53세로 작고하셨다. 장의식날 민세 선생 등 많은 애국지사들이 참석(參席)했는데 몽양(夢陽) 선생이 "불평가(不平家) 일인(一人) 가다"라는 조사(弔辭)를 하신 기억이 아직도 생생하다. 1개월 후 어머님도 뇌일혈로 별세하셨다.

얼마 후인 1942년 4월경 오빠 이현상(李賢相)은 경복중학(景福中學) 4년 때 선친의 유지를 받든다며 동지들을 모아 흑백당(黑白黨)을 조직하고 무기를 확보한 다음 일인(日人) 고관 암살계획을 진행 중에 탄로나 8년형을 언도받고 대전형무소에서 복역하게 되었다. 이 소란 중에 아버님의 유류품, 휘호(揮毫) 등은 모두 몰수당하고 우리 집은 파산 상태에 이르게 되었다.

일찍이 오세창(吳世昌) 선생은 아버님 백강(白岡; 아버님 李炳宇 公의 호)의 초서(草書)는 "신필(神筆)에 가까운 사상독보(史上獨步)"라 평하셨다 한다. 나도 어려서부터 아버님께 글씨를 익혀 재동소학교(齋洞小學校) 6학년 때 전국 글씨대회에 입상한 적이 있었다. 다행히 아버님의 친필 병풍은 민세 선생 댁, 김성수(金性洙) 선생 댁과 오세창 선생 댁 액자(額字) 등이 남아 있었고, 지금은 다행히 한용운 선생 기념관과 서울 삼청동(三清洞) 칠보사(七寶寺) 주지 강석주(姜昔珠) 스님의 12폭 병풍이 보존되어 있다.

나는 아버님의 동지(同志)이신 애국지사 양근환 선생의 지원으로 기숙사 생활을 하며 학업을 계속했다. 양 선생은 일본 유학 시절인 1921년 1월 16일 한일합방(韓日合邦)을 지지한 친일(親日) 언론인 시사신문(時事新聞) 사장 민원식(閔元植)을 암살한 독립투사였다. 나는 선생의 보살핌으로 배화여고를 졸업하고 이화여자전문학교(梨花女子專門學校; 종전 무렵엔 京城女子專門學校)에 진학했다.

매사에 엄정(嚴正)하시던 민정장관(民政長官) 시절
공창(公娼)폐지문제 등 정적(政敵) 모함 받기도

8·15 해방이 되자 오빠도 출옥하고 우리 남매는 다시 모였다. 1946년 봄 나는 형편상 경성사범(京城師範; 서울대 師大 전신)으로 진학했다. 그러나 2학기부터 국립서울대학교안(國立서울大學校案)이 발표되자 이른바 국대안(國大案)반대투쟁이 심해지면서 맹휴(盟休)가 잦았다. 1947년 초 민세 선생이 남조선과도정부(南朝鮮過渡政府) 민정장관으로 취임할 무렵, 나는 사대를 휴학하고 군정청(軍政廳) 인사과(人事課)에 취직했다. 그런데 몇 달 후 김부례(金富禮) 사모님의 추천으로 나는 민정장관실 비서로 옮기게 되었다.

당시 장관실에는 보좌관에 이교선(李敎善; 전 서울대학교 부총장) 선생과 비서실장에 이석필(李錫弼) 선생이 있었다. 보좌관실에는 번역관으로 안민홍(安民鴻), 김동준(金東俊) 여사(시카고대학 졸업) 등이 근무하고, 비서실장실에는 최흥국(崔興國) 비서관, 타자원, 경비원 등 10여 명이 근무했다. 내가 장관실 비서로 임명되기 전에는 매우 활달한 김동준 여사(40여 세)가 통역관 겸 수행비서로 근무했었다.

나는 각부처장회의 소집 또는 미군, 미국인 보좌관 등이 참석하는 합동연석회의 소집, 장관직인(長官職印) 보관, 장관 일정과 면회인사 조정 등 주요 업무를 담당했다. 그 당시 돈암동에 살았던 나는 매일 아침 장관님 댁으로 가서 장관님을 모시고(경호차가 호위) 출근했다. 1947년 겨울 장충동 옛 총독부관사였던 디펜스 하우스로 이사할 때까지 계속되었다. 내외 귀빈 초청파티 때면 장관님을 모시고 동참했는데, 장관님은 외국 손님들에게 나를 조카딸이라고 소개하며 위해주시던 기억이 새롭다. 그래서인지 이권을 노리는 사람들이 간혹 나를 유혹하려 했지만 나는 추호도 흔들린 적이 없었다.

민세 선생께서는 민정장관 시절에 중도(中道) 노선을 지키시며 좌우(左右) 정적들로부터 오해도 받고 모함도 받으셨다. 1947년 겨울 어느 날 군정청(지금은 헐리고 없는 옛 조선총독부 자리) 민정장관 집무실 밖에서 수백 명의 젊은이들이 "군정연장(軍政延長) 획책을 반대한다."며 "민정장관 물러가라."는 데모소동을 벌였다. 깜짝 놀란 나는 장관께 걱정하는 말씀을 드렸더니 장관께서는 "곧 조용해질 것이니 걱정 말라."시며 평소와 다름없이 집무하셨다. 경호원들은 만일의 사태에 대비하고, 경찰이 출동하여 데모군중은 곧 해산했다.

이 사건은 당시 과도정부 부처장회의에서 이른바 '군정연장을 획책(劃策)'했다는 신문 반박성명과 함께 우익정당, 단체들의 규탄 데모였다. 이는 당시 미·소공동위원회가 완전히 결렬되자 과도정부 부처장회의에서 '시국수습요강(時局收拾要綱)'을 의결하여 하지 장군에게 전달했는데, 그 영문 문서를 잘못 번역한 우익(右翼) 정치인들의 오해에서 비롯된 정치 공략(政治攻略)이었다. 장관께서는 즉시 부처장회의를 거쳐, 서울중앙방송을 통해 그 진상을 소상히 해명하고 끝났다. 당시 장관실의 모든 중요 문서는 국·영문으로 작성되고 서투른 통역 등으로 웃지 못할 일들도 많았다. 민정장관을 향한 '군정연장반대시위'도 군정 시절의 웃지 못할 정략극의 한 단면이기도 했다.

1948년 초 어느 날 장관님의 부재중에, 어떤 방문객이 장관께 전해달라면서 흰 봉투를 맡기고 갔다. 장관님이 귀청하자 그 봉투를 전했더니, 장관께서 깜짝 놀라시며 즉시 본인을 찾아 돌려주라고 엄명하셨다. 나는 즉시 그 사람을 찾아가서 그 봉투를 돌려주었다.

그런데 당시 공창(公娼)폐지운동이 확산되자 이를 반대하는 포주(抱主)들이 거금 700만 원을 공창폐지 연기운동 자금으로 정계에 제공했다는 설이 유포되었다. 이 사건에 많은 입법의원(立法議員)들이 관련되고 민정장관 연루설도 보도되는 등 큰 정치문제화 했다. 입법의원(立法議院)은 조사단을 구성하고 미군정 당국도 큰 관심을 갖고 조사했다. 민세 선생은 사직당국에 철저한 조사를 요청하고 다음과 같은 담화를 발표했다.

> 나는 그 진상(眞相)의 구명(究明)을 사직(司直)에게 위촉(委囑)하고 있으므로 앞으로 시일(時日)을 더 기다림이 당연(當然)하나 잡음(雜音)이 너무 심(甚)하기로 이에 일언변백(一言辨白)키로 한다. 나는 동(同) 금액(金額) 중 일부(一部)라도 받은 일이 없고 또 받을 의사(意思)도 단연(斷然) 없었다. 일제적(日帝的) 지독한 탄압(彈壓) 속에서 많은 사람들이 모두 변(變)하되 오직 순박한 민중(民衆)과 정직(正直)한 청년(靑年)들은 나에게 변함이 없는 신뢰(信賴)와 기대(期待)가 있었기로 나는 그것만을 감사(感謝)하면서 힘써 해방(解放)의 날을 기다렸었다. 오늘날에 있어 나는 민중의 신뢰와는 반대로 탐욕(貪慾)의 죄(罪)를 스스로 무릅쓰도록 썩어버리

지는 아니하였을 것을 순박한 민중은 인식(認識)하기 바란다. 나에게 그 일 없으니 불초(不肖)한 나이다만 실의(失意)로 부즈럽슨 재해(財害)를 탐(探)치 않을 것이다. 훤소(喧騷)치 말고 기다리라(《조선일보》 1948. 3. 9 참조).

한편 나는 딘 군정장관 앞에 증인으로 나가 선서하고 "그 봉투는 틀림없이 즉시 돌려주었다."는 사실을 증언했다. 또 이전부터 잘 아시는 김병로(金炳魯) 사법부장을 찾아가서 사실대로 말씀드렸다. 이 사건은 반대 세력들이 정치공세로 이용하려 시도했지만 수표 봉투 반환 사실이 백일하(白日下)에 드러나자 정적(政敵)들은 잠잠해지고 국민들은 민세 선생의 결백을 신임했다. 만약 그때 그 봉투를 잘못 처리했더라면 민세선생의 정치활동에 큰 타격이 되고 명예는 크게 훼손될 뻔했다.

이 사건으로 고결하신 장관께서는 정적들의 모함에 몹시 분개하셨다. 또 곧 실시될 유엔 감시 하의 남한총선거 등도 정치적 소신과 어긋나는 듯 선생께서는 동지 정치인들과 깊이 협의하시고 하지 사령관에게 정치적 책임을 지고 사임하실 것을 요청했다. 그러나 모든 것이 장관님의 책임이 아님을 잘 알고 있는 하지 장군이 극력 만류하여 그대로 유임하신 줄로 알고 있다. 젊은 시절의 순진한 나는 해방조국의 과도정부 심장부에 근무하면서 정치판의 부조리를 뼈아프게 체험했다. 근 반세기(半世紀)가 지난 지금도 그 당시의 일들이 잊혀지지 않는다.

《한성일보(漢城日報)》 사장 시절 쓰신 많은 명논설(名論說) 결혼 때 주례(主禮), 격려 말씀 잊지 못해

1948년 6월 민정장관직을 사퇴하신 선생은 《한성일보》 사장으로 복귀하셨다. 이때 나도 선생님을 따라 사장실 비서 겸 기자로 직장을 옮겼다. 《한성일보》는 김종량(金宗亮) 《세계일보(世界日報)》 사장이 재정지원을 하고 선생은 각계 정객(政客)들과 상종하시며 많은 논설을 쓰셨다. 선생께서는 철필(鐵筆)을 비스듬히 쥐고 사설(社說) 한 편을 15~20분이면 쓰시는 속필(速筆)이셨다. 선생은 신민족주의(新民族主義)와 신민주주의(新民主主義)를 제창하시고 특히 한민족의 기본노선(基本路線) 등은 많은 독자의 심금을 울렸다. 선생은 많은 젊은이들이 추종하는 민족지도자이시고 뭇사람을 감동시키는 대논객(大論客)이셨다.

그런데 정부 수립 후 여러 번의 필화(筆禍) 사건으로 자매지 《세계일보》가 1949년 초에 폐간되면서 한성일보도 경영난이 겹쳐 이 해 2월부터 휴간했다가, 선생께서 백방으로 노력 끝에 9월부터 신문이 속간되었다. 그러나 50년 3월 신문은 새자에 인계되고 선생은 사장직을 그만두셨다. 이때 나는 신문사를 그만두고 3월 30일 민세 선생의 주례로 같은 신문사의 동료 엄기형(嚴基衡: 당시 정경부 차장대리)와 결혼했다. 신행 후 우리들이 돈암동 자택을 방문했을 때 선생님과 사모님은 정말 친딸처럼 대해주셨다. 그리고 선생님께서 쓰신 갓 나온 《조선상고사감(朝鮮上古史鑑)》을 선물로 주셨다. 선생은 5·30 선거 때 평택(平澤)에서 제2대 국회의원으로 당선되셨고, 모두들 훌륭한 지도자 되시기를 간망(懇望)했었다.

6·25 때 방송 들어 전황(戰況) 알려드리고, 7월 중순경 자택에서 마지막 석별(惜別)

불의의 6·25 동란이 발생하자 우리는 우선 지방으로 피난을 떠났다. 그러나 시골에서 숙식의 해결이 어려워 다시 서울로 숨어들었다. 어느 날 돈암동 선생 댁을 방문했을 때 선생은 감시가 심해서 들을 수 없다며 숨

겨두셨던 단파(短波) 라디오를 꺼내 주시고 전황이 변하는 대로 알려달라고 당부하셨다. 우리는 당시 회현동 친지 댁 2층에 살았는데 밤이면 등화관제를 피해 장롱 속에서 라디오를 듣고 국제정세와 전황 등을 기록했다. 그 후 나는 몇 번인가 찾아뵙고 선생께 유엔군 참전 등 급변하는 정황을 말씀드렸다. 7월 중순 어느 날 댁을 방문했을 때 몹시 수척하신 선생은 요즈음 감시가 매우 심하다시며 앞으로는 오지 말라고 말씀하셨다. 수일 후 사모님이 집으로 찾아오셔서 뉴스를 들으시고 선생님의 거처하실 곳을 염려하시며 돌아가셨다. 그 후 선생은 이북으로 납치되셨다. 마침 그날 남편 엄기영은 내가 없는 사이 선생의 처남인 김종량 사장 가족의 전갈을 받고, 돈암동 선생 댁으로 달려가 인민군에 이끌려 가시는 선생께 인사 한마디 못하고 지켜보기만 할 뿐이었다 한다. 전쟁의 비정함이라지만 돈암동 댁에서 선생님을 뵈온 것이 마지막이 될 줄이야 어찌 알았으랴! 아버지같이 저를 돌봐주시고 근엄하시면서도 항상 인자하시던 선생님! 큰 뜻을 펼쳐보지도 못하시고 민족 비극의 희생이 되신 선생은 이미 우리와 유명(幽冥)을 달리하시고 이제 역사(歷史)의 한 장(章)으로 남게 되었다. 독립운동가요 민족지도자이시며, 한국 언론계의 거목(巨木)이신 민세 선생의 업적은 우리 역사에서 영원히 지워지지 않을 것이다.

삼가 두 손 모아 선생님의 명복(冥福)을 기원하는 바입니다.

1993년 4월

서울, 노원구 상계동 사저(私邸)에서

* 글쓴이 이정상(李貞相)은 전 남조선과도정부 민정장관 비서와 《한성일보》 사장실 비서 겸 기자로 활동하였다.

마지막 피 한 방울, 땀 한 방울까지 순도자적(殉道者的) 그 열혈의 생애를 기리며

—할아버지 민세 안재홍—

안혜초(安惠初)

이 몸이 울어 울어 우뢰같이 크게 울어
망천후(望天吼) 사자(獅子)되어 온 누리 놀래고저
지치다 덜 깬 넋이 행여 내처 잠들리

이 산(山)이 터져 터져 오늘로 탁 터져서
사납게 타는 불꽃 온 세상 재 될세라
빈 터에 새 일(日) 월(月)이 하마 한번 비최리

이 늪이 넘쳐 넘쳐 단박에 와락 넘쳐
엄청난 홍수되어 이 강산(江山) 덮을세라
대지(大地)의 낡은 꼴이 확 씻긴들 한(恨)되리

저 숲을 다 조기어 억천호(億千戶) 집을 짓고
남북만리(南北萬里) 넓은 벌로 한 마을 만들랐다
없노라 하소하는 님 다 찾으면 어떠리

〈망천후〉라는 제목의 위 시조는 할아버님 민세(民世) 그분이 1930년 7월~8월 백두산에 오르셨을 때(당시 40세로 《조선일보》 주필 겸 부사장) 천지 가에서 읊은 것으로, 그분의 그 웅장비매(熊壯飛邁)한 기상과 독립에 대한 뜨거운 열망, 민족에 대한 투철한 사랑이, 오늘날의 우리들 가슴 속에도 이토록 혈조(血潮)를 끓어오르게 할 제, 일제 하 억압 받던 이 나라 이 겨레의 그 한스런 가슴들에게서야…….

걸인의 모습에 민족의 양심이

해방 다음날인 1945년 8월 16일 오후 늦게 종로 계동 휘문중학 교정에 운집한 시민들 앞에서 말할 수 없이 초라한, 어떻게 보면 걸인 같은 모습의 한 50대 중반의 신사가 해방된 민족의 앞날에 관하여 열변을 토하고 있었다. 얼굴이 영양실조와 고생으로 윤기 없이 까맣게 탄 이 노신사야말로 민중이 존경해 마지않은 민족지도자 안재홍이었다. 삼엄한 일제의 총검 치하에서, 그들의 온갖 유혹과 협박을 물리치고 끝내 조선 민족의 양심을 지킨 민족지도자 민세(民世) 안재홍의 있는 그대로의 모습이었다.

필자는 당시 아직 철이 덜 든 중학생에 지나지 않았으나 지금도 일제하의. 특히 일제 말의 그 산천초목조차 떠는 무서운 상황 속에서 대부분의 지도자들이 그때까지 가냘프게나마 지켜왔던 민족의 양심을 하나 둘 버리고 일제 진영에 가담 협력한 것을 기억한다.

……

민세 같은 인물이 편하고 안락하게 살 수 있는 방법과 길을 모르고 있었을 리 없다. 아마 그에게는 남다른 유혹과 회유도 많았을 것이다. 그러나 이 모든 유혹을 뿌리치고 그는 8·15해방을 맞았다. 거의 걸인과 같은 그 초라한 민세의 모습에서 우리는 한민족의 양심을 발견한다. 우리 민족은 민세와 같은 지도자를 가질 수 있었던 것을 한없이 자랑스럽게 생각할 줄 알아야 하겠다(송건호, 《한국현대인물사론》, 한길사, 1984).

할아버님 민세(민세라는 아호는 '민중의 세상' 또는 '민족과 세계'라는 두 가지의 뜻으로 해석되고 있다)에 관하여 쓰인 글들은 지난 수십 년 동안 저서로도 몇 권이 되고 그 연구논문이며 추모기들은 이 자리에서 일일이 열거할 수 없을 정도로 많은 편이다.

그중에서도 우리시대 '빛과 소금'의 역할을 해 오신 언론인으로 추앙받으시기도 하는 고(故) 송건호 선생님의 글 가운데 위의 한 대목은, 핏줄을 이어받은 우리 유족들에게 두고두고 골수에 사무쳐오는 위로와 감회, 숙연한 힘을 얻게 해주고는 한다.

"해방이 몇 달만 늦었드래도 할아버지는 필시 목숨을 부지하지 못하셨을라."

새 할머님(金富禮, 1999년 12월 작고)이 종종 신(神)께 감사드리며 탄식처럼 뇌이곤 하시던 그 말씀 그대로, 해방 직후 대중 앞에서 연설하고 있는 할아버님의 사진을 보면, 문자 그대로 피골이 상접하여 차마 정시하기가 끔찍할 지경인데, 1942년 10월, 해방을 2년 10개월쯤 앞두고 발생한 '조선어학회 수난'은 50이 넘은 할아버님으로 하여금(제9차 투옥으로, 그 분의 마지막 옥고) 거의 옥사(獄死) 직전에까지 이르게 했음을 감지하게 한다.

이 시대 원로 사학자이시며 핵심 언론인이셨던 고(故) 천관우(千寬宇) 선생이 작성하신 〈민세 안재홍 연보〉(원고지 260매나 되는 역작으로, 《민세안재홍선집》 제4권과 《창작과 비평》 1978년 겨울호에 실려 있음)에서 그 당시 '조선어학회수난'에 관한 부분과 해방 직전의 긴급한 상황을 발췌해 보면 다음과 같다

.○ 1941년 신미(51세)

……

— 만주사변이 부르터난 후, 나는 거듭 투옥되고 …… 정치로써 투쟁함은 거의 절망의 일이요, 국사(國史)를 연찬(硏鑽)하여 민족정기를 불후에 남겨 놓음이 지고한 사명임을 자임(自任)하였을 새. …… 이 전집[《조선상고사감(朝鮮上古史鑑)》] 겨우 이루고 통사[《조선통사(朝鮮通史)》] 간신히 저술의 도정(途程)에 든 때에, 북옥(北獄) 졸연(猝然) 열려 나는 천리전수(千里轉囚)의 몸이 되고[조선어학회수난], …… [《조선상고사감》, 〈권두에 書함〉]

○ 1942년 임오(52세)

· 12월, 조선어학회수난으로 함남 홍원(洪原) 경찰서에 수감됨. 제9차 옥고(獄苦).

— 12월 20일 …… 부친은 왜경에게 연행되어, 함남 홍원을 향하는 함경선 차중에 있었던 것이다. 천행으로 이듬해 3월에 석방되어 나왔으나, 영하 20도 이하의 북관(北關) 콘크리트 감방에서 100여 일을 기와(起臥)하고 나온 부친은, 위장의 냉상으로 옛날의 면모를 찾아볼 길이 없었다(안정용, 〈아버지와 나〉).

— 1942년에는 조선어학회사건이 있어 많은 식자·지도자가 함남 홍원에 구금되었다. …… 발에는 중세기의 유물인 기둥나무만 한 족쇄를 걸어, 소변 한 번에도 열쇠를 잡은 간수 순사의 편시(片時) '해방'을 빌어야 하고 하루 두세 번은 빠지지 않고 '총살해버릴 테다'하고 모멸하는 일경의 협박을 당해야만 했다. …… (안재홍, 〈8·15 당시의 우리 정계〉).

— 조선어학회수난 때는 …… 대장(大腸)에 냉상을 입어, 그 뒤로는 속도 늘 좋지 않으셨습니다. 남편을 만나본 분이면 누구나 그분의 코가 빨갰던 것을 기억하실 것입니다. 이 역시 감옥에서 얼어서 그리 되었다고 합니다(김부례, 〈나의 恨, 金富禮〉)

— 일제 말년에는(어학회수난 때) …… 감방에서 언젠가 우리 국가(國歌)와 연결시켜서 한시를 만들어 보려고 하였다. "太白長靑東海闊(백두산은 사시상철 푸르고 동해물은 넓은데), 乾坤正氣捲舒間(천지의 정기가 이 가운데서 움츠렸다 펴졌다 하는구나)." …… 그리고 내던져둔 지 수년, …… 향촌에 엎드렸을 적에 …… 문득 낙구(落句) 한 쌍을 채웠다. "回頭千古興亡史(천고 흥망의 자취에 머리를 돌려보면) 多少男兒徒手還(큰 뜻 품었던 남아들로 빈손에 돌아간 이도 많았구나)." …… 이것을 절명시(絶命詩)로 남겨두고 적당한 때에 한 많은 고국을 떠나리라고 그윽히 별러보았다(〈牟屋深深人不到〉).

○ 1943 계미(53세)

· 3월, 조선어학회수난에 불기소로 홍원에서 석방됨(이 전후, 불기소 및 기소유예 17명, 기소 16명).

○ 1944 갑신(54세)

· 10월, 미군의 일본 폭격 본격화

· 1944년 봄부터 일본인 측에서는 시국을 비관하면서도 어떻게든 그래도 유리하게 회전시켜 보려는 미련이 남아있어 조선 측 지도자 인물들에게도 상당한 획책을 하였던 것이다. 당시 고 여운형(呂運亨)·송진우(宋鎭禹) 및 조만식(曺晩植)·홍명희(洪命憙), 그리고 필자인 나 등을 남아있는 비협력 지도 인물로 보아 무슨 방식으로든지 사용하려는 것이 그들의 뱃속이었다. …… 오직 몽양 여 씨와 나만을 최종까지 투옥될 만큼 대중과 관여된 일이 있다고 인정되었고, 따라서 피방의 추구 끈질김에서 그들을 접촉하면서 상응한 대책을 강구하였다. 총독으로부터 군사령관, 정무총감, 경무국장, 헌병대의 간부, 동경으로부터 내방하는 …… 국회의원 등등이 그 상대였던 것이다.

나는 (西光忠雄 총독부 경무국장에게) "당신들은 조선에서 퇴각할 날이 있는 것으로 치고 당신들이 퇴각하는 때에 한일 양 민족 사이에 마찰을 일으켜 피차 유혈을 아니하도록 미리부터 군민(軍民) 각계에 철저한 훈련을 시켜두는 것이 절대 필요……"라고 한 것이다. …… 그 대책으로 나는, 민족자주·호양협력·마찰방지를 3원칙으로 하고 우리들 일파(민세·몽양)에게 일정한 언론과 행동의 자유를 달라고 한 것이다(안재홍, 〈8·15 당시의 우리 정계〉).

○ 1945년, 을유(55세)

· 5월 7일, 독일 무조건 항복

· 5월 하순, 여운형과 함께 일본 요로(要路)에 대하여 민족대회소집안을 제시하고 응수. 이로부터 일본 측의 암살 위협으로 숙소를 자주 옮기면서 서울 시내에서 지냄.

· 8월 14일, 일본 무조건 항복. 2차대전 종결.

6·25전쟁과 납북

1950년 6월 25일 한국전쟁이 터지던 그 당시 할아버님과 새 할머님 내외분께선 가정부와 경호 순경 몇 사람과 돈암동 자택에서 따로 살고 계셨는데, 사태가 급박해짐을, 떨어져 사는 자녀들과 가까운 친지들에게 알리시느라고 출발이 늦어, 6월 27일 경호 순경 한 사람을 앞세워 내외분이 한강 다리목까지 걸어 나가셨을 때는 이미 해가 어두워져 있었다.

할머님 말씀에 따르면, 쏟아지는 빗속에 발 디딜 틈조차 없이 빼곡 찬 피난 인파에 이리 밀리고 저리 밀려 기진맥진한 채 결국 다리를 넘지 못하고, 믿을 만한 친지 댁을 오가며 피신 생활을 하다가 공산분자들에게 적발, 국군의 서울 수복을 이틀 앞둔 9월 26일, 평양으로 납북되시는 비극에 이른 것이다. 할아버님은 1945년 8·15 광복을 맞이하여 1947년 2월 미군정(美軍政)의 한인 최고 책임자인 민정장관에 취임, 1948년 6월 대한민국 국회 개원과 함께 장관직을 사임하시고, 할아버님 스스로 창간하셨던 《한성일보》 사장으로 복귀, 1950년 5월 제2대 국회의원 선거에 당선되신 지 고작 한 달도 못 되어 6·25의 비운을 맞게 되신 것이었다.

그 몸서리나는 여름과 가을, 겨울 이후로 돈암동 할아버님 댁을 찾아가면 언제나 할머님 홀로 쓸쓸이 우리들 손자 손녀들을 맞이해 주곤 하셨다. 오 년, 십 년, 십오 년 할아버님이 계시지 않은 돈암동 댁은 문패부터가 쓸쓸하고 처연해 보였다. 할아버님은 돌아가신 전(前) 할머님 이정순(李貞純) 사이에서만 삼남매를 두셨고 아버님이 맏이셨는데, 애초부터 새 할머님께서 누구보다도 더 따로 살기를 원하셨다고 한다.

우리 집안은 새 할머님을 비롯해 어머님, 작은어머님, 고모님 등 여인네들도 모두가 고등교육을 받은 신여성들이었고 일찍이 개화된 집안이어서 설도 생일도 모두 양력으로 치렀고, 딸 아들 구별 없이 집집마다 아주 자연스러운 분위기였다. 그러면서 명절날이나 생신에 할아버님 할머님께 인사드리러 가는 것이 우리들에겐 커다란 즐거움이었다.

할아버님은 우리를 보실 때마다 "오! 너희들 왔냐. 어디 보자, 얼마나 컸나" 하시며 환히 반겨 주시며 하나씩 다정스레 머리를 쓸어 주시기도 하고, 무릎에 안아 주시기도 했는데, 대개는 줄을 이어 찾아오는 손님들로 해서 잠시를 못 가 다른 방으로 건너가시곤 하셔야 했다.

이런 식으로 일 년에 서너 차례, 그것도 잠시밖에는 뵐 수 없던 할아버님이기에 그분에 대한 아기자기한 정이나 재미있는 추억담 같은 것은 거의 없는 게 사실이기는 하나, 차츰차츰 커 가면서 우리 할아버님이 어떤 분이시라는 걸 주위 사람들로부터 알게 되면서부터 그분에 대한 막연한 존경심과 긍지감 같은 것이 가슴속 깊이 뿌리박게 되었다. 또한 못된 짓을 하거나 못된 생각을 하면 책상머리에 걸려 있는 그분의 사진이 "이놈!" 하고 소리 없이 꾸짖으시는 것만 같아 절로 조심하게 되었고, 이따금씩 그분에 대한 아련한 그리움, 생사 안부 등이 남몰래 궁금해지고 걱정스러워지기도 했다.

여러 형제자매들 가운데서도 어려서부터 특히 글을 쓰고 읽기를 좋아했던 나는 주위 어른들로부터 할아버님을 많이 닮았다는 말을 종종 듣기도 하였는데, 학교를 졸업하고 사회에 나와 언론계에서 일하면서부터는 더욱 그런 말을 자주 듣게 되어, 여러 면에서 할아버님에 견줄 바 아니게 부족하고 미숙한 나 자신이 행여 조금이라도 그분께 누를 끼치게 되지는 않을까 내심 늘 긴장되고 조심스러운 생활을 하지 않을 수 없었다(내 이름 '惠初'는 하나님의 '첫 번째 은혜'라 하여 할아버님께서 맏손녀인 내게 지어 주신 이름이다).

더군다나 할아버님의 뜻을 받들고자 역시 언론계에 이어 정계에 투신하셨던 아버님(淵谷 安晸鏞)이 1970년 4월, 57세의 장년기에 돌연 뇌일혈로 작고하신 이후로는, 하나 건너 어렴풋이 생각되어 오던 할아버님 문제들이 우리 세대의 당면한 과제로 엄습해 오면서, '나는 누구인가?', '어떻게 살아야 하는가?'하고 핏줄을 이은 직계손으로, 한국인으로서의 재인식과 소명의식 같은 걸 점점 뜨겁고도 절실하게 마주하지 않을 수 없었다.

돌아가신 날도 절묘하게 3·1절

"……오인(吾人)은 스스로 무애(無涯)한 고통을 지고 난 것이다. 오인이 원하였거나 원치 아니하였거나 금일의 조선인이 되었다. 그러나 오인은 우리 동포 - 아니 타인에게 위탁할 곳 없는 조선인들의 운명을 개척하여 보고자 생평(生平)의 노력을 다하여야겠다. 여기에서 오인은 일래(日來)로 주장하는 구제적(救濟的) 성충(誠忠), 순도자적(殉道者的) 정열·희생·노동 등을 또다시 말하는 것이다"(안재홍, 〈아아 그러나 그대는 조선사람이다〉, 1924).

"때와 곳, 시간과 공간, 역사와 향토, 20세기 오늘날에 조선인으로 되어 있는 천연(天然)의 약속, 출생의 인과(因果), 즉 시(時)와 공(空)과 고(故 : 왜? 무엇을 하려고?)에 말미암아서 내가 살고, 생각하고, 일하고, 조심하고, 기뻐하고, 그리하여 죽는 종국의 날이 나의 턱 밑에 다가들 적까지 허무에서 방랑하는 약지박행(弱志薄行)의 도(徒)가 단연 아닌 대신 줄곧 꾸준히 인생의 힘드는 봉사의 길을 나아가는 정진(征進)의 순도자(殉道者)가 되는 것이, 인생으로서 그리고 충실한 조선인으로서 타고난 신비를 초월한 신비의 약속인 것을 알아야 하는 것이요, 이들에 응해서의 독서, 사색과 및 그에서 편달되는 실천이 있어야 하는 것이다."(안재홍, 〈讀書開進論〉, 1935)

할아버님 특유의 그 이른바 '민세정신', '조선철학'의 한 조각 진수가 엿보이는 이 두 편의 논설을 두고 생각하더라도 할아버님 그분은 사람 중에도 우리가 하필이면 이 땅의 사람으로 태어난 신비, 그리고 그렇게 태어난 이상 좋든 싫든 '조선사람은 조선사람답게' 살다가 가야 한다는 순도자(殉道者)의 자리에서 평생을 두고 독서와 사색, 집필 그리고 그에 따른 실천을 위해 마지막 피 한 방울, 땀 한 방울까지 아낌없이 바치고자 하신 그 편린이나마 엿볼 수 있을는지 모르겠다.

그분 자신의 인과론 그대로, 돌아가신 날도 절묘하게 3월 1일인 나의 할아버님 민세. 그분의 파란만장한 생애는 그야말로 이 나라 우국지사의 운명, 바로 그것이었다. 일제 치하에서의 항일독립운동과 옥고 생활, 해방 이후의 건국대업 활동, 한국전쟁으로 말미암은 납북과 그곳에서의 15년간에 걸친 오랜 시달림 끝에 맞은 비극적인 별세.

민세 안재홍 선생(1891~1965)은, 민족운동가로서 언론인으로서 역사가로서 그리고 뒤에는 정치인으로서, 그 분야에서마다 굵직한 자리를 차지하는 고절(高節)의 국사(國士)이었다.

우리의 풍토와 역사적 조건 속에서 민족의 살길을 찾으려고 고심한 그 독자적인 사상, 외세 강점 하에 전후 9차에 걸쳐 7년 3개월[8년 3개월 또는 9년간이란 기록도 있다-필자]의 옥고를 겪은 그 도저(到底)한 행동, 이 모든 것이 선생의 상(像)을 우리 현대사에 있어 흔치 않은 민족 지도자의 한 분으로 부각케 하고 있다.

……

청년시절에 3·1운동을 만나 영어(囹圄) 속에 3년을 보낸 뒤, 《조선일보》와 신간회에서의 활동을 비롯하여 1920~30년대 민족주의계 저항운동 가운데 큼직한 사건에는 선생이 관여되었거나 연루되지 않은 것이 드물다.

특히 선생이 신문을 통하여 발휘했던 줄기찬 오피니언 리더로서의 면모, 또 때로는 민세체(民世體)라 불러 좋을 만큼 특유했던 웅려장중(雄麗莊重)한 문장은, 당년의 많은 독자들이 아직도 기억하고 있는 것으로 안다.

지행합일(知行合一)·고절(高節)의 국사(國士)

할아버님의 《민세안재홍선집》(이하 《선집》) 간행을 수년에 걸쳐 주관하여 오신, 천관우 선생께서도 《선집》 제1권 〈해제(解題)〉 첫머리에서 위와 같이 역설하고 계시거니와, 또한 《선집》 제1권 〈간행사〉에서 이 나라 원로 학자이시며 초대 문교부 장관을 지내신 안호상(安浩相) 박사께서도 다음과 같이 밝히고 있다.

지난날 항일운동의 거두요 석학의 대명사였던 민세 안재홍 선생과의 나의 교분은 그분이 《조선일보》에 몸을 담고 크게 명성을 떨치던 약 45년 전부터의 일로 기억된다. 위당 정인보(鄭寅普) 선생과 특히 가까운 관계이었던 민세 선생을 친히 뵙게 된 것은, 철학을 전공하는 나로서는 분에 넘치는 영광이 아닐 수 없었다.

한국의 대표적 언론인이요 사가인 민세 선생은, 단군성조에 관한 고유한 철학을 비롯하여 민족철학에 연구가 깊었으며, 심지어 언어학에 대하여까지 식견이 남다른 바 있어, 우리 후학들을 적지아니 놀라게 했다. 학자로서 언론인으로서 일가를 이룬 민세 선생은, 경세가로서도 언제나 선봉이 아니었나 생각된다. 그러기에 그는 이론가이자 실천가로서, 일제 암흑기에는 독립운동에 앞장섰고, 민족 해방 후에는 건국 대업의 주춧돌을 놓기에 다사분망하였다.

해방 전후를 가리지 않고 일관되어 언론인이었다는 것이 민세 선생의 특이한 면모라 하겠는데, 그것도 사필을 든 언론인으로서 숭고한 이념을 몸소 실천해 나감에 있어서, 어디까지나 비타협적인 노선으로, 가위 지행합일의 경지에 도달하지 않았나 여겨지기도 한다. 최남선(崔南善) 정인보(鄭寅普) 제씨와 더불어 민세 선생이 흔히 국내 3대 석학으로 지칭 받던 시절에, 선생은 신간회운동의 주역 등으로 언제나 민족운동에 직접 가담하여 역사의 일선에 나선 것이 다른 인사들과 구분되는 점이었다.

해방 후 그 격동기 속에서 나는, 민정장관으로 혹은 《한성일보》 사장으로, 혹은 국민당 영수로 분망하던 민세 선생을, 종종 찾아뵙고는 했다. 당시 항간에서는 민세 선생에 대해서 중간노선이라 하여 백안시하는 일이 없지 않았고, 미군정에 관여한다 하여 비난도 나온 것으로 기억한다. 그러나 민세 선생은 민족주의자로 시종 일관하였고, 마침내는 민족정기의 실천적 현양 도중 그만 희생되기에 이르렀다. 지금에 와서 볼 때, 조국 광복과 건국 성업의 제단에 스스로를 헌신한, 참으로 위대한 지도자였던 것으로 믿어 의심치 않는다.

할아버님을 생각할 때 내게 제일 먼저 떠오르는 것도, 그분의 그 굽힐 줄 모르는 항일민족운동의 투지와 '붓 한 자루를 무기 삼아' 그야말로 종횡무진 정진에 또 정진을 거듭한 그 꿋꿋하신 언론 투쟁이 아닐 수 없다. 나 자신 그분을 뵈올 수 있었던 것은 내 나이 겨우 9살 무렵까지여서 거의 모두가 듣고 읽어서 아는 사실이기는 하나, 할아버님은 30대 초의 나이에 신문사의 논설위원으로 시작해서, 주필 겸 사장, 발행인 등 육순이 되시던 해 한국전쟁으로 말미암아 납북되시기 직전까지 직접이든 간접이든 결코 할아버님 자신의 의사에 의해 언론 활동을 중단해 본 적이 없으셨다. "붓만 들었다 하면 장강대하처럼 쏟아져 나오는 경세의 대문장"(宋志英, 〈안재홍, 그 열혈의 생애〉), "단 15분 안에 사설이며 시평, 필담 등을 거뜬히 써 내는 속필의 대기자"(柳光烈, 〈기자 반세기〉), "누구나 감루하며 옷깃을 여미지 않을 수 없게 하던 명문"(李宣根, 〈나의 民世觀〉), 더 나아가서는 "문신(文神)급의 문웅(文雄)"(任重彬, 〈民世體, 그 殉道의 자리〉) 등 격찬에 절찬을 아낌없이 받으셨던 전설 같은 문명(文名)의 할아버님 민세. 그분의 필력이며 정신력이 가히 어느 정도쯤에 이르고 계신지 나 자신 대충 헤아릴 만도 하였지만, 1980년대 초 오랜 세월 그처럼 염원하던 그분의 문집을 간행하기 위해 막상 그분이 남긴 유고(遺稿) 보따리를 풀어 보았을 때, 무엇보다도 우선 그 실로 방대하달 수밖에 표현할 수 없는 원고량에 그만 질려 버릴 지경이었다.

할아버님이 8년 동안 조선일보사 재직 시에 쓰신 논설과 시평들만도 무려 1천 5백 편 가량이 되었으며, 민세 필담·수필·기행문·정계 회고록·공한·성명서·연구논문과 저서들까지 합치면 우리 유족 측이 보존하고 있는 것만으로도 권당 6백 쪽 정도로 10권이 될 만한 분량이라는 게 할머님의 말씀이셨다.

할아버님은 당시 일간지뿐만 아니라 시사 월간지 등 여러 간행물에도 매달 기고하셨던 글들이 상당량에 이르러 그것들을 빠짐없이 찾아내어 수록한다는 건 참으로 어려운 작업이 아닐 수 없어서, 엄청난 제작비며 이런저런 사정에 의해 전집은 훗날로 미루기로 하고, 먼저 선집 5권으로 결정을 보지 않을 수 없었다.

어쩌면 할아버님도! 그분이 34살에 논설위원으로 글쓰기를 시작하시어 해방을 맞아 정계에 뛰어드신 55살에 이르기까지 20여 년 가까운 집필생활이었다고 할 수 있기는 하나, 그간 옥고생활만으로도 8년 3개월의 공백기간이 있지 않았던가. 그리고 옥중 고문으로 허리를 다치시고 위장에 냉상을 입는 등 수감생활 후유증으로 시달리셨을 기간 등을 헤아리면 제대로 글을 쓰실 수 있는 기간이란 10년이나 될까 말까 하였을 터인데 어쩌면 그렇게도 많고 많은 글들을 쓰실 수 있으셨는지! 선풍기 하나 제대로 없었을 그 숨 막힐 듯 무덥게 찌는 한여름 낮과 밤, 모기떼는 또 얼마나 극성스럽게 달라붙곤 하였을까. 따뜻한 온돌방 안에 떠 놓은 머리맡의 자리끼 물도 새벽에 일어나 보면 꽝꽝 얼어붙어 있곤 하던 어린 시절, 그 모질게도 맵차기만 했던 한겨울 낮과 밤에…….

가족들도 가시덤불의 길을

> 당시는 지금보다도 한결 추운 편이었는지 엄동이 되면 기온이 퍽 내려가서 영하 20도 전후를 오르내리는 것이 항례였다. 이런 밤이면 차가운 감방에서 신음하실 부친을 염려하여, 병석의 노조모와 어머니는 거의 뜬눈으로 새곤 하시어, 그런 날일수록 연소한 나는 더욱 침울해지지 않을 수 없었다(안정용, 〈아버지와 나〉).

일제 아래서 독립운동 하던 분들의 가족이라면 대부분 다 그랬겠지만, 고투하는 당사자에 못지않게 그 가족들도 가시덤불의 길을 걸어야 하는 것이었다.

> 중학생이 된 내가 서울에 올라오며 생긴 일은, 붙잡혀 다니는 아버지의 뒤치다꺼리였다. 담요와 사식 차입, 면회 등 심부름을 다니느라고 경찰서와 형무소 출입이 잦아지게 된 것이다.
>
> 고등계 형사나 형리들이 차디차게 쏘아보는 눈초리를 나는 지금도 서릿발같이 느낄 수 있다. 엄한과 혹서에다 영양 부족으로 말이 아닌 부친의 얼굴을 대하는 것도 규정 시간이 지나면 사정없이 내려닫는 판막이로 막혔고, 그 판막이를 두 주먹으로 두들기던 생각이 지금도 뇌리에 남아 있다. 때 묻은 차하복(差下服)을 옆에 끼고 철문을 나서서 영천 길을 걸어 나오던 15, 16세 소년의 눈앞에 독립문이 뽀얗게 아롱져 보이곤 하였다.
>
> 나는 평생을 두고 관리가 되지 않으려고 결심한 것이 이때부터이고, 평생을 두고 집에 철문을 달지 않으려 한 것도 이때부터이다. 나는 해방 이후에도 관도(官途)에 붙어 볼 생각을 낸 일이 없으며 지금도 철창 있는 대문 달린 집을 생리적으로 혐오한다.

돌아가신 아버님이 41세의 나이에 써 두신 〈아버지와 나〉라는 제목의 그 회고록 가운데에서도 이 대목은 특히 나로 하여금 가슴속 깊이 복받쳐 오르는 뜨거운 눈물을 억제할 수 없게 하고는 한다.

일생을 항일운동에 종사하여, 투옥되지 않으면 객지에 나가 있어서 사생활이 공백 상태였던 할아버님에게는 가족과 동거하여 단란한 생활을 가진 적이 극히 제한되어 있어서, 독수공방 긴긴 세월 부부 생이별의 한(恨) 서린 30여 년 동안을 묵묵히 인내, 또 인내하시면서 적지 않은 농사 살림과 세 남매의 양육을 도맡아 하셔야만 했던 당시 부인(돌아가신 할머님, 이정순)의 상(喪)도 옥중에서 당하시고, 맏아드님(돌아가신 아버님, 안정용)의 결혼식도 옥중에 계셔서 보지 못하셨다 한다. 그토록이나 몸소 뼈에 사무치게 일제의 학정을 겪으셨으면서도, 해방이 되자 누구보다도 앞서 우리 국민들의 일본인에 대한 보복 행위를 우려하시어 우리 재일

동포를 보호하기 위해서라도 '대국민의 도(道)를 보여 주자'며 냉정 침착할 것을 절절히 호소하셨다는 할아버님 민세[1945년 8월 16일, 할아버님은 건국준비위원회 부위원장 자격으로 서울 중앙방송(KBS의 전신)을 통하여 〈海內海外의 3천만 동포에게 고함〉을 3차례 전국에 방송하셨다].

> 아버지의 무릎을 모르고 자란 반면에 나에게 아버지는 사숙하는 스승이요, 숭배하는 우상이고, 향수와도 같은 전설이었다.
>
> 요즘의 신문 사회면은 강도·절도·사기·횡령·수회 등 오직 사건 등으로 거의 전면이 채워져 있으나 당시에는 항일 지사들의 군자금 모집 사건, 폭탄 투척 사건 등이 거의 매일 특호 활자로 실렸던 때이므로, 같이 놀 동무조차 만만치 않던 소년은 방과 후면 책보를 내던지고 마루에 걸터앉아, 무슨 모험 소설이나 탐정 소설을 읽듯이 목소리를 높여 그러한 기사들을 낭독하는 것이 일과가 되다시피 하였다(안정용, 〈아버지와 나〉).

1년에 한두 차례 다녀가는 할아버님(民世) 대신 이틀에 한 번씩 꼬박꼬박 부쳐 오는 신문을 기다리며, 신문만이 때로는 아버지를 느끼게 하였다는 아버님(淵谷)의 어린 시절을 생각할 적마다 어쩐지 또 하나의 어린 시절 내 모습 그대로를 보는 것도 같다.

> 켄터키 옛집에 햇빛 비추는
> 여름날 검둥이의 시절—.
> 저 새는 긴 날을 노래하였고
> 옥수수는 벌써 익었네.
> 잘 쉬어라 쉬어
> 우지 말고 쉬어
> 어려운 시절이 닥쳐오리니.

어린 시절 나 자신 별 뜻도 모른 채 곧잘 흥얼거리곤 하던 구슬프고도 정겨운 그 노래 ― 〈켄터키 옛집〉의 그 노랫가락이며 노랫말이며를 나이 들면서 언제부터인지 나는 마치도 눈물 젖은 빵을 꼭꼭 씹어 삼키듯이 음미해 가며, 아버님과 할아버님을 비롯해 어린 시절 모두를 그리워하곤 하던 것이다.

조선인으로서 순도(殉道)하는 민족애의 용광로

> 민족 허무주의가 창궐하던 그 암울하던 시대에도 끝까지 조선인으로서 정진(征進)에 순도(殉道)하는 민족애의 용광로 – 민세 안재홍은 문장가이기 때문에 사가가 되고, 사가이기 때문에 애국자가 되었다기보다, 애국자이기에 사가가 되고, 사가이기에 문웅의 자리에까지 이르러 …… (임중빈, 〈민세체, 그 순도의 자리〉).

할아버님 선집을 내는 데 자료수집 관계 등 간행위원의 한 분으로 많은 도움을 주신 임중빈(문학평론가, 인물연구소 소장) 선생 또한 〈민세체, 그 순도의 자리〉에서 기술하고 있는 바처럼 할아버님 스스로가 "나는 서생(書生)이요, 독서자(讀書者)이다. 소년 시대에 이미 술사가(述史家) 될 입지(立志)를 굳혔으나, 약관(弱冠)의 때에 불행 조국의 복몰(覆沒)을 만나 …… 치란(治亂)의 국(局)에 관심함이 바빴더니" 시대적 소명이 그분으로 하여금 민족운동가이며 사회개혁(량)자가 되게 하셨고, 건국을 전후하여 일선 정치에도 나설 수밖에 없게 하였던 것이다.

> 우리 민족이 일본의 굴레를 벗어났을 때, 국내에서는 많지 못했던 '남아 있는 비협력 지도인물'의 한 분으로서, 선생은 건국준비위원회 조

직에 참가하여 그 부위원장이 되었다. 그러나 건준이 지나친 좌경으로 치닫자 곧 이를 탈퇴하여 국민당을 조직하고, 한편으로 한성일보를 창설한 뒤, 변전(變轉)이 극심하던 당시 정국 속에서, 선생 스스로 '순정우익(純正右翼)'이라 부른 중간우파 노선을 견지하면서, 이른바 '초계급적인 통합민족국가'를 향한 건국운동에 전력하였다(천관우, 〈해제〉, 《민세 안재홍선집 1》).

따라서, 민세는 8·15 후의 민족 상황을 민족적·국민적 생존을 위태롭게 하는 시점이라고 보고 마땅히 국내 투쟁을 지양하여야 한다는 이론을 폈다. 이와 같은 민족주의 이론에 따라 그는 좌익과도 필요하면 제휴한다는 입장에 서 있었으며 계급보다는 민족에 비중을 더 두었다. 따라서 그의 좌우 합작 이론도 그의 신민족주의 이론에서 나온 것이라고 볼 수 있겠다.

그러면 그가 주창한 신민족주의와 신민주주의는 과연 어떠한 내용을 담고 있는가.

"서구의 민족주의와 민주주의는 대개 구정을 중심으로 한 봉건 귀족과 대지주의 자본가 등이 최초부터 특권벌적(特權閥的) 독점으로 천하의 정권을 농단하며 계급적인 억압 착취를 하다가, 시대의 진운에 따라 한 걸음씩 소시민·노동자 및 농민 등 하층 계급의 사람들에게 그 정치 참여의 법을 할양한 소위 자본적 민주주의로 된 것이요, 그러한 사회적 기반 위에 구성된 민족주의로서 그 발생 및 발전의 역사가 거의 근본적으로 다르다. 오인(吾人)은 이제 동일 예속과 동일 해방에서 모든 진보적이요, 반제국주의적인 지주와 자본가와 농민과 노동자가 한꺼번에 만민공생(萬民共生)의 신발족을 함을 요청하는 역사적 명제 하에 있으므로 만민공동의 신민족주의(新民族主義)요 신민주주의(新民主主義)이다."

민세가 구상한 신민족주의와 신민주주의는 서구식의 민족주의가 밟아온 봉건귀족·대지주·자본가 등의 역사적 발생·발전의 성격과 다른 초계급적 균등 사회의 이성 위에 서는 주의이다. 그러한 이념과 주의는 한국사에서 나타나는 고대 이래의 조국 고유, 민족 자발의 민족주의·국민주의·민주주의의 이념과 합치된다고 보아 현대적 의의에서 발전시킨 것이라고 해석하고 있다.

이러한 주의 주장은 그가 주도하며 만든 국민당의 강령에 넣을 만큼 자신에 차 있는 신조였다. 그리고 그것은 한국사에 내재하는 사실을 통하여 얻은 주의이기도 하였다.

그리고 자신들의 좌우 합작 노선을 중간파라고 지칭하는 것을 못마땅하게 생각하였다. "중간의 설(說)을 배격함은 그 어의(語義) 매우 타당치 못함에 인함이니 중간파(中間派) 혹 중간당(中間黨)이란 것은 본디 모멸적인 명명(命名)인 까닭이다. 진정한 민주주의는, ① 좌에서, 무산계급 독재를 전재로 하고 개인의 자유와 재산의 일정한 사유 세습의 원칙을 무시하는 공산주의의 강요를 반대함이요, ② 극우에서, 봉건적·대지주적·자본벌적(資本閥的) 특권 계급 지배의 국가를 배격함이다."라고 주장하였다(姜英哲, 〈민세 안재홍〉, 한국사학회편, 《한국현대인물사 1》, 을유문화사, 1987)

대한민국 정부수립 직전에 1년 반 동안 할아버님이 미군정의 민정장관(행정부 한인 최고책임자)에 재임하셨던 것에 대해 정치학자이자 언론인인 김학준(金學俊) 박사(전 서울대 교수, 현《동아일보》사장)는《동아일보》광복 50주년 기념 특집에서 다음과 같이 밝힌 바 있다.

독립운동의 한 방편으로 민정장관직 수락

안재홍으로서는 미군정청 민정장관직 수락이 매우 고뇌스러운 일이었다. 왜냐하면 미군정은 그 스스로가 높이 평가했던 대한민국임시정부를 정면 부인한 장본인이었고, 자신이 속한 한국독립당은 여전히 미군정의 '모스크바 의정서' 실현정책에 맞서 싸우고 있었기 때문이었다.

…… 47년에 들어서면서 미국 정부 안에서도 미군정이 전면 장악한 행정권을 남한 사람들에게 넘겨줘야 한다는 주장이 본격화됐다. '모스크바 의정서'에 따른 '남북을 통튼 조선인의 통일임시정부' 수립이 현실적으로 불가능해진 상황임을 인정하고, 특히 북한에는 소련군 대위 출신의 김일성(金日成)을 위원장으로 하는 북조선인민위원회가 사실상의 북한판 단독정부로 기능하고 있는 점을 고려해 남한에서도 단독정부를 세워야 할 것임을 내다볼 때 행정권 이양이 취해지는 것이 바람직하다는 것이었다. 이미 남조선과도입법의원 의장에는 김규식(金奎植)이, 대법원장에는 김용무(金用戊)가 취임해 있는 터였다. 이러한 배경에서 미군정은 미군정의 행정부 한인 최고책임자 자리로 민정장관을 신설하고 안재홍을 임명한 것이다.

미군정으로서는 민정장관 자리에 안재홍이 적임자이었다. 그는 의심의 여지없는 항일운동가였고 언론인으로서나 학자로서도 명성이 높은 '고절(高節)의 국사(國士)'였다. 그가 미국의 정책과는 다른 반탁의 길을 밟았음은 사실이다. 그러나 뒷날에는 미국의 정책노선에 맞춰 '모스크바 의정서'를 지지하고 '모스크바 의정서'에 규정된 '조선인의 통일임시정부 수립'을 위해 좌우합작운동에 참여했다.

물론 깨끗한 인격의 소유자인 안재홍으로서는 민정장관 수락을 세속적인 출세라기보다 독립운동의 한 방편이라고 여겼음이 분명하다. 그는 일정기간 미군정의 존속은 불가피한 단계이고, 미군정이 '한국화'정책으로 전환할 때 돕는 것이 이 단계의 마무리에 이바지한다고 믿었던 것이다(김학준, 〈해방공간의 주역 17 - 민세 안재홍〉, 《동아일보》, 1995. 12. 5).

할아버님 민세에 관한 지속적인 연구로 석사·박사논문을 비롯하여《다사리국가론 - 민세 안재홍의 사상과 행동》 등의 저작 및 수많은 논문 발표와 학술 활동에 심혈을 기울이고 있는 정윤재(鄭允在) 교수(한국정신

문화연구원 한국학대학원 정치학)는,

> 통일된 조국을 '신민족주의와 신민주주의'의 기치 아래 만민공생(萬民共生), 평권정치(平權政治), 균형경제(均衡經濟)의 대원칙이 살아있는 '다사리국가'로 만들고 싶어 했던 민족지도자 안재홍은 일제의 억압, 해방 후의 혼란, 6·25의 비극을 온몸으로 부딪치다가 그 뜻을 펴지 못한 채 세상을 뜬 것이다. 그는 남에 있으나 북에 있으나 '진보적 민족주의자'로서 언제나 한 가지 생각과 원칙으로 민족의 앞날을 걱정했던 현대사에 흔치않은 올곧은 조선선비였다. 그는 또 고유의 '조선정치철학'을 체계화하면서 그 안에 내재한 보편적 가치를 발굴하고 논증하는 데 정열을 쏟았던 학자이기도 했다. 그는 원칙과 노선이 모호한 채 권력의 기회만 엿보던 정치인이 아니라, 민족지도자로서 언제나 민족구성원 모두를 건강한 공동체로 끌어안고자 했던 '중심'의 사상가였다.
>
> 정치인으로서의 민세는 말과 글 이외에 능력 있는 지도자로서 구비해야할 조직력과 추진력이 미흡하여 자신의 의지를 정치적으로 관철하는 데는 성공적이지 못했다. 그러나 일생동안 지식인 행동가로서, 정치과정에서 누구나 할 말을 충분히 하게 하는 '진백(盡白)'의 정치방법과 공동체 내의 모든 사람들이 사람답게 살아야 한다는 '진생(盡生)'의 정치목표를 함께 담고 있는 '다사리' 이념을 실천하고자 노력했다. 그는 정치적 이해득실에 따른 가벼운 처세보다 자신의 연구와 비판적 역사의식에 입각한 원칙과 노선의 견지에 더 마음을 쏟았던 줏대 있는 조선선비였으며, 일찍이 '국제적 민족주의'를 설파하여 안에서 단결하고 바깥세상으로 펼치는 국가 경영을 논했던 민족지도자였다.

고 근년에 엮어낸 그의 저서 《민세 평전 – 다사리공동체를 향하여》에서 역설하고 있다.

다사리 공동체를 향하여

내가 마지막으로 뵌 그분의 새카맣게 그을리신 모습. 다소 쉰 듯한 음성(6·25전쟁이 터지던 바로 그 전 달 5월 중순쯤으로, 그 당시 제2대 국회의원에 출마중이시던 할아버님께서 선거자금이 쪼들려 맏아들이 사는 북아현동 우리 집에 황망히 들르시던 참이었다고 한다) 평생 무섭도록 근면하시고 검약하셔서 술과 담배를 일체 않으시고, 민정장관 재직 시에는 늘 도시락을 지니고 다니시어 미담도 일화도 많으신 그분. 불우한 동지들을 돕기 위해 학비며 생활비를 급히 꾸어 가서는 갚지를 못하곤 하셔서 형제자매들을 울린 적이 한두 번이 아니었지만, 집안에 부리는 아랫사람들에게도 결코 반말을 하시거나 무시하거나 하지 않으셔서 가장 가까운 사람들에게 가장 존경을 받으셨다는 그분. 밖에서나 안에서나 늘 그렇게 칭송과 흠모를 한 몸에 안고 사셨다는 그분에 대해 뭣 좀 인간적인 흠집이나 결점 같은 게 없을까 하여, 손녀딸이 할머님께 짓궂을 정도로 캐묻곤 하여도—글쎄, 너무 좀 고지식하시고 약삭빠르지 못한 점이라 하실까. 참을성이 얼마나 많으신지, 정말 사람인가 싶을 때도 있단다.—고작 그 정도일 뿐.

언젠가는 그래도 돌아오실 날이 있겠지 하고 기다려지던 그분의 별세 보도를 (1965년 3·1절에) 외신으로 전해들은 지도 어언 39년째……. 가까운 혈육이라고는 단 한 명도 없는 차가운 북녘 땅 어느 하늘 아래 아직도 두 눈 홉뜨신 채 잠 못 들어 하실 그분을 생각하며, 성묘조차도 할 수 없는 우리의 분단 현실이 안타깝기만 하였는데, 불행 중 다행으로 지난 1991년 11월 '남북 독립유공 민족지도자 추모제전위원회'가 결성, 국립묘지 애국지사 묘역의 무후선열제단(無後先烈祭壇) 안에 별도로 위패를 봉안하게 되었으니(趙素昻·金奎植 등 15명 중의 한 분으로), 반갑고 감사드리는 마음 이루 다 말할 수 없다. 그보다도 더욱 더 반갑고 감사드리는 마음으로 할아버님 그분께 크게 위안 드릴 수 있는 기쁜 소식은, 위패 봉안에 앞서 지난 1989년 3·1절에 할아버님이 드디어 공식적으로 독립유공자 반열에 들게 되고 (남북·월북자에게는 무조건 제외되었던) 대한민국 건국훈장 포상을 받게 된 사실이다.

좀 더 진작에, 아버님이 살아 계셨을 때, 그리고 통일조국에서 받을 수 있었다면 더욱 더 보람차고 기쁘겠지만, 할머님 생전에라도 우리 유족의 가장 큰 숙원이 이루어졌으니, '민심(民心)이 천심(天心)'이요, '진인사대천명(盡人事待天命)'의 큰 진리 앞에 숙연히 고개가 숙여지곤 한다.

잇달아 지난 2000년에는 할아버님의 고향인 평택시의 유지 및 지식인들이 뜻을 모아 민세기념사업회를 창립, 매해 학술심포지엄을 개최하는 등 여러 가지 추모사업을 계획·추진 중에 있으며, 그에 조금 앞서 십여 년에 걸쳐 큰 숙제거리였던 선집 5권이 완간되어 그분에 대한 재조명 작업이 더욱 본격화되어 가던 가운데, 작년 5월 지식산업사에서 보관해 왔던 나머지 유고(遺稿)를 고려대에 기증함으로써, 이제 6·7·8 세 권의 유고집이 더 나올 수 있게 되었으니, 하나씩 하나씩 일이 잘 풀려 나가는 때일수록, 우리 직계 후손들 모두가 더욱 자중하여 겸손과 열심 정성을 다해 하루하루 살아 나가지 않으면 안 되겠다는 굳은 다짐을 새롭게 다지곤 하는 것이다.

《선집》 5권의 원고 정리 및 편집 등으로 그 노고가 심대하셨던 고(故) 천관우 선생님, 어려운 재정형편임에도 전혀 돈벌이가 안 되는 《선집》 5권에 이어, 또 3권의 제작을 맡아 주신 지식산업사 김경희(金京熙) 사장님과 제작비 문제로 애써주신 고려대 최광식(崔光植)·이진한(李鎭漢) 교수님, 원고정리와 편집을 맡아주신 박한용(朴漢容) 민족문제연구소 연구원님, 그리고 기념사업회 출범에 누구보다도 앞장서 수년째 고생하고 있는 황우갑(黃祐甲) 사무국장과 이사 및 운영위원님들, 기념사업회 추진위원장으로 평택대의 사무실을 무상으로 빌려주고 계신 평택대 조기홍

(趙基興) 총장님, 기념사업회 초대 이사장(당연직)으로서 수년째 물심양면으로 지원해주고 계신 김선기(金善基) 평택시장님 등, 할아버님과 관련하여 알게 모르게 도움이 되어주신 그 많은 분들께 이 자리를 빌려 다시 한 번 뜨거운 감사의 뜻과 정을 보내드린다.

오늘에 이르기까지 여러 면에서 관심과 후원을 아끼시지 않은 김학준 박사, 민세 연구자의 대표 격으로서, 그분을 알리는 데 큰 역할을 하고 계신 정윤재·김인식(金仁植) 두 분 교수님께도…….

그리고 마지막으로 빼놓을 수 없는 사람. 할아버님 민세라면 밤도 낮도 없이 끙끙대며, 과로와 긴장감으로 80년 초 그 가장 힘들었던 시기에는 길가에서 쓰러져 경찰 백차에 실려 가기도 한, 참으로 못 말리는(웃음) 그 열혈손! 그 아내를 30여 년이라는 오랜 세월 묵묵히 견뎌주며, 큰일 작은 일 든든한 울타리가 되어준 우리 집의 김정기(金政起) 박사(한국외국어대 언론정보학 교수, 한국방송위원장 역임)에게도 진심으로 고개 숙여 축배를 나누고 싶다.

2004년 10월

민세 안재홍 맏손녀 안혜초 삼가

* 글쓴이 안혜초(1941년 서울에서 태어남)는 1964년 이화여대 영문과를 졸업하고 신문기자로 일하다가 현재는 시인 및 자유기고가로 활동 중이다.

** 이 글은 조선어학회 수난 50돌 기념 글모이, 《얼음장 밑에서도 물은 흘러》(한글학회, 1993년 1월)에 실렸던 글을 상당 부분 덧붙여 고친 것이다.

부록
독서노우트

독서초존(讀書艸存)

민세거사(民世居士)

인생사회의 끝없는 복잡을 두세 가지의 간단한 공식이든지 격언으로서 모두 포섭하려는 병벽(病癖)이 발생한다.

「푸랑스」의 사회비판

영국의 면밀한 조심(操心). 푸랑스의 헛된 광열(狂熱)

봉건정치의 종국의 붕괴로 내부로부터의 신흥세력의 대두에 의하지 않고 외부로부터의 침약(侵畧)에 의하여 완성되엇다.

떠이취의 사회사

독일의 주요지로부터 봉건주의를 소탕한 것은 떠이취의 자본가는 않이고 푸랑스의 군대이엇다.

현실도피의 생애는 저절로 사회에의 무관심과 관념 과중(過重)의 폐단(弊端)을 산출하엿다.

「떠이취」의 철학과 예술」

조선의 그 경향

「떠이취」의 철학은 길엇다. 떠이취의 과학은 근본적이엇다. 떠이취의 이상주의는 열광적이엇다.

조선의 철학은 깊지도 못하엿다. 과학은 被□□하엿다. 이상주의 대신에 오직 모고적(慕古的)인 히미한 몽상밖에 않이 갖엇다.

자연도 예술도 인간사회도 무시되엇으며 친우(親友)를 물리치고 오로

지 연구에 몰두하엿다.

맑스

1. 그 자신을 그의 발전 중에 명백히 하지 않으면 안 된다.

1. 사물의 이성 그것을 그 자신 스스로에 잇어서 모순하는 것으로서 전개하며 그리고 그 자신 스스로의 안에 그 통일을 보지 않으면 안 된다.

맑스

현실적인 것의 속에 이념을 구한다.

실천에 의하야 얼어지 경험이 지식의 움지기지 못할 최후 근거로 되엇다.

맑스

현실의 힘찬 역사의 흘름은 실천에 의하야 온갖 형이상학적 분식(粉飾)을 제거하고 나의 지식에 의식적으로 섭취되기 떨어버리고 시작하엿다.

맑스

국가의 목적은 개인의 행복과 그의 향락에 있다.

푸란스사상

너무 개인본위적이건 구물(舊物)의 잔재와 더불어 신물의 맹아가 실재하고 잇는 것을 몰랏다.

헤-겔

현재(現在)하고 잇는 것은 항상 변화하며 혁신되어 현재의 대립관계에 대하여서는 그것을 극복하는 것이 끈힘없이 성장된다

헤-겔=맑스

모든 것을 상주(常住)의 중류(中流)에 두게 되는 것이며 지금 잇는 것

은 무엇이든지 그 가치의 여하를 묻지 말고 모두 소멸되지 않을 수 없다.

헤-겔·맑스

경제적 과정으로부터 발아(發芽)하는 사회가 그의 욕구하는 대로 법률이나 국가를 맨드는 것이다. 맑스

나, 나라.

나의 욕구하는 대로 나의 「나라」는 영원한 새로운 지음을 할 수 있다. 그것을 경제적 조건이 주요한 반면 외타(外他) 허다한 객관조건에서 지양/회통(會通)되는 새로은 다사리(皆□)의 제약형태에서 성취되는 것이다.

민세(民世)

『과학적인 연구방법의 엄밀한 적용』을 강조한 맑스와 엔겔스는 동시에 『그것은 항상 인류의 총체적 지식과의 조화를 보존하지 않으면 않이 된다고 역설하엿든 것이다.

민세(民世)

맑스와 엔겔스 등은 그 공산주의사상을 구성함에 잇어 그 사유의 방식은 독일의 고전적인 철학으로부터, 경제문제를 영국의 정통파 경제학으로부터, 사회사상을 18세기 이래 민권혁명의 사상적 주류로 주효하게 흘러나려오든 「프랑스」국에 잇어서의 특히 싼. 시몬 류의 공상적 사회주의로부터 섭취된 것이다. 사상은 국제적인 후에 비로서 대성할 수 잇다.

마음 = 많음 ----- 몸 = 모음 (민세)

눈앞에서 「푸랑스」혁명

눈앞에서 전개되고 잇는 「프랑스」의 혁명은 그들로 하여금 그 의도를

실현함에 어떻게 권력을 장악하여야 하는가를 가장 명백하게 제시 받은 것이엇엇다. 민세

자기 자신과 그의 가장 갓가운 자 이외에 누구나 사랑하지 않는 인물
바쿠우닝 맑스 평

『세계의 맨 처음 당초부터 존재하고 잇는 절대정신의 정진(正進) 반발 및 중합(仲合)의 과정을 경과하여서 마침 진정한 자기를 자각하게 된다』는 「헤겔」의 관념적 변증법은 현실의 발달 과정에 적응하지 않음으로 이 도립(倒立)하고 잇는 변증법을 「포이엘바하」의 유물론으로써 바로 세워서 더 한층 발전시킨 것을 맑스의 유물변증법이라고 한다.

세계는 절대정신의 자각사는 않이고 물질의 자기발전과정이며 딸아서 일체(一切)의 관계는 전체(全體)적으로 관찰된다.

맑스비판

세계를 절대정신의 자각사라고 단정한 「헤겔」의 관념적 변증법은 너무 형이상적인 것이다. 절대정신의 자각은 인류의 비판적인 지성이 스스로 최고선(善)이라고 인식되는 방향에 부단히 추진하는 도의적 및 기술적 노력을 지적하는 것이다. 그러나 「칼·맑스」가 엥겔스와 함께 『물질의 자기발전과정이다』고 규정한 유물사관도 이것을 전적으로 수긍할 수 없다. 물심(物心)의 이원(二元)적인 존재는 항상 표리(表裏)하고 상호하야 그 영원한 지속에서 영속하는 창작과 발전을 지향하는 실현과정에서 쉴새 없이 일원화하면서 잇는 것이다. 이러한 인식의 경지에서만 비로서 전적(全的)인 파악이 가능한 것이요 일체(一切)의 관계도 바야흐로 전체적으로 시찰된다.

민세

일체는 과정적이며 딸아서 절대적 진리라는 것은 없다. 일체는 자기(긍정)를 부정하여야 할 요소를 내포하며 양자의 모순투쟁에 의하야 부정의 부정으로써 더 고위(高位)의 긍정이 생긴다.

또 이 과정은 언제든지 점차적인 것만이 않이요. 양(量)은 일정의 한계에 잇어서 질(質)에 변화하며 이 변화는 비약적으로 행하여진다. 헤-겔과 호이엘바하의 지양이지만 다만 사유 그 자신의 발전의 결과는 않이오. 자연이든지 사회의 변증법적 발전 그 자신의 반영인 것이다. 즉 자연과학의 진보든지 계급대립의 격성(激成)이든지를 소재로 하여 발전한 사유법칙이며 딸아서 이 법칙이 인하야 특히 인간사회 발전 법칙(유물사관)으로 나타난다.

전굉강(全宏剛)

순수자연계의 발전법칙과는 달러서 인류사회의 발전에는 항상 인격적 의식적 노력이 거대한 지향 추진의 동력을 이루는 것이다. 딸아서 사회의 변증법적 발전 그것은 일정한 단계까지 비의식적인 자연생장의 경향을 띠우는 것은 사실이지만 목적의식이 싹트고 생장되고 확대됨에서 비로소 역사적 비약과정을 의식적으로 과정하는 것이다.

민세

[유물사관]

현재의 사회는 결코 응고(凝固)된 결정체는 않이며 하나의 변형되어질 것이며 또 부단한 변형과정에 잇는 유기체인 것이다.

맑스

응고된 사회는 고정된 또는 정돈(停頓)된 사회로 될 수 잇다. 정돈(停頓)된 사회는 부후(腐朽)한 사회일 것이오 필연히 파멸될 화기(禍機)를 내포하고 잇는 것이다. 그런 고로 회생(回生)과 오(五)의 철리(哲理)는 이러한 맹목무사위(盲目無事爲)의 세계를 허여치 않고 항상 육(六)의 지속과 칠(七)의 사위(事爲) 또는 흥기(興起) 또는 성취를 당위적으로 요청하는 것이다. 사위(事爲)는 팔(八)의 개주손익(開周損益)으로써 끈힘없는 상양(上揚)을 갖어온다. 지양손익(止揚損益)은 늘 회통(會通)을 동무하여야 하나니 지양 반듯이 회통과 표리본말(表裏本末)하여야 한다. 그리함으로써 무한개전(無限開展)을 영항(永恒)하게 보장할 수 잇다. 구(九)의 종합 즉 회통이오 십(十)의 전개는 □□들어 올 수 없는 확고한 결과인 것이다.

그러나 현재의 사회는 온으로 불안 요동 미건설의 상태에 잇는「고비」가 않인 한 그것은 안정된 사회이어야 한다.「오늘」=금일은「온늘」로서 전항(全恒)인 것이다. 영항창조(永恒創造) 구원성취(久遠成就)의 순간의 정돈(停頓)도 없는『지음』[제회(際會), 작위(作爲)]의 지속인 것만치 그는『온늘』인 것이다.「온늘」은『한늘』의 생동적인 철학적 형태인 것이다. 즉 이 세계는 과거와 미래를 포온(包蘊)한 영항한 현재인 것이다.

민세산인(民世山人)

방법론은 구체적 파악 그 자체 중에 짜여저 잇는 것이다.

인류는 그들의 생활의 사회적 생산에 잇어서 일정의 필연적인 그들의 의지로부터 독립한 관계를 맺는다. 즉 그들의 물질적 생산력의 일정한 발전단계에 적응하는 생산관계가 이것이다. 이러한 생산관계의 총체는 사회의 경제적 구조를 성립시키고 잇는 것이며 이것은 법제상 및 정치상의 상부구조가 의거하고 잇는 것의, 또 일정한 사회적 의식, 제형태가 거기에 적응하는 것의 현실토대인 것이다. 물질적 생활의 생산방법은 사회적 정치적 및 정신적 생산과정 일반을 조건짓는다.

인간의 의식이 그들의 존재를 결정하는 것이 않이라 이와 반대로 그들의 사회적 존재가 그들의 의식을 결정한다.

사회의 물질적 생산력은 그 발전의 일정 단계에 잇어서 그것이 종래 그 내부에서 활동하고 잇든 현재 생산관계 즉 다만 이것의 법적 표현에 불과한 소유관계와 충돌하게 된다. 이러한 관계는 생산력의 발전형태로부터 변하여서 그의 질곡(桎梏)으로 된다. 이리하야 사회혁명의 시대가 도래하는 것이다. 경제적 변동에 딸아서 거대한 전(仝) 상부구조가 점차로 혹은 급격히 자기를 변혁한다. 이러한 변혁시대를 그 시대의 의식으로서 판단하는 것은 불가능한 일이며 도리어 이 의식의 물질적 생활의 모순으로부터 즉 사회의 생산력과 생산관계와 충돌로부터 설명되지 않으면 않이 된다.

한 사회구성은 모든 생산력이 발전할 여지가 잇는 한 그의 발전을 성취하기 전에는 결단코 몰락하는 것은 않이고 또한 고도의 신(新)생산관계는 그 물질적 제 조건이 구사회의 태내(胎內)에 잉태(孕胎)하기 전에는 결단코 나타나는 것이 않이다.

「맑스」

인류생활의 전 분야에 잇어 또는 사회발전의 근본에 잇어 경제적 제 조건 즉 생산관계는 위대한 작용을 하고 잇다. 그러나 역사적 계급성이 각각 달른 아직 국제적 단일화하지 못한 현하 제 국민의 사태를 어느 일개국에 적용된 경제적 유물사관의 테안에 일률로 들어맞히어 규정하고 또 해결 지으려 하려는 것은 큰 오류의 출발점으로 된다. 각 국민의 역사상의 운명은 경제적 유물사관의 외에 풍토의 자연및 객관적으로 강요되는 고래(古來) 및 현재의 국제적 제약 관계와 또는 이것들로써 허구(許久)한 동안 훈성(薰成)된 그 전통의 사회 고습(固襲)적인 제 조건 등에 딸아 조건 짓게 되는 부분 자못 많다.

또는 경제적 숙명관에 떨어지는 것을 방지하여야 한다.

민세산인

[유물사관]과 [계급투쟁]

유물사관은 줄잡어 계급이 분열한 이래의 사회 계급투쟁에 의하야 전개되엇다고 가르친다. 『모-든 종래의 사회역사는 계급투쟁의 역사인 것이다』 즉 과거에 잇어 서로 투쟁한 것을 자유민과 노예, 고(古)로마의 귀족과 서민, 중세 귀족과 농노, 낄드[guild]시민과 직인(職人)과의 등이 잇지만 이것 등 투쟁의 결말은 항상 전사회의 혁명적 변혁이든지 혹은 투쟁 제 계급의 공도(共倒)와의 어느 쪽이었다. 이 이론은 오늘의 사회에 잇어서도 변한 것은 않이다. 다만 오늘에 잇어서의 계급투쟁은 옛날에 견주어 눈에 뜨이게 단순하여진 것을 그의 특색으로 한다. 『전 사회는 점점 양대 적대 진영에 직접 대립하는 양대 진영에 분열된다. 즉 부르조아-지와 푸롤레타리아-트가 그것이다』. 이것을 요컨대 착취계급에 대한 피착취계급의 투쟁인 것이다.

잉여가치에 인한 착취이다.

맑스

계급 대립은 엄연한 역사상의 사실이다. 역사상에는 이러한 계급투쟁에 인한 분열 잇엇나니 철종 임술의 『우통』과 갑오년 동학란은 농민과 상민의 계급 반항적 투쟁이엇든 것이다. 그들은 명백한 계급의식과 또는 자기 계급의 집정(執政)이라는 기획도 없엇든 것이다. 계급적 불행에서 자극된 반항투쟁으로 내란화하엿다. 그것이 일본제국주의의 침략의 계기를 지어 제 계급을 포섭한 전민족의 공도(共倒)하는 결과를 불러왓다.

고려조에 잇어 이통(李通) 만적(萬積) 등의 관사(官私)노예 또는 천민계급의 반항은 지배계급의 강력임과 자계급 분산 미약한 반항력임에 인하야 투쟁을 투쟁다웁게 전개시킴에도 못 밎엇다. 홍경래의 청주강북(淸州江北)에서의 반란은 지방적으로 구획된 일종의 계급투쟁으로 볼 수 잇엇으나 그것은 또렷한 계급적 의식으로 집약된 것도 못 되엇엇다. 조선상대 허다한 계급적 압박 잇엇고 주구(誅求)와 착취가 그에 딸엇든 것이다. 피압박 계급의 투쟁적 반란에까지 못가고 말엇다. 임진란에 선조대왕의 조정이 한성을 좇기어 도망갈 때 상민과 노예들의 일부 장예원(掌隷院)에 불질러 서울에 화재는 이르키엇으나 반란까지 간 바 없엇고 서울 시내 천민 또는 상업민 중 그들과 접근하야 안온한 생활을 한 자 상당 잇엇으나 계사(癸巳) 2월 권도원수(權都元帥)의 행주대첩에서 일군(日軍) 서울을 퇴각할 때에는 경복궁에 불 질으고 평상시 잡거(雜居)생업에 종사하든 조선인을 대량 학살하여서 관군이 입성한 때에 적시산(積屍山) 같은 상태이엇엇다. 그러나 조선상대(上代) 동일 지배계급의 정권 쟁탈에 의한 분열투쟁으로 적국을 이(利)하고 조국을 복몰(覆沒)케 한 역사적 대사건 잇나니 고구려의 말년 연남생(淵男生)이 일국의 섭정적 대권력가로서 그 아오 남산(男産) 일파와 대립투쟁하야 당구(唐寇)를 초래한 것도 그것이오. 백제 말년 소부리(所夫里)의 고도(古都)가 당구에게 포위되어 국민적 혈전을 하는 도중 왕자 태(王子 泰)가 왕으로 자립하야 솔중고수(率衆固守)하는데 태자의 자(子) 문사(文思)왕자 융(隆)과 함께 「왕여태자출(王與太子出), 숙천위왕(叔擅爲王), 약당병해거(若唐兵解去), 아등안득전(我等安得全)』이냐고 좌우와 함께 당에 투항 내통하여 왕자 태의 수성(守成) 반란군은 결국 패망하엿다.

조선은 고금(古今) 사천년 동서남북으로 포위되어 잇는 강대한 제 국민의 거듭거듭 지처들어 오는 대침략에 민족적 대반항을 영속하는 동안 계급투쟁에 내쟁(內爭)할 시간의 여유 없엇든 것이다. 조선인의 전 민족적 반항투쟁에 몰두하는 동안 한번도 계급해방의 대승적인 정책을 수립치 못한 것은 일대 흠점이다. 그러나 내부에서도 계급투쟁에 인한 사회혁명 혹은 사회의 개조 성취가 없엇고 외력의 침습(侵襲)에 인한 자동적인 사회혁명도 상대(上代)에 잇어서는 거의 없엇다. 몽고백년의 침략 중에 오직 김윤후(金允候) 충주에서 계급해방, 협동 대전(對戰)의 의거 잇엇으나 원(元)세조(世祖)의 권고에도 고려조정은 계급해방을 완고히 거절하엿엇다. 오직 일제 40년에 모든 봉건적 계급대립도 외력의 침략과 침투의 철저화에 의하야 비로서 자동적 소멸되엇고 작취 피작취의 분열 대립도 일제 식민적 착취가 전 민족적 피작취 계급화의 급속화에 인하야 대부(大部)가 역시 자동적 소멸될 형세로 되어 잇다. 전 세계에 잇어 북미의 『멕시코』국은 미국 기타 영, 불, 독 등 국제자본와 전면적 침입에 말맴어 전 국민적 국제자본주의에의 피작취 계급화라는 현실조건임에 의하야 『멕시코』의 국민은 국내에서의 계급의 분열 대립 투쟁보담도 민족적 단결 및 평화적인 자위 투쟁을 영항화함이 요청되고 잇는 예 잇다. 조선은 현대에서도 분열 투쟁으로 외국의 진입을 유발하는 것보담 협동호애써 전 민족의 독립□□을 요청함이 매우 강열할 것이다.

민세산인

이상 『민족투쟁에의 계급투쟁의 지양회통론의 개요』이다.

[국가관, 사회관]

자본주의 발달의 정점에 잇어서 「푸롤레타리아트」가 국가 권력을 장악함으로써 모든 생산용구를 자본계급의 수중으로부터 국가의 수중에 집중하여야 한다』

맑스, 엥겔스,

맑스와 엥겔스는 이 점에서 국가의 필요성을 인정하고 잇다. 그들은 이것을 과도적 의미에서 인정하고 국가사회주의 혹은 공산주의사회 지향 도정(途程)에서의 국가의 존재를 승인한 것이다.

『생산력의 발전에 딸어 결국에 잇어서는 국가가 소멸하여서』 각개의 자유스러운 발전이 전원의 자유스러운 발전의 조건이 되는 것 같은 상호

결사(相互結社)가 발생할 것을 기대한다』고 한 것은 (1)항의 설한 바의 논리적 귀결인 것이다. 그러나 그것은 인류역사에 대한 전적인 전망에서 귀납되는 결론은 됨이 명백하나 그러타고 해서 연대적으로 시기를 그어 놓고 국가를 명료하게 해소종막(解消終幕)하는 식으로는 생각할 수 없다. 상호의 착종 어수선한 관련성을 갖으고 잇으면서 각자의 역사적 진도의 단계가 동일 또는 균일치 못한 제 국민이 일시에 총합하여 국가를 국가로서 해소하며 폐기할 수도 없는 것이오. 또는 일 개 혹은 수 개의 강대한 국가가 그 주변 혹은 인접지에 잇는데 어느 일국민 혹은 수 개 국민만이 자기의 국가만을 해소 혹은 폐기하여서 될 수 없는 사정인 것은 너무 상식적인 문제임으로 이점 만근(輓近)에는 그대지 논강(論講)되지도 않는 터이다.

혹은 푸롤레타리아국가의 자본가 박탈에 의하야 국가의 임무가 자연 소멸될 수 잇는 것 같은 사태도 상항의 이유에 의하야 갑자기 발생 또는 진행될 수 없는 것이다.

맑스에 의하면『국가라는 것은 원래 그것이 한 계급이 다른 계급을 억압하여서 그의 작취조건에 복종시키기 위한 의식적 기관이며 계급사회의 필연적 소산이다』고 하엿다.

인류의 역사에 잇어 즉 각국민의 역사에 잇어 귀천, 부빈의 계급이 존재하고 권력 및 부력 딸아서 지력(智力)의 불평형(不平衡)이 존속하였든 것은 엄연한 사실이다. 그러나 국가 그것이 각 종족 또는 각 민족이 그의 풍토자연인 강토와 혈연, 언어 문화 경제 등을 공통으로 한 운명공동체로서 존립 자위코자 하는「나」의 의식 또는「나라」의식에서 건립됨에 딸어 권력 부력 등 농단 독점하야 그 계급적 이기심을 만족키로 하는 현상 매우 미워할 사태 않임 않이나 국가와 국민이 존립자 위함이 객관적으로 요청되는 한에 계급의 분열 대립, 또는 한 계급이 다른 한 계급을 억압 착취하는 해악을 제척(除斥)하고 그의 객관적 제 제도 제 설시(設施)에서

나 또는 정감과 도의의 노력에서 계급투쟁을 넉넉히 민족투쟁 혹은 민족의 민주결합 자주독립국가로서의 긴급 결(缺)할 수 없는 과업 속에 지양 회통할 수 있는 것이고 민족 자주독립국가로서의 완성 존속 강화 발전에의 역사적 숭고 또 긴박한 사명이 남어 잇는 것이다.

민세산인

『계급분열 계급투쟁이 잇는 곳에는 반듯이 국가가 잇다』고 하엿으나 이것은 국가 즉 계급투쟁 유일 방편설이라고 일커를 바로서 그는 도리어 국견(局見)이다. 맑스가 무비판한 국가지상주의, 국가의 이름에서 모든 하층계급의 인민을 억압 착취하는 그 치자(治者)계급의 혼담(魂膽)을 간파, 지적, 폭로 비판한 점으로서의 공로는 다대하다. 그러나 그것으로서 전적인 국가관이라고는 승복할 수 없다.

『현사회의 최하층을 구성하고 잇는 푸롤레타리아-트는 생산수단의 공유를 실현하여 모든 계급 차별, 모든 계급대항을 폐지함으로써만 자기를 해방하는 계급이기 때문에 푸롤레타리아트국가가 부르조아지이에게서 생산수단을 박탈함으로써 그들은 부르조아지이가 되지 못하게 하매 동시에 푸롤레타리아 자신으로 하여금 푸롤레타리아가 되지 못하게 하엿을 때에는 벌서 억압하는 계급, 억압받는 계급의 차별은 존재하지 않게 되며 국가는 그의 존립의 이유와 기초를 상실하게 된 것이다』 이것은 상술의 이론을 일층 부연한 바이나 계급대립만이 유일의 국가존립이론과 기초로 규정된 점에써 착오 잇다.

『국가는 금일부터 내일에 철폐되지 않고 당연히 사망한다』고 한 것은 그 결론이엇엇다. 그러나 국가가 사망하기 전에 금일의 부르조아국가에 대위(代位)하여서 푸롤레타리아국가를 성립시키어 푸롤레타리아트의 독제를 쳐하여야 된다』고 하는 것이다. 이것은 「볼쉐비키」혁명에 잇어 일차 실행되고 잇는 일이다. 그러나 그것은 인류역사 필수의 법칙도 됨이 않이오 또는 어느 국민이든지 반듯이 집정(執定)적으로 밟어 나아가지 않으면 안 될 천연의 약속 잇음도 않이다. 8·15 이후 조선이 맞닥드리고 잇는 역사와 사회 정세는 이러한 계급 대립이 없이 또는 어느 한 계급이 정권을 독점 전담(專擔)하고서의 국가를 폐기에 일로(一路)로 예의(銳意) 추진한다는 것보담 차라리 수 계급이 계급으로서 대립투쟁하야 민족의 정력을 낭비하거나 다시는 외국의 간섭 지배의 화인(禍因)을 유발함이 없도록 계급투쟁을 민족투쟁 또는 민족통일 자주국가 완성에의 지양 회통함이 강대하게 요청되고 잇다.

민세산인

오인(吾人)은 일개의 강대한 국가가 인접한 일개국 혹은 수 개 국민을 강력한 지배 강제의 밑에 두어 자기들이 의도하는 방향에로 그것들을 추진합일케 하는 인위적 촉성공작을 승복할 수 없다. 그것은 일종의 억압이 않이면 내정간섭으로 도리어 민족자주 국제평등의 이념에 어그러진다.

오인은 차라리 각개의 국민이나 민족이 민족자주 독립국가로서 자민족의 독립자활 협동호애의 생활을 완성 또는 확보하면서 긴밀한 국제협동의 밑에 그 일원화를 지향하는 연관성을 발전시키어 점진적이면서 자주 또 자동적인 세계일가(世界一家)의 기운을 한거름식 촉성시키는 것이 가장 적정요당(適正要當)한 것을 확신코저 한다.

민세산인

상술한 의미에서 『노동자계급의 해방을 얻어 갖으고 비로서 국가는 완성한다든가 혹은 완성된 국가 밑에 비로서 인류는 해방되어 간다』고 한 헤겔, 라싸알레 등의 국가관에서도 일부의 진리를 발견할 것이다.

민세거사

맑스는『계급분열은 생산의 불충분을 근거로 하엿다. 딸아서 그것은 근대생산력의 완전한 발전에 의하야 일소되어질 것이다』?

『여기에서 인간은 동물적 생존조건으로부터 탈각하여 인간적 생존조건에 돌아간다』(맑스)

개인은 분업 하에 예속시키는 것이 정지되어 정신노동과 육체노동의 대립이 폐지되며

노동 그 자체가 인간의 생활욕망이 되며 개인 능력의 불편적(不偏的) 발달에 의하야 생산력은 현저히 증진하여『각인은 그의 능력에 의하야 각인은 그의 욕망에 의하여』의 원칙이 그때 비로서 실천될 것이다

쏘련『각인은 그 능력에 딸아 일하고 일에 딸아 분배한다』(능률)

맑스

지금까지 역사를 지배하고 잇는 객관적이며 외부적인 여러 가지 힘은 인저는 인간자신의 통제 하에 복종한다. 이때부터 비로서 인간은 완전한 의식을 갖으고 그들의 역사를 자기 스스로서 맨들 것이다』(각 개인의 경제적 지배로부터의 해방)?

소위 인간의『필연의 왕국으로부터 자유의 왕국에의 인류의 비약인 것이다』

여기에서『인류의 전사(前史)는 종결을 고한다』

맑스

1. 쿠우노우, 바아웨르 등의 국가관

1.「풍랑스」와「싼디칼리즘」

【편자 주】 이 글은 해방공간 민세가 맑스의 유물사관을 어떻게 인식하고, 비판하는가를 보여 주는 귀중한 자필 독서노트이다. 사료가치가 높아 띄어쓰기나 한자 외에는 원문 그대로 옮겼다. 행간도 원문 그대로 두었다.

《민세안재홍선집》 제6·7권 해제를 대신해

박한용(민족문제연구소 연구실장)

1. 안재홍의 생애와 사상

생애

민세(民世) 안재홍(安在鴻, 1891~1965)은 일제 강점기에 전후 9차례나 투옥되었던, 국내 민족주의 계열의 대표적인 이론가이자 지도자의 한 사람이었다.[1] 1920년대 중·후반기 그는 일제와 '민족개량주의(이른바 민족주의 우파)'에 대항하여 '비타협적인 민족주의 계열(이른바 민족주의 좌파)'과 사회주의 계열의 공동전선체인 신간회를 결성하는 데 주도적인 구실을 하였다. 신간회 해소 이후에도 그는 여전히 민족단일전선의 결성을 주장하였으나, 그 성과를 거두지는 못했다. 일제의 전시(戰時) 파시즘 체제가 굳어지면서 활동이 크게 제약되자, 안재홍은 조선학 연구를 통해 민족 정체성을 확보하고, 이를 기반으로 자신의 민족주의론을 이론적으로나 실천적으로 심화하려고 했다.

해방 뒤 안재홍은 건국준비위원회 부위원장, 국민당 당수, 좌우합작위원, 남조선과도입법의원, 미군정 민정장관 등을 맡으면서 김규식 등과 함께 중도 우파 진영의 지도자로 활동하였다. 그는 해방 공간에서 극좌와

---

1) 민세 안재홍의 자세한 연보는 천관우가 쓴 《민세안재홍선집 4》의 연보와, 김인식의 박사학위논문(〈안재홍의 신민족주의 사상과 운동〉, 중앙대학교, 1997, 397~404쪽)을 참조하기 바란다.

극우를 배제한 중도 좌우파의 공동전선을 추구하였다. "모든 진보적이요 반항제국주의적인 지주와 자본가와 농민과 노동자가 한꺼번에 만민공생(萬民共生)"하는 새로운 사회의 지도이념을 '신민주주의'와 '신민족주의'라 불렀다.

그러나 이 또한 여의치 않자 '차선의 책(策)'으로 반공산주의 견해를 강력히 밝히면서 남한 단독정부 수립에 참여해 점차 우경의 길을 걸었다. 그러나 그가 단정에 참여한 것은 분단체제에 대한 승인이라기보다는 통일정부가 수립되기 어려운 현실에서 남한 안에서 중도 우파의 입지를 구축한다는 정치적 판단에 따른 것이기도 하였다. 그는 이승만 중심의 극우세력을 배제한 중도 우파를 결집해 남한 안의 민주 역량을 강화하고 이를 기반으로 남북통일의 기반을 마련하려고 했다.

그러나 이 또한 뜻대로 되지 못했다. 1950년 5월 30일 안재홍을 비롯해 조소앙 등 중도파나 '남북통일파' 상당수가 2대 국회의원 선거에서 당선되어 이들이 하나의 정치세력으로 활동을 시작하려는 즈음 한국전쟁이 일어난 것이다. 그리고 안재홍을 비롯한 남한 민족주의 세력의 핵심 역량이 납북되거나 또는 월북함으로써 이승만을 견제할 진보적 민족주의 세력은 남한 안에서 설 자리가 크게 좁아들었다.

납북된 안재홍은 조소앙, 오세창, 김규식 등과 함께 김일성 정권이 주도해 만든 재북평화통일촉진협의회의 한 사람으로 '통일운동'에 가담했다. 15년이라는 적지 않은 세월을 북에서 보낸 안재홍은 1965년 3월 1일 평양에서 영면했다.

사상

안재홍은 자신의 신민주주의와 신민족주의가 단군 이래 뿌리 깊게 이어온 공동체의 고유한 철학 원리이자 생활 방식인 '다사리주의'를 현대에 맞게 발전시킨 것이라고 했다. 안재홍의 민족주의론은 당시 민족해방운동의 양대 세력인 민족주의 계열과 공산주의 계열이 조선의 독립과 통일민족국가 수립을 위해 손을 잡기 위한 근거를 민족주의 시각에서 새롭게 제시하고, 자본주의와 공산주의의 대립을 지양한 대안체제를 마련하려는 데 초점이 맞춰졌다. 이는 실천적으로 일제 강점기에는 신간회 결성을 통한 좌우 통합으로, 해방 뒤에는 극좌와 극우를 배제한 중도 좌우파가 주도하는 통일민족국가 수립으로 나타났다.

안재홍은 민족과 계급의 갈등을 극복하는 통합의 원리를 추구함으로써 공산주의와 민족주의의 상호 접근을 꾀했으며, 나아가 자본주의와 공산주의를 넘어선 제3의 통합체제를 제시했다는 점에서 오늘날 남북통일 문제에서 그의 사상이 시사하는 의의가 적지 않다. 또 민족주의 안에 민주주의의 의의를 각인시키고 국제주의와 민족주의의 공존을 주장한 그의 개방적 태도는 민족주의의 배타성·국수성·복고성을 극복하려는 노력으로 평가받기도 한다.

그러나 현실적으로 그의 민족주의는 민족통합의 원리가 되지 못하고 오히려 좌우로부터 고립되는, 이른바 '중도파의 비운'을 겪어야 했다. 자신의 사상을 '물질적 힘'으로 바꾸지 못하였을 뿐만 아니라, 그 자신도 민족분열의 소용돌이에 휩쓸려갔다. 생의 전반부는 식민지에서, 생의 후반부는 해방과 대한민국 건국의 시기에 남쪽에서, 그리고 생의 마지막은 북한에서 맞이함으로써 '경쟁하는 근대'의 배타적 공간을 차례로 겪어야 했다. 한국 현대사의 비극을 똑바로 보고 그것을 극복하려고 투쟁했으나 자신이 그 비극의 희생자가 되고 만 것이다.

자본주의와 사회주의의 갈등을 해결하려던 안재홍의 노선은, 한국전쟁 당시 납북된 그의 비극적 체험과 맞물리면서, 냉전체제 아래 있던 우리 사회에서 잊혀져갔고, 심지어 불온시되기도 했다. 그러나 1980년대 이래 냉전의 벽이 조금씩 허물어지면서 단재 신채호 등과 함께 한국 민족주의의 커다란 줄기로 그의 위상이 재조명되고 통일운동 과정에서 그의 삶이 주목받기 시작했다.

2. 민세 안재홍에 대한 연구와 평가

망각에서 복원에 이르기까지

우리 근현대사에서 민세 안재홍의 저작활동과 실천은 정치·경제·문화·역사·교육 등 다방면에 걸쳐 있었으며, 그 끼친 영향 또한 결코 무시할 수 없다. 그러나 그는 의외로 늦게 학계의 주목을 받았다. 한국전쟁 이후 1980년대까지 극단적인 냉전 분위기 속에서 납북인사조차 자진 월북한 인사와 동일시되었고, 안재홍이 주장한 자본주의와 사회주의를 지양한 다사리주의 또한 다소 불온하게 여겨졌기 때문이다. 학계는 물론 유족들이 선뜻 안재홍의 저작을 모으고 간행하고 연구하는 일에 나서기 어려웠다.

안재홍의 자료를 모으고 간행하는 일은 유신체제 초엽인 1973년 무렵부터 비로소 시작되었다. 천관우 선생 등 몇몇 인사들과 유족이 모여 안재홍의 글을 모아 자료집을 간행하려는 뜻을 세웠다. 그리하여 1981년 처음으로 《민세안재홍선집》 제1권이, 1983년에는 제2권이 간행되면서 안재홍의 저작은 긴 망각에서 깨어나 이 시대 한국인들에게 돌아왔다.

이와 함께 1980년대 중반 민주화운동이 확산되고 냉전의 풍토가 점차 녹아들면서 자본주의와 사회주의에 대해 객관적으로 조망할 수 있는 분위기가 만들어지기 시작했다. 아울러 두 체제를 넘어서는 제3의 길에 대한 모색도 1990년대 이후 확산되었다. 이는 남북한의 교류가 활발해지고 평화통일에 대한 분위기가 높아지면서 통일된 민족국가의 사회체제에 대한 모색과 결합되어 갔다. 이런 분위기 속에서 안재홍의 사상과 활동이 학계의 주목을 받기 시작했고, 1980년대 중반 이후 안재홍 사상에 대한 연구는 양과 질에서 비약적으로 늘어났다.

안재홍 본인 또한 국가 차원에서 '복권' 아닌 '복권'이 이루어졌다. 1989년 삼일절 대한민국 정부는 안재홍에게 대한민국 건국훈장 대통령장을 수여하고, 1991년 11월 동작동 국립묘지 애국지사 묘역 안의 무후선열제단(無後先烈祭壇)에 위패를 봉안했다. 또 2000년 10월 유족, 학계, 연구자, 평택지역 시민단체 그리고 지역 유지들과 지방자치단체장 등이 합심해 '민세안재홍기념사업회'를 설립함으로써, 학술연구와 병행한 각종 기념사업 그리고 그의 정신을 실천할 수 있는 조직적 기반이 비로소 갖추어졌다. 이제 민세 안재홍에 대한 풍부한 연구논문과 단행본 형태의 종합연구서 그리고 박사학위논문과 평전 등이 나오면서 어느 정도 안재홍의 생애와 사상을 조망할 수 있는 수준에 이르렀다.

연구 성과 개괄

《민세안재홍선집》 제1권에서 제5권에 이르기까지는 그간의 연구 성과가 일천해 선집 속에 천관우 선생의 공력이 들어간 상세한 연보 외에는 관련 연구사나 안재홍에 대한 다양한 평가를 소개하기 어려웠다. 이제 《민세안재홍선집》 제6·7권을 간행하면서 해제에 그 사이 안재홍에 대한 학계의 연구 성과와 평가를 간략하게나마 정리하는 것이 도리라 여겨진다.

필자가 찾아본 바로는 민세 안재홍에 대한 자료 모음과 연구 논저는 대략 다음과 같다.

〔자료집〕

민세안재홍선집위원회 편, 1981, 《민세안재홍선집 1》, 지식산업사.

민세안재홍선집위원회 편, 1983, 《민세안재홍선집 2》, 지식산업사.

민세안재홍선집위원회 편, 1991, 《민세안재홍선집 3》, 지식산업사.

민세안재홍선집위원회 편, 1992, 《민세안재홍선집 4》, 지식산업사.
민세안재홍선집위원회 편, 1999, 《민세안재홍선집 5》, 지식산업사.
민세안재홍선집위원회 편, 2005, 《민세안재홍선집 6》, 지식산업사.
민세안재홍선집위원회 편, 2005, 《민세안재홍선집 7》, 지식산업사.
민세안재홍선집위원회 편, 2004, 《민세안재홍선집 8》, 지식산업사.

〔관련 회고·인물평·논저〕

유광렬, 1932, 〈안재홍론〉, 《동광》 7월호.
홍양명, 1935, 〈정론가로서의 웅(雄), 안재홍씨〉, 《삼천리》 3월호.
고심백, 1945, 〈각당 각파의 인물기〉, 《민심》 11월호.
박달환, 1946, 〈안재홍론〉, 《인민》 1·2월 합본호.
고영환, 1949, 〈안재홍론〉, 《금일의 정객들》.
최은희, 1965, 〈교우 반백세〉, 《여원》 8월호.
임홍빈, 1965, 〈안재홍론〉, 《정경연구》 9.
유광렬, 1967, 〈곧은 필봉, 빛나는 절개〉, 《기자협회보》 10월호.
김용섭, 1971, 〈우리나라 근대역사학의 발달〉, 《문학과 지성》 여름호.
이기백, 1972, 〈신민족주의 사관론〉, 《문학과 지성》 가을호.
이 인, 1974, 〈나의 교우반세기〉, 《신동아》 7월호.
이선근, 1974, 〈나의 민세관〉, 《주간조선》 8.
권오순, 1976, 〈안재홍〉, 《근대화의 선각자 9인》, 신구문화사.
김덕형, 1976, 〈민세 안재홍〉, 《한국의 명가》, 일지사(〈명가의 현장－안재홍편〉, 《주간조선》 8, 1974를 재게)
이정식, 1976, 〈구성 민세 안재홍의 자서전〉, 《신동아》 11월호.
천관우, 1978, 〈민세안재홍연보〉, 《창작과 비평》 겨울호.
김정배, 1979, 〈신민족주의사관〉, 《문학과 지성》 봄호.
이태호, 1979, 〈독립지사의 시대적 희생〉, 《역사의인물》 9, 일신각.
정윤재, 1981, 〈안재홍의 정치사상연구－그의 신민족주의론을 중심으로〉, 《사회과학과 정책연구》 3-3, 서울대 사회과학연구소(〈민세 안재홍의 신민주주의론 연구〉, 신용하 편, 《한국현대사회사상》, 지식산업사, 1984에 재수록).

이만열, 1981, 《한국근대역사학의 이해》, 문학과 지성사.

천관우, 1981, 〈해제(1)〉, 《민세안재홍선집 1》, 지식산업사.

유병용, 1982, 〈민세 안재홍의 인물과 사상-그의 민족독립사상을 중심으로〉, 《인문학연구》 16, 강원대학교.

송건호, 1983, 〈신민족주의자 민세 안재홍〉, 《마당》 4월호.

송건호, 1984, 〈안재홍〉, 《한국현대인물사론-민족운동의 사상과 지도노선》, 한길사.

강만길, 1985, 〈일제시기의 반식민사학론〉, 《한국사학사의 연구》, 을유문화사.

신용하, 1985, 〈안재홍과 신간회〉, 《근대한국과 한국인》, 한길사.

김재명, 1986, 〈안재홍, 민족자주 외치다〉(상·하), 《정경문화》 9·10월호, 경향신문사.

유경환, 1986, 〈민세 안재홍, 순도자의 신민족주의〉, 《월간조선》 10월호.

유병용, 1986, 〈안재홍의 정치사상에 관한 재검토〉, 《한국민족운동사연구 1》, 지식산업사.

강영철, 1987, 〈민세 안재홍〉, 한국사학회편, 《한국현대인물론 1》, 을유문화사.

한영우, 1987, 〈안재홍의 신민족주의와 사학〉, 《한국독립운동사연구》 제1집, 한국독립운동사연구소.

정호원, 1987, 〈민세 안재홍의 신민족주의 정치사상 연구〉, 연세대 석사논문.

정윤재, 1988, "A Medical Approach to Political Leadership-An Chae-Hong and A Healthy Korea", Ph. D., dissertation, University of Hawaii.

조옥영, 1988, 〈민세 안재홍의 역사인식〉, 이화여대 석사논문.

한국역사연구회, 1989, 〈한국사인식의 방법과 과제〉, 《한국사강의》, 한울.

안혜초, 1990, 〈할아버님 民世〉, 《월간통일》, 5월호.

서중석, 1991, 〈송진우와 안재홍〉, 《순국》 통권17호(7·8호).

서중석, 1991, 〈안재홍과 송진우〉, 역사문제연구소 편, 《한국현대사의 라이벌》, 역사비평사.

조동걸, 1991, 〈민족사학의 발전〉, 《한민족독립운동사》 9, 국사편찬위원회.
이지원, 1991, 〈신민족주의사관 무엇을 계승할 것인가〉, 《역사비평》 가을호.
이지원, 1991, 〈일제하 안재홍의 현실인식과 민족해방운동론〉, 《역사와 현실》 6, 한국역사연구회.
정윤재, 1991, 〈안재홍의 해방전후사 인식과 '조선정치철학'적 처방〉, 김영국 외, 《한국정치사상》, 박영사.
윤대식, 1992, 〈민세 안재홍의 정치사상과 정치노선에 관한 연구〉, 한국외국어대 석사논문.
정영훈, 1992, 〈안재홍의 신민족주의이론〉, 《정신문화연구》 15권 3호.
정윤재, 1992, 〈해방 직후 한국정치사상의 분석적 이해－안재홍·백남운 정치사상의 비교분석〉, 《한국정치학회보》 제26집 1호.
안혜초, 1993, 〈나의 할아버지 민세 안재홍〉, 《얼음장 밑에서도 강물은 흘러》, 한글학회.
이지원, 1993, 〈1930년대 민족주의계열의 고적보존운동〉, 《동방학지》 77·78·79 합집.
조동걸, 1994, 〈항일 운동기의 역사인식〉, 조동걸·한영우·박찬승 엮음, 《한국의 역사가와 역사학》(하), 창작과 비평사.
이지원, 1994, 〈안재홍〉, 조동걸·한영우·박찬승 엮음, 위의 책.
이지원, 1994, 〈1930년대 전반 민족주의 문화운동론의 성격〉, 《국사관논총》 51.
한영우, 1994, 《한국민족주의역사학》, 일조각.
김인식, 1994, 〈식민지시기 안재홍의 좌익민족주의운동론〉, 《백산학보》 43.
유병용, 1994, 〈신민족주의론 연구〉, 《강원사학》 10.
박찬승, 1995, 〈일제하 안재홍의 신간회 운동론〉, 한국사연구회 편, 《근대 국민국가와 민족문제》, 지식산업사.
유병용, 1995, 〈안재홍의 신민족주의 국가상〉, 《한국사시민강좌》 17, 일조각.
김기승, 1996, 〈식민사학과 반식민사학〉, 《한국역사입문 3》, 풀빛.
김경일, 1997, 〈좌절된 중용－일제하 지식형성에서의 보편주의와 특수주의〉, 한국사회사학회, 《사회와 역사》 제51집, 봄호.

김인식, 1997, 《안재홍의 신민족주의 사상과 운동》, 중앙대 박사논문.

오영섭, 1998, 〈해방 후 민세 안재홍의 민공협동운동 연구〉, 《태동고전연구》 제15집, 태동고전연구소.

김인식, 1998, 〈안재홍의 신국가건설의 이념－신민족주의의 이념 정향〉, 《한국민족운동사연구》 제20집, 국학자료원.

정윤재, 1999, 《다사리국가론－민세 안재홍의 사상과 행동》, 백산서당.

김인식, 2000, 〈신민족주의의 정치사상적 검토－안재홍을 중심으로〉, 《정신문화연구》 제23권.

박한용, 2000, 〈안재홍의 민족주의론－근대를 넘은 근대?〉, 《한국사학보》 제9호, 고려사학회.

정윤재 외, 2002, 《민족에서 세계로－민세 안재홍의 신민족주의론》, 봉명.

정윤재, 2002, 《다사리공동체를 향하여－민세 안재홍 평전》, 한울.

김인식, 2005, 《안재홍의 신국가건설운동》, 선인

민세 안재홍에 대한 연구는 1970년대까지 대체로 인물평이나 생애에 대한 개략적 소개와 재구성 그리고 역사학자의 측면이 조명되었다. 곧 그의 항일투쟁과 정치사상보다 박은식·신채호 등 선배 민족주의사학의 발전적 계승자로서 그의 신민족주의론이 손진태의 사학과 함께 주목받았다.

1980년대 이후에는 신간회운동의 중심인물, 즉 일제하 좌우 통일전선운동의 핵심으로서, 해방 뒤에는 중도 우파의 정치지도자로서 벌인 활동과 그의 국가건설론이 주목되었다. 특히 최근에는 안재홍의 다사리주의가 통일시대 민족국가 건설에서 하나의 대안이 될 수 없는가 하는 조심스런 모색도 진행되고 있다.

곧 역사학자(사학사적 접근)→독립운동가(민족해방운동사적 접근)→일제하 신간회운동의 지도자(통일전선운동사적 접근)→해방정국의 중도 우파 지도자(정치사적 접근)→자본주의와 사회주의의 대립을 지양하는 안재홍의 체제적 대안(정치사상사, 통일운동사적 접근) 등으로 관심이 이동하고 있다고 하겠다. 그리고 이러한 연구들은 '진보적 민족주의자'로서 안재홍의 위상을 자리매김하는 것이었으며, 해방 뒤 분단국가를 극복할 체제적 대안으로 그가 내세운 다사리공동체가 오늘 어떻게 재평가되어야 하는가 하는 문제로 초점이 모아지고 있다.

안재홍의 사상에 대한 평가

안재홍의 사상이 민족주의에 기반을 둔 것은 틀림없지만, 그가 제시한 사회체제가 복합적인 요소를 안고 있었기 때문인지 그에 대한 후대의 평가나 계승 또한 다양한 측면에서 이루어졌다.

어떤 이들은 안재홍 등을 고대적인 단군 숭배에 근대 민주주의의 가치를 불어넣음으로써 '단군민족주의'로 근대화시키고, 한국 민족주의에 보편성의 계기를 부여한 인물로 적극적으로 파악한다. 또한 혈연적 동일성을 매개로 좌우 연합전선에 기여하고 사회·국가 체제의 대안까지 제시했다는 점에서 진보성을 발견하기도 한다. 그러나 이들은 안재홍이 전통을 통해 근대를 완성하려다 전통 그 자체의 함정에 빠져버렸고, 그 결과 민족종교를 통해 사회의 통합성을 뒷받침하려 했다는 점이 갖는 한계에 대해서는 그다지 주의를 기울이고 있지 않다.

단군을 민족의 시조로 받드는 '재야 국수주의(단군민족주의)'의 경우, 안호상(安浩相)과 더불어 안재홍을 자신들의 사상적 원류 가운데 하나로 자리매김하려고 한다. 최근 남북관계의 진전에 따라 통일운동이 활발해지면서 안재홍에 대한 관심이 더 높아지는 듯하다. 그러나 이들은 안재홍이 그토록 고민한 민주주의 문제를 놓치고 있다. 안재홍의 회통론(會通論) 아래 깔려 있는 민주주의의 천착이 갖는 뜻을 제대로 계승하지 못하고 있으며. '위대한 상고(上古)'와 '단일 혈통'의 신앙이 다른 가치를 압도하고 있다.

최근 안재홍의 신민족주의를 한국 민족주의가 갖기 쉬운 국수주의성을 지양한 '국제화시대의 세계적 민족주의'의 역사적 선구로 평가하기도 한다. 그리고 안재홍이 주창한 '각 민족의 공존공영에 바탕을 둔 세계주의'가 이 시대에 하나의 대안 사상으로 제시되기도 한다.

한편 1970~1980년대에 등장한 '민중민족주의 계열'의 지식인들은 안재홍이 일제시기 비타협적 민족주의자로서 굳은 지조를 지켜왔고, 해방 뒤에는 좌우의 대립을 극복하고자 제3의 길을 제시함으로써 조화와 중용의 길을 열어놓았다고 높이 평가한다. 일제 식민지시기와 해방공간에서 민족주의와 공산주의가 대립을 극복하지 못함으로써 분단체제 성립에 한 요인을 제공했다는 반성과 함께, 평화통일의 길을 모색하는 처지에서 한국 민족주의가 갖는 가능성을 그에게서 찾아보고자 한 것이었다. 그러나 이들은 안재홍이 갖는 단군신앙이나 상고사 예찬과 같은 면에 대해서는 '복고성', '비과학성'을 들어 강한 거부감을 보였다.

3. 《민세안재홍선집》 제6·7권에 대해

간행 경위

《민세안재홍선집》(이하 《선집》)은 1973년 무렵부터 몇몇 뜻있는 인사들 사이에서 여론이 일어 민세 선생의 글을 수집 정리하면서 그 토대가 마련되었다. 그러나 작업이 생각보다 지체되어 1978년이 되어서야 안호상, 이은상, 방일영, 이인, 이선근, 천관우, 이희승, 김을한, 이문원, 이관구, 송지영, 임중빈, 유광렬, 안경모, 윤병석, 안혜초(민세의 손녀) 등으로 '안재홍선집간행위원회'가 구성되었다. 그 뒤 《선집》 간행 작업은 유족 측인 안혜초, 역사학자인 고(故) 천관우 선생이 주도적으로 진행하였다. 1978년 〈민세안재홍연보〉(천관우)가 《창작과 비평》에 발표되어 세간의 관심을 끌었고, 1981년 마침내 《민세안재홍선집》 제1권이 김경희 사장의 후의와 결합해 지식산업사에서 간행되었다. 이어 1983년에 제2권이 나오고 뒤늦게 1991·1992년에 제3·4권이 간행되었다. 제5권의 출간은 꽤 늦어져 1999년 간행되었다.

《선집》이 한꺼번에 나오지 못하고 발간 간격조차 꽤 벌어진 데는 아마도 몇 가지 이유가 있었던 것 같다.

첫째는 자료수집 문제이다. 《선집》에 수록된 글과 자료는 대부분 민세 자신이 생존했을 때 모아놓은 것들을 유족들이 보관한 것이었다. 그러나 《선집》의 구성상 천관우 선생 등이 추가로 자료를 수집해 이를 보강해야만 했다. 그 과정에서 다소 시간이 걸렸을 수 있다.

두 번째는 자료의 출전을 일일이 밝히고 꼼꼼한 해제를 곁들인 천관우 선생의 애정 어린 노고 때문이다. 자료 가운데는 출전이 밝혀지지 않은 경우가 있어 원자료의 출처를 찾아야 했고, 주요한 글인 경우 글 말미에 천관우 선생이 따로 주기(註記)를 하였다.

세 번째는 《선집》이라는 책의 특성상 자료의 취사선택도 쉽지 않았다는 점이다. 《선집》 제6·7권에 수록된 글 가운데 상당수는 이전의 선집에서 이러 저러한 이유로 빠진 것들로, 천관우 선생이 직접 선집에 싣지 않은 경위를 붉은 색연필로 적기도 한 교정본들이다. 자료를 넣고 빼는 과정이 단순하지 않았으며 일일이 정독하고 심사숙고하는 가운데 결정되었음을 알 수 있다.

네 번째로 천관우 선생의 사거로 편집과 해제를 맡을 이가 마땅하지 않았던 연유도 있다. 그동안 《선집》 간행에 가장 정력을 기울였고, 충실하게 해제를 해왔던 천관우 선생을 대신할 인물이 금방 나오기 어려웠던 것 같다.

마지막으로 재정난이다. 마땅히 국가가 지원해야 할 사업이었으나 그러지 못했다. 유족과 뜻있는 민간 인사들의 자발적 노력만으로 추진하다

보니 선집 5권을 간행하는 데에도 20년 가까이 흐른 셈이다.

이번에 출간되는《선집》제6·7권은 그에 견주면 사정이 나은 편이다. 제6·7권이 발간되는 과정은 먼저 유족 측의 제의가 있었다. 유족 측은 2003년 5월 안재홍 선생의 유품(대부분이 문서류)을 고려대학교박물관에 모두 기증함과 아울러 미처 발간하지 못한 자료들을 선집으로 속간하기를 희망하였다. 고려대학교박물관 최광식 관장은 이를 쾌히 응낙하고, 지식산업사 김경희 사장이 보관하고 있던 원고와 자료들을 넘겨받은 뒤 대략 두 권의 선집으로 출간할 것을 약속하였다. 다행히 민세안재홍기념사업회와 유관 국가기관, 지방자치단체에서 이에 대한 간행 비용을 대기로 했으며, 지식산업사 또한 선집 제작에 참여하기로 해 과거보다는 안정적이고 탄탄한 기반 위에서 선집을 속간할 수 있게 되었다.

수록 자료에 대해

2003년 5월 고려대학교박물관이 민세 유족으로부터 기증받은 민세 안재홍의 자료는 되도록 모두 선집에 수록하는 것을 원칙으로 했다. 수록 자료는 다음 몇 가지 종류로 구분할 수 있다.

1) 일제 강점기부터 해방 뒤 한국전쟁 전까지 안재홍이 신문·잡지 등에 발표한 글(필사원고 포함).
2) 안재홍의 활동과 관련된 각종 보도기사류.
3) 해방 뒤 정치지도자로서 벌인 활동과 연관된 자료(선언서·연설문 등).
4) 초대 민정장관직을 수행하면서 각 단체·기관(주로 미군정) 또는 개인과 주고받은 각종 문서류(공문·보고서·회의록·편지).
5) 기타 : 독서 노트(마르크스주의에 관한 비판적 연구 노트) 등.

신문·잡지에 발표된 글의 경우 안재홍 자신이 수집 정리한 것과 천관우 선생이 추가로 수집한 활자본 자료 그리고 미출간된 교정지들이 대부분이다. 이들 원고 가운데 민세 자필의 교정 표기가 있는 것이 상당량이다. 교정지의 경우 제1~5권의 《선집》에 넣으려다 뺀 것들인데 천 선생의 자필 교정이 더해졌다. 원자료 일부에도 천 선생의 자필 교정이 더러 있어 원자료의 온전한 보관이란 측면에서는 다소 손상된 점이 있다. 그러나 안재홍 선생의 유고들을 편집하려던 한 역사학자의 정성이 남긴 흔적이라는 점에서 보는 이들에게 여러 감회를 일으킨다. 그것 또한 하나의 역사로서 음미할 가치가 있다. 하물며 이번에 간행되는 자료들은 한때 화재사건에 휩싸여 소실될 위험 속에서 온전히 살아남은 자료 아니던가!

본 《선집》 제6권은 해방 전 논설과 자료를, 제7권은 해방 후 논설과 자료를 싣고 있다. 몇몇 글들은 이미 간행된 선집의 글과 내용에서 비슷한 것도 있으나 같은 원고가 아닌 한 수록하기로 했다. 부분적인 내용의 차이가 있고 강조점이 달라지는 경우도 있지만, 장기적으로는 이 선집을 지속적으로 발간하면서 《민세안재홍전집》을 완성하려는 의도도 있기 때문이다.

《선집》 제6권, 즉 일제시기편은 주로 조선일보 논설과 《신조선》·《신동아》·《삼천리》·《신생》·《학등》·《농민》·《조선농민》·《동광》·《한글》·《신민》·《개벽》·《별건곤》·《현대평론》·《조광》 등 당대 유력 잡지에 실렸던 기명 논설이다. 여기에 일경(日警)이 압수한 민세의 조선일보 논설 몇 편도 추가하였다. 그동안 한글 원문을 구하지 못해 총독부의 일어 번역기사를 다시 한글로 중역한 글을 연구자들이 이용했는데, 이제 원문을 통해 민세 특유의 기백과 논지를 맛볼 수 있을 것이다.

《선집》 제6권은 앞의 책들에 견주어 상대적으로 국제정세에 대한 분석글의 비중이 큰 편이다. 안재홍은 일찍이 제2차 세계대전의 발발 가능성과 일본의 몰락을 예견하는 등 민족주의 진영 안에서는 국제적 안목이 높았다. 제6권에 수록된 자료를 통해서 만주와 몽고에서 러시아와 일본이 각축을 벌이는 극동정세, 필리핀 등 식민지의 동향, 공황을 전후한 서구 열강의 재군비와 각축 등에 대한 안재홍의 심원한 안목을 엿볼 수 있다. 그 외 조선학(朝鮮學)과 교육·노동자·농민 문제 등과 관련한 글도 수록하였다.

《선집》 제7권은 해방 뒤 자료들을 수록하였다. 천관우 선생이 《선집》을 편집할 당시 어떤 사유였는지는 모르나 해방 뒤 자료는 많이 빠져 있었다. 이번에 기증받은 안재홍의 글들 또한 해방 이후가 상당수여서 해방정국 속에서의 안재홍의 정치적 행로와 입지를 더 풍부하게 보여줄 것이다.

특히 주목되는 자료는 해방 공간에서 작성된 각종 성명서·선언문·보고서·각서 등의 원본 자료들이다. 〈성명－본인 근간의 정치적 처지를 성명함〉(1945. 9. 12.), 1945년 9월 25일자로 된 국민당 〈합동선언〉, 같은 해의 독립촉성중앙청년회 결성 〈결의문〉, 〈국민당선언문〉(1945. 9. 25.), 한독당에 보내는 서한인 〈한국독립당 동지에게〉 등은 해방 직후의 정치적 격랑과 관련된 진귀한 자료 원본들이다. 안재홍이 자신의 활동과 관련해 남긴 이 자료들은 대한민국정부 수립 전의 긴박한 정치상황과 대한민국 건국과정을 보여주는 귀중한 자료라 할 수 있다. 더구나 이 시기는 미군정이 모든 권한을 행사했고, 정치적 혼란과 한국전쟁으로 말미암아 폐해로 수많은 자료들이 흩어져 없어진 점을 고려하면 결코 소홀히 할 수 없다고 하겠다.

흥미 있는 자료로는 안재홍의 〈독서노트〉가 있다. 1946년 6월 31일자로 된 이 독서 노트에는 마르크스—특히 유물론—에 대한 안재홍의 정리와 비판이 실려 있다. 안재홍이 공산주의에 대해 비판적 시각에서 연구했다는 점을 확인해주는 귀중한 육필 자료다.

한편 안재홍은 남조선과도입법의원(1946년)·민정장관(1947년)을 지내면서 미군정 당국과 '긴밀한 관계를 맺었으며' 영문으로 된 수많은 편지·공문을 주고받았다. 이 문서들은 대체로 미군정이 안재홍 등에게 미군정의 정책에 대한 이해와 협력을 구하는 내용과, 이에 대한 안재홍의 정치적 대응 등을 잘 보여준다.

특히 1948년 5·10 총선거를 앞뒤로 "남한의 단독 선거가 끝난 뒤에도 …… 새 정부가 민중의 필요와 요구를 채워주지 못한다면, 북의 남침보다 무서운 재앙인 남한 안의 민중 봉기를 생각할 수" 있다는 미군정 당국의 공문은 대한민국 건국 직후의 혼란한 양상과 미국의 우려를 읽을 수 있다. 미군정은 "통일문제는 조속한 미래에 다가오리라 생각하는가? 민중의 가난과 정부의 무기력을 채워줄 방안은?" 등을 안재홍에게 물어 국내 정치지도자들(의 정치적 견해)에 대한 정보수집의 실상도 보여준다. 안타깝게도 이에 대한 안재홍의 답신은 남아 있지 않은 듯하다.

안재홍은 미군정뿐 아니라 유엔이나 외국 사절들과도 공식·비공식 서신을 주고받았다. 특히 1948년 2월 2일자 유엔한국임시위원단 분과위원회 제13차 회의록(대외비 자료로 분류된 것임)은 민정장관 안재홍과 의장 잭슨(호주)의 회담 내용을 기록한 원본 자료로 희귀한 것이다.

이러한 영문 자료들은 외교문서가 갖는 특성을 감안해 원문 그대로 영인, 날짜순으로 배열해 이미 《선집》 제8권으로 간행했다.

남은 과제

《선집》 제6·7권을 편집하면서 아쉬운 점이 한두 가지가 아니다. 먼저 각 글에 대한 주해를 자세히 달지 못했다는 점이다. 과거 천관우 선생은 원고를 정독하고 중요 글마다 주해를 달아 연구자에게 커다란 편의를 제공하였다. 이번에는 간행 일정에 쫓긴데다 개인 사정까지 겹쳐 꼭 필요한 경우에만 [편자 주]를 다는 수밖에 없었다. 이 점 죄송스럽게 생각한다.

다음으로 원칙적으로 유족 측이 제공한 자료는 모두 신기로 방침을 정했으나 편집과정에서 어쩔 수 없이 몇 가지 이유로 일부 원고들을 뺄 수밖에 없었다. 글의 앞뒤가 잘려나가거나 연재물 가운데 일부만 있어 글의 완결성을 기하기 어려웠던 경우, 또는 글의 제목·출전·일자 등이 불분명한 경우, 마지막으로 원본의 보관 상태가 나빠 글자 판독이 어려운 경우가 여기에 해당한다. 이러한 글들은 《선집》의 성격상 일제시기와 해방뒤 신문·잡지를 뒤져 완전하게 복원해 싣는 것이 당연하다. 그러나 일부는 원래 게재지를 찾아 복원했지만 몇몇 글은 끝내 그 출처를 찾지 못해 싣지 못했다. 특히 《한성일보》에 실렸던 글들 가운데는 원본상태가 판독 불가능한 경우가 많아 어쩔 수 없이 뺀 경우도 있다. 불완전하게 싣는 것보다는 뒷날 완벽하게 복원하는 게 낫다고 생각해서였다. 그러나 날짜나 출전 그 자체가 그다지 필요하지 않은 경우이거나 자료의 중요성을 고려해 꼭 넣어야 할 글들은 연구자들의 필요를 감안해 다소 편집체제가 어그러지더라도 실었다. 이 점 양해를 구한다.

또 《선집》은 어디까지나 '선집'이지 '전집'이 아니라는 점에서 자료집으로서 불완전한 문제가 있다는 것도 지적해야 하겠다. 애초 《선집》은 안재홍 유족 측이 보관해 온 자료들을 추려서 연차적으로 정리 간행한 것이다. 《선집》 제6·7권 또한 유족 측이 마지막으로 보관해 온 자료들을 출간한 것이다. 그러나 필자가 편집과 해제 작업을 하고자 각종 근·현대 잡지와 안재홍 관련 논저들을 조사해보니 《선집》 제1~7권 가운데 들어 있지는 않으나 중요하다고 생각되는 민세의 글들이 적지 않았다. 이들 누락된 자료들만 모아도 따로 책을 만들 수 있을 분량이었다. 또 민세가 북으로 납북된 뒤 그곳에서도 저작을 남겼다고 한다. 그러나 이 자료들 또한 아직 손에 넣지 못했다. 따라서 그의 생애 마지막 15년, 곧 그의 생애 뒷부분의 활동이 좀 더 소상히 밝혀지고 북에서 출간한 그의 저작을 검토해보아야 그의 생애 전체에 대한 온전한 평가를 내릴 수 있을 것이다.

결국 이번 《선집》에도 누락된 민세의 원고 그리고 북에서 출간한 저작 등을 모아 다시 정리하는 작업이 뒤이어 이루어지길 기대한다. 이로써 4반세기에 이르는 《민세안재홍선집》 작업은 《민세안재홍전집》으로 완성될 것이다.

마지막으로 민세 유족, 평택시 등 지방자치단체, 문화공보부를 비롯한 정부 관계기관, 고려대학교박물관, 민세안재홍기념사업회, 지식산업사 김경희 사장님과 윤태욱 씨, 자료 입력 등 여러 작업에 참여해주신 동료들, 그리고 무엇보다도 《선집》 제6·7권이 있게 한 선학들의 고투에 감사드린다.